MANUAL DE DERECHO AMBIENTAL Y URBANÍSTICO

7.ª edición

MANUAL DE DERECHO AMBIENTAL Y URBANÍSTICO
7.ª edición

Fernando López Ramón

PRENSAS DE LA UNIVERSIDAD DE ZARAGOZA

© Fernando López Ramón
© De la presente edición, Prensas de la Universidad de Zaragoza
  (Vicerrectorado de Cultura y Proyección Social)
  7.ª edición, 2024

Colección de Textos Docentes, n.º 281

Prensas Universitarias de Zaragoza. Edificio de Ciencias Geológicas, c/ Pedro Cerbuna, 12, 50009 Zaragoza, España. Tel.: 976 761 330
puz@unizar.es   http://puz.unizar.es

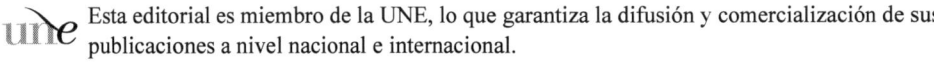 Esta editorial es miembro de la UNE, lo que garantiza la difusión y comercialización de sus publicaciones a nivel nacional e internacional.

ISBN 978-84-1340-822-4
Impreso en España
Imprime: Servicio de Publicaciones. Universidad de Zaragoza
D.L.: Z 818-2024

PARTE PRIMERA

Lección 1.ª Evolución de las políticas ambientales

Vamos a empezar exponiendo cómo han surgido y se han formado las políticas ambientales. Ofreceremos, primero, una síntesis de los planteamientos tradicionales en la materia, para explicar, a continuación, el origen de las políticas ambientales, hasta la consolidación del Derecho ambiental. Concluiremos refiriendo la problemática actual, que gira en torno a las visiones negacionistas y reduccionistas, y las transformaciones correspondientes a fenómenos como la participación ambiental, la litigación climática, el reconocimiento de derechos de la naturaleza o las asambleas climáticas.

Planteamientos tradicionales

En la experiencia española, el régimen jurídico tradicional de los recursos naturales no estaba vertebrado por preocupaciones proteccionistas. Los problemas ecológicos no parecían excesivamente graves dentro de una sociedad con cierto predominio rural y con amplias zonas no humanizadas o humanizadas conforme a pautas de explotación limitada. Aunque la industrialización y la expansión turística de la década de 1960 iniciaron gravísimos problemas ecológicos, por el momento las manifestaciones se concentraban en lugares o períodos temporales concretos.

Las vías jurídicas de protección del medio ambiente se limitaban al general sistema de responsabilidad por daños y a las reglas de protección de determinados recursos naturales en el marco de su explotación. Escaso contingente técnico, lastrado, además, por sus propias características.

Así, la ligazón del sistema de responsabilidad extracontractual (art. 1902 CC) a la existencia de una persona dañada y a la exigencia de culpa en el productor del daño, han constituido tradicionalmente serios inconvenientes para la defensa de bienes comunes calificados como *res nullius* (aire, animales salvajes). De la misma manera, la protección de un recurso para asegurar su explotación tiene el inconveniente de ser una tutela contingente, que suele ceder ante intereses de mayor productividad aunque supongan la eliminación del recurso (baste con citar el ejemplo de la estación de esquí en el monte catalogado).

El régimen de las contaminaciones estaba dominado en esa época por la perspectiva sanitaria, que se reflejaba en el Reglamento de Actividades Molestas, Insalubres, Nocivas y Peligrosas de 1961, todavía parcialmente vigente en alguna comunidad autónoma. Las técnicas de dicho reglamento resultaban insuficientes:

alejamiento de ciertas industrias, pero sin medidas para evitar el acercamiento de la urbanización; medidas correctoras de contenido discrecional y referidas únicamente al inicio de la actividad; sistema excesivamente complicado de represión, etc. No obstante, conviene notar que la jurisprudencia realizó una importante interpretación progresiva de sus contenidos, reflejada especialmente en la consideración de la licencia de apertura de las actividades clasificadas como una autorización operativa, que permite incorporar nuevas medidas correctoras debidas a los avances técnicos.

Las claudicaciones del sistema tradicional en relación con los intereses ambientales se ponían claramente de manifiesto en la legislación de aguas: medidas de fomento de la desecación de las zonas húmedas, regulación del canon de vertido para resarcir simbólicamente los daños causados a la riqueza piscícola por las industrias y explotaciones o clasificación de los cursos de agua en función de su nivel de contaminación con la finalidad de permitir el vertido libre en los denominados cursos industriales. Previsiones normativas estas que prolongaron su vigencia hasta la Ley de Aguas de 1985 (integrada en el texto refundido de 2001).

La protección de la naturaleza aparecía dominada por la óptica de la explotación forestal, lo que presenta aspectos positivos y otros más discutibles. Entre los primeros, la racionalización de los aprovechamientos, sobre todo en la amplia masa de los importantes montes catalogados, o los intentos normativos de combatir los incendios forestales. Entre los aspectos negativos, la incorporación de la visión productiva de la naturaleza incluso al sector de los parques nacionales, modificando una interesante, aunque limitada, trayectoria de conservación conforme a criterios estéticos que se había iniciado en la Ley de Parques Nacionales de 1916.

En relación con la fauna, está claro que lo protegido eran las actividades deportivas de caza y pesca, aunque fueron surgiendo algunos mecanismos de protección, como los cotos nacionales de caza, luego transformados en reservas nacionales de caza, y la protección general de las especies ya en la Segunda República.

Origen de las políticas ambientales

El Derecho ambiental es una rama del ordenamiento jurídico de reciente génesis e impetuosa evolución, consecuencia sin duda de la urgencia y trascendencia de las cuestiones que trata de afrontar. En la concienciación de un cierto sector de la opinión pública sobre la problemática ambiental, cumplieron un papel esencial las publicaciones de gran éxito y repercusión de dos pioneras del pensamiento sostenible: Jane Jacobs, en *Muerte y vida de las grandes ciudades americanas* (1961), defendió el medio ambiente urbano frente a las políticas especulativas que imponían la demolición de las tramas tradicionales; y Rachel Carson, en *Primavera silenciosa* (1962), mantuvo la necesidad de adoptar el principio de precaución particularmente desconocido en las fumigaciones indiscriminadas de DDT.

Ambas autoras supieron condensar las preocupaciones de la ciudadanía más sensible en la época de euforia económica que siguió a la Segunda Guerra Mundial. Las ideas del desarrollo continuo se imponían, tanto para densificar las aglomeraciones urbanas con fundamento en las teorías funcionalistas, como para incrementar la producción agrícola con apoyo en las técnicas de la (mal) llamada *Green Revolution*. Oponiéndose a esas tendencias de crecimiento desenfrenado, ajeno a las repercusiones ambientales y territoriales, la voz potente de Jacobs y la argumentación persuasiva de Carson dieron aliento a la formación del movimiento ecologista.

Sobre la base de esas anticipaciones e inquietudes, se formará el Derecho ambiental, cuyo punto de partida puede identificarse en 1970 con la aprobación en Estados Unidos de la Ley de Política Ambiental Nacional. La NEPA (por sus siglas en inglés) propició cambios significativos en las políticas públicas al imponer que las correspondientes medidas fueran adoptadas con transparencia, información fiable y participación del público. Entre sus contenidos más significativos, cabe destacar la norma que obliga a los poderes públicos a no adoptar decisiones que pudieran tener efectos significativos sobre el medio ambiente sin evaluar previamente los efectos de la acción o de la falta de acción.

Esta previsión puede considerarse, en verdad, revolucionaria bajo la óptica de la formación de la voluntad de los operadores públicos. Piénsese, en tal sentido, que estábamos todavía en la época dominada por la construcción de infraestructuras y equipamientos, que se identificaban automáticamente con el interés público. Era el tiempo de los años denominados en Francia Treinta Gloriosos (1945-1975), expresión que podría aplicarse en toda la Europa beneficiada por el Plan Marshall (en España, tras el Tratado de Amistad y Cooperación con Estados Unidos, 1953). Las nuevas obras hidráulicas, autopistas, urbanizaciones, áreas industriales y demás construcciones para el desarrollo económico eran favorecidas por las regulaciones y aun por la mayoría social satisfecha, con independencia de los efectos ambientales, territoriales, culturales e incluso sociales. Por todo ello, en ese contexto, ha de ponderarse el valor del procedimiento de evaluación del impacto ambiental impuesto por la NEPA.

La introducción de nuevos planteamientos puede escenificarse en otro gran *best-seller, Los límites del crecimiento* (1972) dirigido por Donella Meadows y publicado por el Club de Roma. En aquel importante ensayo, confeccionado en el Instituto de Tecnología de Massachussets con el empleo de las primeras computadoras, se formulaban predicciones temporales sobre el agotamiento de los recursos

naturales del planeta sosteniéndose la necesidad de adoptar estrategias de crecimiento cero y de control de la población. Las tesis han generado polémicas importantes, tanto por el no cumplimiento de las predicciones en las fechas anunciadas,
como especialmente por las dificultades que los planteamientos de tipo malthusia-
no generan siempre en su aplicación.

Efectivamente, en la literatura de signo catastrofista viene esgrimiéndose la
necesidad de que el mundo, los poderes públicos, la ciudadanía, la humanidad o
quien sea asuma los compromisos que eviten el desastre planetario. Y el lector, que
puede estar de acuerdo con la receta habiendo quedado convencido por los datos o
argumentos empleados, siempre habría de preguntarse: ¿cómo se hace eso? ¿qué
autoridad mundial puede ordenar las medidas pertinentes? ¿cómo cabe poner de
acuerdo a los millones de seres humanos a cuyo conjunto se apela? En el citado
informe del Club de Roma, se proponía el control de la natalidad a fin de evitar la
superpoblación y el agotamiento de los recursos; ahora bien, la cuestión de cómo
podría ser una regulación efectiva de la natalidad que no atentara contra los derechos de la personalidad quedaba soslayada.

En todo caso, del inicial protagonismo estadounidense en la génesis de las
técnicas de protección ambiental, pasamos inmediatamente a la formalización del
interés común de la humanidad en la protección del medio ambiente. Lo podemos
identificar en dos acontecimientos del año 1972: la Conferencia de Estocolmo y
seguidamente la creación del Programa de Naciones Unidas para el Medio Ambiente. A partir de entonces, en el Derecho internacional ambiental se han generado
importantes progresos y técnicas de actuación.

En el ámbito de la Unión Europea las políticas ambientales y el Derecho ambiental que las regula se han desarrollado de manera muy notable. Esa situación determina que los Estados europeos dispongan de un ordenamiento ambiental avanzado, a cuyas características hemos de referirnos en la lección siguiente.

Consolidación del Derecho ambiental

Al final de la década de 1970 y en la de 1980, asistimos a las grandes transformaciones del Derecho internacional ambiental, que se manifestaron en la
aprobación de diversos tratados multilaterales dotados de conferencias permanentes y otros mecanismos para garantizar su cumplimiento, como los convenios
de especies migratorias (Bonn, 1979), de protección de la vida silvestre (Berna,
1979), de contaminación transfronteriza (Ginebra, 1979) o de la capa de ozono
(Viena, 1984).

En ese contexto de expansión de las políticas ambientales, cabe destacar las nuevas aportaciones al pensamiento sostenible de Elinor Ostrom, primera mujer Premio Nobel de Economía. En *El gobierno de los comunes* (1990), constataba que las teorías económicas tienden a desechar la posibilidad de una gestión eficiente de las cosas comunes, categoría en la que incluye los recursos naturales. Así, la autora ponía de relieve el dominio de la perspectiva del tipo de «tragedia de los comunes», en la conocida expresión de Hardin (1968), consistente en que la libertad en su aprovechamiento compelería a todos los usuarios a un empleo ilimitado que habría de terminar agotando el recurso. Se encuentra muy divulgado también el modelo del dilema del prisionero para explicar cómo la falta de información sobre las conductas de las demás personas que utilizan las cosas comunes conduce inexorablemente a comportamientos colectivamente irracionales. En definitiva, según estas posiciones, la lógica de la acción colectiva consistiría en que cada individuo persigue racionalmente su propio interés, lo que hace imposible que puedan lograrse intereses comunes, salvo cuando existe algún dispositivo que obligue a ello.

Ostrom puso de manifiesto que en el corazón de tales teorías está el problema del «gorrón» (*free rider,* literalmente «jinete libre»), que se plantea cuando alguien no puede ser excluido de los beneficios procurados por los demás pese a que no contribuya a ellos con su propio esfuerzo. La importante tesis de la autora, basada no en teorías, sino en el estudio de casos (gestión colectiva de regadíos, pesquerías, pastos y otros), es que no todos los usuarios de las cosas comunes pueden asimilarse a prisioneros sin información incapaces de cambiar las circunstancias que llevan a agotar las mismas cosas comunes. En consecuencia, será preferible abordar la cuestión de cómo incrementar las capacidades de los participantes para lograr resultados sostenibles en lugar de tragedias destructivas.

Ostrom advirtió del peligro que entrañaba emplear los modelos económicos indicados como descripciones taxativas de la realidad, dado que entonces las políticas públicas tratarán de combatir todo tipo de acciones colectivas. Es decir, si la lógica de las cosas comunes es la de individuos indefensos, atrapados en un proceso inexorable de destrucción de sus propios recursos, las autoridades han de reaccionar imponiendo modelos organizativos más racionales, que cabe identificar entre dos extremos excluyentes: la intervención estatal, que aseguraría la adecuada gestión de los recursos naturales de manera centralizada, o la privatización, que garantizaría el mismo uso prudente por el interés de los propietarios actuando descentralizadamente.

De esta manera, en lugar de suponer que los individuos que comparten una cosa común se encuentran prisioneros de manera inevitable en una trampa de la que no pueden escapar, Ostrom afirmó sencillamente que la capacidad de los individuos para evadirse de varios tipos de dilemas varía de situación en situación. La experiencia demuestra, efectivamente, que hay abundantes casos de autogestión de bienes comunes con resultados exitosos, aunque no dejan también de existir notables fracasos. Se trata, pues, de aprender de unos y otros ejemplos, buscando formar una teoría de la acción colectiva a partir de las enseñanzas de la realidad.

Por otra parte, en el informe de la comisión mundial presidida por Gro Harlem Brundtland (1987), antigua primera ministra noruega y después directora de la OMS, se consolidará el importante principio del desarrollo sostenible. Con él se define el desarrollo que atiende a las necesidades de las generaciones presentes sin comprometer la capacidad de las generaciones futuras de atender a sus propias necesidades. De ahí el concepto pasaría rápidamente a emplearse para expresar en forma sintética el conjunto de los principios ambientales, las funciones públicas de tutela ambiental y aun los nuevos derechos ambientales.

Enseguida la sostenibilidad atrajo a múltiples sectores, de manera que, en la actualidad, la economía, el urbanismo, la educación, la sanidad, el transporte, la industria y diríase que todas las políticas públicas, se definen o pueden definirse como orientadas a la sostenibilidad. El mismo fenómeno se advierte con respecto a las estrategias empresariales, los comportamientos sociales y aun las conductas individuales, cuyo carácter sostenible se impone como marchamo de modernidad y resiliencia.

No solo el ámbito de aplicación del concepto se ha ampliado, también su propio significado ha rebasado el originario ámbito de la tutela del medio ambiente para asumir nuevos contenidos. Por un lado, la genérica sostenibilidad ambiental ha intensificado sus exigencias al postularse, más específicamente, la sostenibilidad energética, climática, atmosférica, hídrica, forestal o faunística. Por otro lado, la sostenibilidad ha penetrado también en la caracterización de diversas áreas con arreglo a criterios propios no necesariamente ambientales, como sucede en relación con la economía, las finanzas, el trabajo o la contratación. Así, hasta tres sentidos adopta hoy el desarrollo sostenible: *a)* el ambiental, que afecta a la gestión racional de los recursos naturales; *b)* el social, que conduce a la igualdad de oportunidades y la mayor cohesión de la sociedad; y *c)* el económico, que implica la mejora de la competitividad, la innovación y la formación.

Tan extensas implicaciones de la sostenibilidad invitan, sin duda, a considerarla como una expresión polisémica, ambigua y, en definitiva, incómoda. Sin embargo, el éxito lingüístico de la expresión debiera hacernos reflexionar sobre la necesidad de un concepto indeterminado que nos ayude a significar el nuevo modelo de sociedad al que aspiramos. La sostenibilidad se aproxima mucho al viejo concepto del interés público, que, gastado a fuerza de uso y abuso, parece haber desembocado en esa renovación del lenguaje y de los conceptos. Con ella aspiramos nada menos que a la mejora constante de nuestras sociedades actuales y futuras, haciendo referencia valorativa a sus contenidos, que han de insertarse en el ámbito del principio, generando una axiología de la que carecían las aplicaciones del concepto de interés público.

Visiones negacionistas y reduccionistas

La crítica de las políticas ambientales ha tenido diversas manifestaciones en el tiempo. Una de las más conocidas (y denostadas) es la debida a Bjorn Lomborg, quien en *El ecologista escéptico* (2001) denunció manipulación de datos en los informes sobre el estado del medio ambiente, rechazando la gravedad de los problemas y confiando en la creatividad humana para superarlos. La polémica generada por estas tesis llevó a reacciones extremas: de una parte, el autor fue denunciado por deshonestidad científica en la Academia Danesa de Ciencias; pero, de otra parte, *The Economist* consideró su obra como una de las más valiosas aportaciones en la crítica de las políticas públicas.

Sin entrar ahora en esa polémica, lo que sí interesa subrayar es la existencia de los movimientos negacionistas o reduccionistas de la problemática ambiental y concretamente del cambio climático. En su versión más elaborada o menos inconsistente, estas tendencias conllevan una visión optimista de la capacidad inventiva del ser humano, dado que suponen que la solución de los eventuales problemas ha de llegar de la mano de las innovaciones que generen el conocimiento y la investigación científica y tecnológica. La realidad, sin embargo, se muestra cada vez más implacable en la generación de catástrofes ligadas al cambio climático, según ponen de relieve constantemente los sucesivos y cada vez más alarmantes informes del Panel Intergubernamental de Cambio Climático (IPCC, por sus siglas en inglés).

En todo caso, las peligrosas posiciones ideológicas de las que estamos tratando tienen abundantes manifestaciones. Aquí vamos a referirnos a planteamientos que se advierten en la etapa de satisfacción que siguió a la de consolidación del Derecho ambiental. En la cumbre de Johannesburgo (2002) encontramos ya contenidos que ponen de relieve las contradicciones y limitaciones de las acciones diseñadas. En efecto, los objetivos asumidos fueron, sin duda, trascendentes, como la lucha contra la pobreza o el acceso al agua potable, el saneamiento y la salud; pero, al mismo tiempo, estaban dotados de una alarmante falta de compromisos efectivos por parte de los países desarrollados.

En el mismo sentido, en la lucha contra el cambio climático, cabe destacar el incumplimiento de las sucesivas rutas fijadas para establecer la prórroga de los compromisos de Kyoto, ante la falta de respaldo de Estados Unidos, Rusia, Japón o

Canadá. Finalmente, en el Convenio de París (2015) se logró el acuerdo de la comunidad internacional sobre un texto de contenido variable en función de los diferentes grados de compromiso de los Estados. Y casi simultáneamente la ONU puso en marcha los Objetivos de Desarrollo Sostenible (2015), que confirman la validez del concepto de sostenibilidad y dibujan un horizonte de esperanza para la humanidad.

En ese contexto, en algunos círculos ha empezado a considerarse que el proceso de formación del Derecho ambiental había culminado al disponerse de completos instrumentos jurídicos de protección, tanto los de tipo general (evaluaciones, autorizaciones, auditorías, etiquetas, responsabilidad), como los sectoriales (agua, aire, ruido, residuos, suelos, biodiversidad). En consecuencia, habría de pasarse a una fase caracterizada por la profundización en el cumplimiento de la compleja legislación prevista, más que empeñarse en la búsqueda y el establecimiento de nuevas técnicas o vías de actuación.

Para quienes nos dedicamos al Derecho ambiental, ese planteamiento resulta atractivo, ya que presentaba la oportunidad de permitirnos terminar la tarea de aprendizaje y descripción de las nuevas instituciones, para embarcarnos decididamente en el trabajo más jurídico. En tal sentido, sin desdeñar la importancia de otras facetas, lo jurídico se traduce especialmente en la labor de conformación e integración del ordenamiento, bien analizando tópicamente problemas, casos y respuestas, bien sintetizando en proyección sistemática trayectorias, regulaciones, doctrina y jurisprudencia. La labor integradora desenvuelta sobre la base de unas instituciones no inmutables, pero sí estables, habría de resultar de mayor utilidad, no solo para la resolución de cuestiones concretas, sino también para la mejora de las políticas ambientales.

Transformaciones del Derecho ambiental

Ahora bien, sin perjuicio de la necesidad de garantizar la ejecución de las leyes y los programas de acción, la pretensión de haber alcanzado la culminación del régimen jurídico del medio ambiente topa con una realidad social en constante evolución que difícilmente puede desconocerse. Cabe, así, advertir que las políticas ambientales han entrado en vías de significativa renovación como consecuencia del impacto derivado del cambio climático.

En efecto, justamente cuando se sostenía que las técnicas ambientales habían terminado su formación, de manera casi simultánea, se estaban generando nuevas vías de actuación destinadas a producir significativas transformaciones en la materia. Una particularidad notable de estas novedades va a ser su origen en buena medida ajeno a la tradicional formalización de las políticas públicas en los Estados de Derecho. Estas, en efecto, normalmente suelen ponerse en marcha de la mano de operaciones legislativas proyectadas por los correspondientes ejecutivos, sin perjuicio de previos movimientos de la opinión pública. En el caso de la renovación de las políticas ambientales, sin embargo, los impulsos han surgido de organizaciones no gubernamentales (ONG), contando, eso sí, con significativos apoyos judiciales como vamos a ver.

Participación ambiental. Las técnicas participativas han encontrado un ámbito de preferente aplicación y desarrollo en la problemática ambiental y ello por dos razones al menos: la primera es el carácter transversal u horizontal del medio ambiente, que no se limita a constituir el objeto de una política pública específica, sino que también conforma un objetivo general para muy variados ámbitos de actuación, lo que determina una enorme capacidad de expansión de la participación ambiental; la segunda razón tiene que ver con la metodología propia de las decisiones en materia de medio ambiente, que, por la misma incertidumbre que puede afectar al conocimiento científico del objeto analizado en cada caso, requieren la evaluación de su impacto ambiental. De esta manera, la fuerza expansiva de los objetos considerados y de los procedimientos aplicados, determina un extenso campo propicio para la participación ciudadana.

Una participación amplia, pero con un destacado protagonismo de técnicos de diversa procedencia. Los poderes públicos han dejado de disponer de la exclusiva del conocimiento técnico que en otro tiempo podía permitirles adoptar decisiones con el único respaldo de sus propios expertos. Los funcionarios superiores ya no pueden monopolizar el conocimiento aplicado en la toma de las decisiones administrativas, que se encuentra enormemente fragmentado y que frecuentemente no puede ofrecer respuestas claras y unívocas a las cuestiones planteadas. Las asociaciones de empresarios, los sindicatos de trabajadores y las organizaciones ecologistas disponen con frecuencia de sus propios expertos capaces de competir con los funcionarios especializados y también de colaborar con estos en la solución de los problemas ambientales.

El enfrentamiento conflictivo propio de etapas anteriores parece haber dado paso, a lo largo de la década iniciada en 1990, a una participación más integrada, lo que no quiere decir más dócil, sino más vinculada al conocimiento experto de las cuestiones. Naturalmente, no estamos ante un movimiento uniforme, sino ante una tendencia, de manera que las nuevas medidas organizativas y procedimentales pueden ser consecuencia de exigencias o planteamientos de ONG que, sin renegar de las propias posiciones, han contribuido a institucionalizar los concretos mecanismos de la participación ciudadana.

En la ciencia política se constata la emergencia de esas nuevas prácticas de democracia participativa para hacer frente a las carencias de las instituciones tradicionales de la democracia representativa. No obstante, las mismas experiencias participativas generan críticas por el limitado ámbito local de las iniciativas, el dominio práctico de las competencias retóricas entre los participantes, la instrumentación política o la falta de influencia decisiva en la real toma de las decisiones públicas. Críticas que no impiden estimar asegurado el futuro de la participación habida cuenta de las ampliaciones que experimenta el derecho ciudadano de expresión política y también debido a las exigencias generalizadas de rendición de cuentas por los gobernantes. Todo ello permite sostener que las exigencias participativas ya no pueden concebirse como un freno de la acción pública, sino como un complemento que obliga a tener en cuenta los puntos de vista de personas de muy variada identidad, a través de debates ciudadanos que se configuran como condición necesaria y útil en la adopción de las decisiones públicas.

El principio de participación ambiental no tenía inicialmente un significado preciso, lo que explica la generalización de las críticas a sus principales manifestaciones, como la tardía inserción de las encuestas e informaciones públicas dentro del proceso decisional o el limitado alcance real de los debates públicos. Sin embargo, el principio se ha ido reforzando debido a la incidencia del concepto de desarrollo sostenible, que implica la conciliación entre la protección ambiental, el crecimiento económico y el progreso social, especialmente a través de las técnicas de la gobernanza, que conllevan la ampliación del círculo de actores asociados a la toma de decisiones y la búsqueda sistemática de soluciones de tipo consensual.

Litigación climática. La consecuencia más obvia de los variados procesos de participación ambiental es el robustecimiento de las ONG, que han encontrado importantes aliados en los poderes judiciales estatales en el ámbito de la litigación climática. El caso Urgenda (2019), donde el Tribunal Supremo holandés confirmó la obligación del Gobierno de emprender acciones claras para reducir las emisiones de gases de efecto invernadero y establecer una economía hipocarbónica y circular, fue uno de los más conocidos detonantes de ese empoderamiento de las ONG. Paralelamente, el Tribunal Constitucional Federal alemán (2019) anuló la Ley Federal de Cambio Climático con apoyo en los derechos de las generaciones futuras, exigiendo el logro efectivo de la neutralidad climática mediante un reparto temporal equitativo de los esfuerzos y costes correspondientes.

El contraste entre estas recientes tomas de postura judiciales y los planteamientos tradicionales resulta espectacular. En efecto, una de las construcciones más sólidas de la escuela de Derecho público germánica fue la relativa a los derechos sociales, que se produjo ante la necesidad de reducir el significado práctico de las declaraciones contenidas en la Constitución de Weimar (1919). Así, como las variadas proclamaciones constitucionales en materia de salud, cultura, trabajo o educación requerían inversiones públicas para su efectividad, se consideró que eran objetivos o principios cuya vinculación dependía de los desarrollos progresivamente adoptados por el legislador ordinario.

El cambio producido en la argumentación es completo, aunque quizá no sea exacto caracterizarlo simplemente como producto del activismo judicial. Los poderes legislativos también están colaborando en el establecimiento de concretas y exigentes obligaciones de resultado. Por ejemplo, la llamada Ley Europea de Cambio Climático (Reglamento UE 2021/1119) ha impuesto elevados porcentajes de reducción en las emisiones de gases de efecto invernadero, o de incremento en el consumo y generación de energías renovables, hasta ordenar tajantemente el logro de la neutralidad climática en el ámbito de la Unión Europea para el año 2050. Estamos no ya ante genéricos deberes de comportamiento, sino ante específicas obligaciones de resultado, que van acompañadas incluso de enérgicos reclamos al principio de no regresión.

La litigación climática, que parece gozar de muy buena salud en variadas experiencias, ofrece una vía de robustecimiento a las ONG ambientales. Es de suponer que continuarán las impugnaciones judiciales y que se plantearán interesantes cuestiones, por ejemplo, en los casos de colisión u opción entre objetivos públicos de diferente ámbito.

Derechos de la naturaleza. Paralelamente se están desarrollando los derechos de la naturaleza, que se presentan como consecuencia de la nueva visión ecocéntrica para superar las carencias de los planteamientos antropocéntricos que venimos aplicando en las relaciones del ser humano con el medio ambiente. La propiedad privada de los recursos naturales, que figura en nuestros textos constitucionales como un derecho fundamental de las personas, en la nueva ideología se considera incompatible con el reconocimiento de derechos a los mismos elementos naturales.

Las reivindicaciones alcanzan a reclamar el reconocimiento de los animales como personas, rechazando sus usos en la caza, la pesca, la ganadería, la experimentación o el espectáculo por estimarlos contrarios a la autonomía animal. Por ahora, las fórmulas normativas generalizadas se han limitado a reconocer a los animales como seres sensibles, estableciendo regulaciones que garanticen su bienestar, pero las exigencias de los grupos animalistas están en continuo aumento y cuentan con avances significativos en algunos países.

En variadas experiencias nacionales se ha otorgado personalidad a ríos, lagos, montes, ecosistemas y otros recursos naturales (Ecuador, Bolivia, Nueva Zelanda, Australia o España en el caso del mar Menor). En todos los casos se trata de una personalidad diferenciada de la de los seres humanos, debido a la difícil, si no imposible, exigencia de obligaciones y responsabilidad a los recursos naturales y a los ecosistemas.

Esas atribuciones de personalidad no dejan de tener sus límites como pone de relieve la situación de los seres humanos afectados por la pobreza, la desnutrición o la violencia y frecuentemente obligados a soportar duros procesos migratorios. En ocasiones, en realidad, la causa determinante de la personalidad de los ecosistemas puede ser la defensa de las poblaciones indígenas que los habitan, como sucede en el caso del parque nacional Te Urewera en Nueva Zelanda. Tal es probablemente la mejor o al menos una sólida razón para construir un régimen jurídico especial que potencie el sistema de protección de la naturaleza, vinculándolo a grupos humanos tradicionalmente asentados en los lugares, en una convivencia armónica con los elementos naturales. En el caso del citado parque neozelandés, su gestión gubernamental parece orientada a garantizar la continuidad de la autonomía indígena.

Pero en otros supuestos la personalidad de los elementos naturales se declara con el objetivo de asegurar su conservación frente a los seres humanos poseedores, usuarios o explotadores de los mismos elementos. Y aquí ya no encontramos o se oscurece la presencia del poder público, que tiende a ser sustituido por alguna ONG, a veces mediante la colaboración judicial que se potencia con el establecimiento de acciones públicas para ejercer los derechos de la naturaleza.

Conviene hacer notar que, en realidad, el reconocimiento de personalidad a los elementos naturales no es algo tan novedoso. En muchas experiencias nacionales, hace tiempo que venimos otorgando personalidad no a los ríos ni a los montes, pero sí a las organizaciones encargadas de gestionarlos. ¿Qué diferencia hay entre otorgar personalidad al río Ebro o concederla a una confederación hidrográfica? En ambos casos el régimen de protección aplicable puede ser el mismo. El sistema tutelar no deriva automáticamente de la personalidad de la naturaleza, pues no cabe trasladar sin más el estatuto de los seres humanos. El régimen de protección tiene, por tanto, que ser construido por las normas jurídicas, de manera que puede alcanzar altos niveles de penetración con independencia de si se dirige a una persona, a un ser sensible o a una cosa. Lo que varía realmente son los seres humanos que lo aplican o que lo hacen valer ante los tribunales de justicia.

Ahí está, en mi opinión, la clave del expediente de la personificación de la naturaleza. El objetivo último no es necesariamente mejorar la protección, sino conseguir que esta se gestione o se controle por determinados seres humanos. Los protagonistas no serían ya los ingenieros y otros empleados públicos que vienen actuando en las diferentes experiencias nacionales, sino las pujantes ONG ambientales. El fenómeno, que, hasta ahora, en el ámbito europeo es episódico, conecta directamente con la nueva gobernanza climática postulada como alternativa democrática en algunas interpretaciones.

Asambleas climáticas. Un último elemento novedoso de las políticas ambientales es el las asambleas climáticas, fórmula que nos viene de Estados Unidos, aunque cuenta con abundantes experiencias en toda Europa. En Irlanda, Reino Unido, Francia, España y en la misma Unión Europea se han constituido asambleas ciudadanas para el clima. Se trata de colectivos formados a partir de una inicial selección aleatoria de un conjunto de ciudadanos al que se aplican criterios de género, lugar de residencia, nivel educativo y otros para formar el grupo final que pretende ser un colegio representativo de la correspondiente sociedad.

Las experiencias vinieron a coincidir con una de las constantes crisis de la democracia, en este caso la derivada de lo que inicialmente fue una crisis hipotecaria en Estados Unidos (2007) y enseguida se presentó como una crisis económica mundial que derivaría en una honda quiebra política y social. Los movimientos alternativos vinculados a nuevas generaciones han alcanzado significativa importancia en Europa y América.

Esos movimientos cuentan con el apoyo procedente, desde la década de 1980, de una importante corriente de la filosofía política que defiende el modelo de la democracia deliberativa. Se trata de un ideal que parte de constatar la incapacidad de los sistemas democráticos para resolver efectivamente los desacuerdos políticos básicos. Frente a las fórmulas de la negociación o del voto para la toma de decisiones, se propone el uso estratégico de la argumentación por parte de las personas o los grupos potencialmente afectados observando una serie de principios que aseguren la igualdad de armas de los participantes.

Ninguna objeción de principio puede oponerse a estos planteamientos, que proporcionan amplio fundamento para la participación ciudadana integrada en las organizaciones y en los procedimientos de los poderes públicos. Sin embargo, en los movimientos ciudadanos generados en la crisis del nuevo milenio, el descontento y el distanciamiento del sistema político ha ido más lejos, alcanzando al fundamento mismo de las democracias representativas. Por otra parte, la constante penetración de los partidos políticos en muy diferentes ámbitos de poder no solo político, sino también económico, social y cultural, con consecuencias nefastas en el plano de la corrupción y el clientelismo, viene determinando la búsqueda de vías alternativas. Aquí nos interesa referirnos a los intentos de reclamar la supuesta pureza histórica, conceptual y práctica de la democracia directa basada en el sorteo.

Diversos politólogos han propiciado la recuperación de las «auténticas» fórmulas de la democracia ateniense, desplegando argumentos para fundamentar la recuperación de las bases originales de la democracia por sorteo frente a las fórmulas de la democracia representativa. Estos autores explican que, en los procesos revolucionarios del siglo XVIII desenvueltos en Estados Unidos y Francia, se impuso sin debate la elección frente al sorteo. A su juicio, ello fue debido no a problemas logísticos derivados del alto número de electores, sino a la aplicación del principio del consentimiento a que ha de someterse toda autoridad legítima. Tal principio habría conducido a la formación de una aristocracia democrática, que se mantiene actualmente en la creencia popular de que las elecciones permiten seleccionar a individuos superiores, aunque lo que realmente se lograría es el robustecimiento de la posición de dominio de los representantes por diversos mecanismos como la prohibición del mandato imperativo, la falta de procedimientos de revocación o la no vinculación a las promesas electorales. En las últimas aplicaciones de estas teorías, que mezclan problemas reales con interpretaciones de la historia e ideas preconcebidas, encontramos que, para «salvar la democracia», llegan a rechazarse las elecciones, propugnando el establecimiento de sistemas aleatorios de selección de los gobernantes.

En todo caso, los fundamentos anteriores han encontrado particular acogida en las asambleas climáticas, que se ofrecen, así, como vías de democracia directa, más deseables que las «caducas» formas de la democracia representativa.

Sin embargo, los variados mecanismos que a lo largo de la historia han conformado los ejes del Estado de Derecho no dan pruebas del agotamiento que en algunos círculos se quiere identificar. El respeto de los derechos humanos y la separación de poderes siguen siendo los fundamentos esenciales de los regímenes constitucionales. Entre esos derechos, el de sufragio activo y pasivo de todos los seres humanos proporciona la savia vivificante de nuestras democracias, determinando la formación de unos parlamentos vertebrados por las ideologías y los intereses de los diferentes colectivos. Sería irresponsable pretender una superioridad de soluciones basadas en una suerte de ingeniería genético-social que habría de asegurar la formación de muestras representativas de la demografía de los países.

No sigo. Entiendo que se trata de cuestiones elementales que no conllevan ninguna aportación, dado que son sobradamente conocidas y comprendidas. Solo añadiré que la reivindicación de los elementos permanentes de la democracia en ningún caso puede suponer el rechazo a las reformas que mejoren su contenido y alcance. En la actualidad, insistiré, estamos inmersos en importantes ejes de actuación, como la lucha contra la corrupción o la rendición de cuentas por los gobernantes.

La participación ciudadana figura sin duda entre las líneas de mejora de los sistemas políticos representativos. Complemento y no sustitución de la democracia. Bajo tal configuración, las experiencias proporcionadas por las asambleas climáticas, más allá de las servidumbres derivadas de la génesis política de cada una de ellas, se presentan como útil y atractivo modelo en el Derecho comparado.

En definitiva, lo que ha de rechazarse es la fórmula aleatoria propugnada por algunos autores como fundamento del poder político general. Según imaginó Borges, en el fantástico (pero no inocente) cuento *La lotería en Babilonia,* en una sociedad regida por la suerte el poder real habría de recaer en la todopoderosa compañía organizadora de los sorteos.

Lección 2.ª Ordenamiento ambiental

Pasamos a estudiar el importante papel que corresponde a la Unión Europea en el desarrollo de las políticas ambientales. El objetivo es comprender el proceso de formación de la esencial función pública de protección del medio ambiente, que se sustenta en unos principios generales y unos derechos básicos

Unión Europea y medio ambiente

Conviene detenerse específicamente en la trayectoria, significado y alcance de la política ambiental europea. Desde 1971, la entonces Comunidad Económica Europea viene desarrollando importantes actuaciones en la materia. Para ello, ante la falta de referencias directas al medio ambiente en el tratado constitutivo, desde las instituciones europeas se impulsó la idea de que la calidad de los recursos naturales y de las condiciones de vida debía formar parte de la misma definición y organización del desarrollo económico. Las diversas declaraciones y compromisos comunitarios culminaron en la solemne declaración de la cumbre de París de 1972, donde los máximos dignatarios de los Estados miembros declararon que:

> De acuerdo con el genio europeo, una atención particular se concederá a los valores y bienes no materiales y a la protección del medio ambiente, a fin de poner el progreso al servicio de los hombres.

A partir de esa decidida toma de postura, el camino para la realización de una política comunitaria estaba ya allanado, desembocando en la aprobación del primer programa de acción ambiental en 1973. Hasta ahora se han aprobado siete programas y también varias reformas de los tratados, a fin de proporcionar un marco jurídico estable a la política ambiental.

Concretamente, mediante el Acta Única Europea (1986) se introdujo en el Tratado CEE un conjunto de normas relativas al medio ambiente, obedeciendo a la necesidad de «constitucionalizar» la materia. Posteriormente, el Tratado de la Unión Europea (1992) aportó algunos cambios en la redacción de los preceptos, que actualmente figuran en los arts. 191 a 193 del Tratado de Funcionamiento de la UE. También se han incluido referencias expresas al medio ambiente entre los objetivos y acciones generales de la Unión (art. 11 TFUE). De manera que la política ambiental europea constituye ya una línea de actuación plenamente consolidada bajo la óptica jurídica.

Tres son los grandes contenidos del TFUE en relación con el medio ambiente: establecimiento de principios, distribución de competencias y procedimientos de actuación. Dejando para más adelante la referencia a los principios ambientales, que entendemos son el fundamento del Derecho ambiental general, ahora vamos a considerar las competencias, procedimientos y otras cuestiones en el ámbito de la UE.

Competencias. En materia de medio ambiente no existe un sistema de distribución de competencias materiales entre la Unión Europea y los Estados miembros. Ningún elemento ambiental está inicialmente incluido en una determinada esfera de poder, dependiendo el alcance de la política ambiental europea de las decisiones que tomen las instituciones comunitarias, conforme a los procedimientos establecidos y dentro del respeto a los principios aplicables. En tal sentido, la competencia comunitaria puede comprender la misma conclusión de acuerdos internacionales que «vincularán a las instituciones de la Unión y a los Estados miembros» (art. 216.1 en relación con art. 191.4, ambos del TFUE).

La específica problemática de las competencias ambientales correspondientes a la Unión Europea y a los Estados miembros aparece dominada por los principios de subsidiariedad y de adicionalidad ambiental.

El principio de subsidiariedad fue incorporado por el Acta Única (1986). Tras la modificación operada por el Tratado de Maastricht (1992), el principio adquirió carácter general, incluyéndose actualmente en las disposiciones comunes de la Unión. En su virtud, esta solo puede intervenir cuando «los objetivos de la acción pretendida no puedan ser alcanzados de manera suficiente por los Estados miembros», garantizándose mejor «a escala de la Unión» (art. 5.3 TUE).

El principio de adicionalidad ambiental permite a los Estados miembros superar los niveles de calidad comunitarios estableciendo «medidas de mayor protección» (art. 193 TFUE). No obstante, el Derecho de la Unión manifiesta alguna cautela ante el temor de que los Estados miembros puedan utilizar una *coartada ambiental* para sus políticas de proteccionismo económico. De ahí los límites que circunscriben cualquiera de las versiones del principio de adicionalidad ambiental. En el caso más general, las medidas estatales se someten a dos límites: su compatibilidad con el propio Tratado y el cumplimiento de la obligación formal de notificarlas a la Comisión (art. 193 TFUE). En la denominada cláusula de salvaguardia, se permite a los Estados modificar las medidas de armonización comunitarias, siempre que concurran tres requisitos: que se trate de «medidas provisionales», que procedan «por motivos medioambientales no económicos» y que se sometan «a un procedimiento de control de la Unión» (art. 191.2 TFUE). Lo mismo sucede en el específico régimen sobre aproximación de las legislaciones, cuando se exige la aprobación de la Comisión para que un Estado miembro pueda omitir las medidas de armonización y aplicar disposiciones propias por razones de protección del medio ambiente (art. 114.5 y 6 TFUE).

La jurisprudencia comunitaria ha tenido diversas ocasiones de fijar límites entre medidas de protección ambiental lícitamente exigidas por los Estados y aquellas que deben ser consideradas como un obstáculo a la libre competencia comercial. En la casuística judicial, la identificación de situaciones discriminatorias de extranjeros con respecto a nacionales ha sido el criterio que ha permitido identificar los obstáculos nacionales a la libre competencia, levantando el velo de la supuesta protección del medio ambiente. Así, en diversos casos resueltos por el Tribunal de Justicia, se han considerado ilícitamente amparadas por el objetivo de protección ambiental medidas como la prohibición francesa de exportar aceites usados, que se consideró un obstáculo a los intercambios comerciales entre los Estados miembros, la exigencia danesa de emplear envases autorizados al existir la posibilidad de elegir medidas menos restrictivas de la libertad de comercio, la tasa de uso de las carreteras alemanas, que gravaba en mayor medida a los transportistas extranjeros o la reglamentación también alemana del uso de las dioxinas basada en razonamientos demasiado genéricos. En cambio, el mismo TJUE ha podido justificar por necesidades ambientales la prohibición belga de importar residuos a la región valona, que se consideró acorde con el principio de proximidad o la prohibición absoluta para los barcos italianos de verter en alta mar sustancias químicas nocivas, estimando que no se oponía al principio de libre prestación de transportes marítimos.

Procedimientos. Las instituciones comunitarias pueden seguir diversos procedimientos para la adopción de las decisiones con trascendencia ambiental, que pueden vincularse a diferentes políticas comunitarias.

Los procedimientos de la específica política ambiental son a su vez variados. La mayor parte de las decisiones debe tomarse conforme al denominado procedimiento legislativo ordinario, por adopción conjunta del Parlamento Europeo y el Consejo, a propuesta de la Comisión, y previa consulta al Comité Económico y Social y al Comité de las Regiones (arts. 192.1 y 289.1 TFUE). El procedimiento se altera para ciertas decisiones (de tipo fiscal, de ordenación territorial y uso del suelo, así como en materia hidráulica y energética), que requieren la unanimidad del Consejo y la simple consulta al Parlamento, aunque se permite que el propio Consejo flexibilice esta exigencia, determinando las decisiones que pueden ser tomadas por mayoría cualificada (art. 192.2 TFUE).

Los grandes problemas no derivan, sin embargo, de las anteriores modalidades, sino de la existencia de otros posibles apoyos de las medidas de protección ambiental de la Unión. Posibilidad que no debe producir extrañeza conforme al principio de integración de las exigencias de la protección del medio ambiente en la definición y en la realización de las demás políticas y acciones de la Unión (art. 11 TFUE). De manera que, junto a la específica política de medio ambiente, las demás políticas comunitarias deben contribuir a la protección del medio ambiente.

En la práctica, han destacado las cuestiones relacionadas con el exacto deslinde entre las decisiones de la específica política ambiental (normalmente, conforme al procedimiento legislativo ordinario) y los efectos ambientales de las medidas adoptadas en el marco de otras políticas de la Unión, que pueden implicar diferentes consecuencias procedimentales, competenciales y de contenido.

La jurisprudencia comunitaria viene manteniendo el criterio de vincular las medidas ambientales a la finalidad preponderante de la correspondiente disposición. Según esa finalidad preponderante sea la protección directa del medio ambiente, la armonización del mercado interior u otro objetivo común, procederá también aplicar uno u otro procedimiento. Así, el Tribunal de Justicia ha considerado inadecuado que la regulación de las importaciones agrícolas tras el accidente nuclear de Chernóbil se tratara dentro de las medidas de la política comercial común, debido a su indudable incidencia ambiental, planteamiento que llevó a anular una directiva de armonización del uso del dióxido de titanio por entender que en ella predominaba la finalidad de armonización de un sector económico. En cambio, el mismo TJUE ha considerado correcta la inclusión en la política ambiental de una directiva sobre gestión de residuos y de la reglamentación del traslado de residuos por entender que las disposiciones concernidas en ambos casos solo accesoriamente tenían el efecto de armonizar las condiciones del mercado interior.

Organización. La regla que atribuye a los Estados miembros la responsabilidad en la ejecución y la financiación del Derecho ambiental comunitario, queda flexibilizada por la posibilidad de que la Unión disponga de algunos elementos organizativos y financieros, conforme a la cláusula «sin perjuicio de determinadas medidas adoptadas por la Unión», que condiciona el alcance de las obligaciones estatales (art. 192.4 TFUE). De una parte, resulta necesario contar con algunas estructuras comunes, al menos con el fin de preparar nuevas normas, responder a las necesidades de reforma de las existentes y asegurar su cumplimiento. De otra parte, ciertas exigencias en materia ambiental solo podrán ser llevadas a la práctica con el apoyo financiero de la Unión.

La mayor parte de las funciones ambientales se ejercen en la Comisión por la Dirección General de Medio Ambiente. No obstante, otras estructuras asumen competencias de tipo horizontal, que afectan también al medio ambiente, como sucede en materia de relaciones internacionales o investigación. Además, recuérdese que el compromiso de cualesquiera políticas comunitarias con la protección del medio ambiente (art. 11 TFUE) termina por implicar a todos los órganos e instituciones comunitarios.

En cualquier caso, conviene destacar la novedad organizativa que supuso la creación de la Agencia Europea de Medio Ambiente (1990), como resultado del mayor compromiso con los objetivos de protección ambiental tras el Acta Única. La Agencia está dotada de personalidad jurídica. Se rige por un consejo, que integran representantes de todos los Estados miembros, junto con dos vocales designados por el Consejo y otros dos nombrados por el Parlamento Europeo. Tiene la función esencial de proporcionar datos objetivos sobre la situación del medio ambiente, suministrando base científica para la adopción de nuevas normas de la Unión y para exigir el cumplimiento de las existentes. Para ello, se pretende configurarla como el centro neurálgico de una red de instalaciones nacionales de control de la calidad ambiental.

Financiación. Las exigencias financieras de la política ambiental permiten diversas manifestaciones de solidaridad comunitaria.

En primer término, cabe mencionar las implicaciones ambientales de los fondos estructurales, como consecuencia de la integración de la tutela ambiental en todas las políticas de la Unión. De esta manera, el FEDER, el FEOGA y el FSE, desde las reformas de 1988-1993, permiten la financiación de programas, normalmente por iniciativa de los Estados, que tienen en cuenta las necesidades del medio ambiente.

En segundo lugar, para contribuir al desarrollo y ejecución de la política ambiental comunitaria, se creó un instrumento financiero específico, LIFE (1992). Su objeto es contribuir a la financiación de acciones ambientales prioritarias en los Estados miembros, así como proporcionar asistencia técnica y económica para las organizaciones estatales de protección del medio ambiente.

Por último, debe resaltarse la constitución del Fondo de Cohesión (1994), que permite proporcionar apoyo financiero para las intervenciones ambientales exigidas por la Unión, cuando impliquen «costes que se consideren desproporcionados» (art. 192.5 TFUE). El Fondo se centra en la financiación de proyectos concretos, no en programas o planes, pudiendo alcanzar el ochenta por ciento de la inversión.

Función pública de protección del medio ambiente

El medio ambiente es objeto de atención jurídica bajo la óptica de su protección en todos los ordenamientos jurídicos territoriales (internacional, europeo, estatales, autonómicos y locales). La protección del medio ambiente se configura como una función pública, para cuya exacta comprensión conviene reflexionar sobre el alcance que cabe otorgar a los elementos conceptuales implicados: el medio ambiente y el contenido de la específica función de protección ambiental.

Medio ambiente: concepto y alcance. Interesantes problemas jurídicos susci-
ta el amplio significado de lo que en inglés se denomina *environment*, en francés
environnement, en alemán *umwelt*, en italiano y en portugués *ambiente* y en español *medio ambiente*. Denominaciones que sirven para designar, en los diferentes
idiomas, el «conjunto de circunstancias físicas que rodean a los seres vivos» y por
extensión el «conjunto de circunstancias físicas, culturales, económicas, sociales,
etc., que rodean a las personas».

Tan extensa definición coincide con el sentido de la expresión en diversos documentos internacionales y en algunos tratamientos administrativos y doctrinales,
que identifican el medio ambiente con un objeto amplísimo, equivalente al conjunto
de elementos físicos, psíquicos y sociales que condicionan la vida del ser humano.

Parece lógico que la reacción frente a ese concepto omnicomprensivo del medio ambiente haya provenido de los estudios jurídicos. Si el medio ambiente como
objeto del Derecho comprende todo, el concepto no resulta de ninguna utilidad.
Cuando se pretende definir un objeto para regularlo, encauzarlo, modificarlo, en
atención a determinadas finalidades, por los medios pacificadores del Derecho, de
poco parece servir un concepto tan amplio.

En la doctrina española, el concepto restringido de medio ambiente, excluyendo del mismo la protección de la naturaleza (espacios naturales, flora y fauna),
se sostuvo inicialmente postulando la reducción del medio ambiente como objeto
del Derecho a los elementos naturales de titularidad común y de características
dinámicas, es decir, el agua y el aire, vehículos de transmisión, soporte y factores
esenciales para la existencia del ser humano sobre la tierra. El objeto del Derecho
ambiental consistiría en controlar las perturbaciones que en el medio ambiente producen las contaminaciones efectuadas por la descarga de desechos, residuos y materiales sin valor económico para el sujeto que se desprende de ellos y que se elimi-
nan a costa de la colectividad al amparo de un defectuoso sistema de formación de
precios. Sin embargo, las pautas generalizadas en nuestra doctrina y jurisprudencia
incluyen en el concepto jurídico de medio ambiente el régimen de protección de los
seres vivos (fauna y flora) y de sus hábitats.

No obstante, el problema quizá merezca un enfoque diferente, pues es posible
que concepciones amplias y restrictivas sobre el medio ambiente reflejen elementos
de la realidad que merezca la pena tener en cuenta desde una perspectiva jurídica.

Ante todo, parece necesario descartar que una política ambiental, traducida en
normas jurídicas y en actuaciones administrativas, junto a otros aspectos, pueda
referirse a todos los elementos que condicionan la vida del ser humano. Con un
solo impulso organizativo, con unos medios limitados, sería imposible mantener
la calidad de un medio ambiente identificado como el conjunto constituido por los
medios y las condiciones de vida.

Ahora bien, alguna virtualidad cabe conceder a la concepción amplia o expansiva del medio ambiente. Esa posición está reflejando la condición propia del ser humano en el universo, a la que nada resulta ajeno, y puede llevarnos a configurar la protección del medio ambiente, desde el punto de vista jurídico, como una finalidad, como un gran objetivo del ordenamiento aplicable a todas las políticas públicas. Así se expresa en el ya citado *principio de integración ambiental,* conforme al cual no se debería tratar de englobar las diferentes políticas públicas en una sola política ambiental, sino de imprimir un impulso protector del medio ambiente en todos los sectores y líneas de acción pública. Junto a ese objetivo general, habría que situar la política específica o sectorial del medio ambiente.

La distinción exigida por ese principio de integración se encuentra claramente establecida en el art. 11 del Tratado de Funcionamiento de la UE, donde la específica política de medio ambiente se diferencia de la vinculación ambiental que afecta a las restantes políticas comunitarias:

> Las exigencias de la protección del medio ambiente deberán integrarse en la definición y en la realización de las políticas y acciones de la Unión, en particular con objeto de fomentar un desarrollo sostenible.

En todo caso, política específica y principio general deben ser aplicados a un objeto concreto de la realidad, el medio ambiente, que parece necesario identificar con los recursos naturales. No solo con el agua y el aire, sino también con la flora, la fauna, el suelo y la gea (el suelo es el elemento orgánico que permite la existencia de la fauna y de la flora; la gea se integra por los elementos inorgánicos de la tierra). Otras posturas más reductoras parecerían difícilmente compatibles con la literalidad del art. 45.2 de la Constitución española, que recoge una difundida fórmula internacional y comparada al establecer que:

> Los poderes públicos velarán por la utilización racional de todos los recursos naturales, con el fin de... defender y restaurar el medio ambiente.

La defensa del medio ambiente se identifica con la protección de los recursos naturales. El medio ambiente como objeto del Derecho es una expresión que refiere sintéticamente todas las combinaciones posibles de los recursos naturales.

En definitiva, la protección del medio ambiente debe configurarse como la protección de los recursos naturales, con dos grandes contenidos: uno general, que afecta a todas las políticas públicas, exigiendo que estas tengan en cuenta la situación de los recursos naturales afectados; otro específico, que se ocupa de velar directa y sectorialmente por la utilización racional de los recursos naturales.

Contenido. El establecimiento del contenido de la específica función protectora del medio ambiente requiere hacer referencia a los dos grandes sectores de actuación que integran dicha función pública: la lucha contra las contaminaciones y la protección de la naturaleza.

El régimen de las contaminaciones constituye para algunos autores, como ya hemos expuesto, la auténtica función de protección ambiental, centrada en la ordenación de las conductas que pueden alterar la calidad del aire, del agua y del suelo y afectar directamente a la salud humana. El sector de protección de la naturaleza perseguiría, en cambio, la directa protección de los recursos naturales, al margen de consideraciones antropocéntricas.

El origen de la distinción entre los dos ámbitos de actuación probablemente deriva del protagonismo correspondiente en la mayor parte de los Estados, al menos hasta época reciente, a dos organizaciones administrativas: la sanitaria y la forestal. Por una parte, en los órganos sanitarios se concentró un importante conjunto de competencias de control de las contaminaciones que pudieran resultar perjudiciales para la salud humana. Por otra parte, a los órganos forestales se atribuyeron competencias de ordenación y gestión de montes, caza, pesca fluvial, parques nacionales... En todo caso, la opinión que parece mayoritaria se inclina por el estudio conjunto de ambos sectores.

La función pública de protección del medio ambiente debe ser diferenciada de otras funciones públicas cuyos objetos están relacionados con la utilización racional de los recursos naturales.

Ordenación del territorio. Conforme a los esquemas conceptuales dominantes, la disciplina más general sería la ordenación del territorio, concebida como una función pública horizontal que debe condicionar a las funciones sectoriales, con la finalidad de corregir los desequilibrios territoriales en una forma que permita compatibilizar los intereses de desarrollo económico y mejora de la calidad de vida (que incluye la protección del medio ambiente).

Los grandes objetivos de la ordenación del territorio, plasmados en diversos instrumentos (planes directores territoriales de coordinación en la legislación estatal; estrategias, planes y directrices territoriales en la legislación autonómica), tienen indudablemente incidencia sobre la función pública de protección del medio ambiente, al implicar decisiones relativas a la vocación de las diferentes zonas territoriales y a las infraestructuras generales. En tal sentido, el objetivo general de tutela del medio ambiente constituye un elemento esencial de la ordenación del territorio.

Urbanismo. El urbanismo es una función pública cuyo centro de atención se sitúa en la ciudad, como espacio físico integrado por los entramados urbanos existentes y sus expansiones. El objeto puede ser distinguido de la tutela directa de los recursos naturales, correspondiente a la específica función ambiental. En todo caso, la ordenación urbanística incide sobre los recursos naturales y por ello se encuentra vinculada claramente, al igual que otras funciones públicas, al objetivo general de protección del medio ambiente.

Patrimonio cultural. El patrimonio cultural se define como el conjunto de bienes que constituyen testimonio de la civilización. Civilización y naturaleza constituirían, así, elementos diferenciadores de las funciones públicas de protección cultural y ambiental. Medio ambiente y patrimonio cultural son objetos diferentes que cabe diferenciar en un plano general. El medio ambiente se refiere a los recursos naturales; el patrimonio cultural a los elementos de civilización. No obstante, algunos ámbitos (jardines artísticos, parajes pintorescos) proporcionan puntos de fricción clásicos, pues se sitúan en el límite de la distinción entre naturaleza y arte, sobre todo si se tiene en cuenta que la naturaleza en la vieja Europa debe identificarse muchas veces con el mundo rural y que las perspectivas estéticas desempeñan un importante papel en la protección del medio ambiente.

Sanidad. La intervención pública para el control de las contaminaciones y las molestias tiene en su origen un fundamento exclusivamente sanitario o higiénico. El régimen de las actividades clasificadas ha constituido durante mucho tiempo, al menos en países de influencia francesa, la técnica general que permitía una cierta protección de los recursos naturales. En relación con ello, parece claro que el derecho a la salud constitucionalmente protegido (art. 43 Constitución) comprende el derecho a la salubridad del medio ambiente. Ahora bien, la importancia del medio ambiente para la salud humana no debe traducirse en una confusión de funciones. La sanidad pública únicamente está interesada en los aspectos ambientales directamente relacionados con la salud humana, mientras que la tutela ambiental debe atender a todas las cuestiones relativas a la utilización racional de los recursos naturales.

Principios ambientales

Los principios ambientales proporcionan fundamentos sólidos a una disciplina que los necesita debido al alto grado detalle que alcanza en sus contenidos. En buena medida encuentran su origen en el Derecho internacional ambiental, especialmente a través de la labor de las conferencias internacionales y los organismos vinculados al sistema de Naciones Unidas, con el PNUMA a la cabeza. En los ámbitos estatales, la legislación, la jurisprudencia y la doctrina contribuyen a identificar y consolidar esos principios.

Conviene tener claro que los principios ambientales son en todo caso exigencias encaminadas a lograr un resultado que se resume en la protección del medio ambiente. Así, hoy podemos afirmar que un Estado solo tiene Derecho ambiental si respeta los principios ambientales. No basta con disponer de una regulación de las cuestiones ambientales; es preciso que el contenido de esa normativa se ajuste a los principios universalmente reconocidos en la materia.

Aquí, amparados en el prestigio de la institución, vamos a emplear la lista de principios vertebradores de la política ambiental que se recoge en el art. 191 TFUE. En todos los casos, bajo la óptica jurídica, nos encontramos ante principios generales que cumplen las mismas funciones en materia ambiental que en otros ámbitos. Por una parte, en la tarea de aplicación del Derecho deben ser usados como elementos hermenéuticos de las normas, imponiendo una interpretación de estas acorde con los mismos principios. Por otra parte, han de emplearse como elementos integradores de las lagunas normativas, permitiendo dar una solución a los problemas que exigen una respuesta jurídica.

Los principios jurídico-ambientales no resultan pues de naturaleza diferente a los restantes principios generales del Derecho. Presentan, así, los conocidos problemas de posible indeterminación de sus contenidos y de necesidad de compaginación entre aquellos que pueden resultar parcialmente contradictorios. No hay ninguna originalidad en tales cuestiones, salvada la novedad de su planteamiento en relación con el medio ambiente. Al hilo de los casos requeridos de la aplicación de principios, cabrá especificar sus contenidos y resolver los enfrentamientos que puedan plantearse entre ellos.

Los principios incluidos en el TFUE forman parte del ordenamiento jurídico de la Unión Europea y también de los ordenamientos jurídicos de los Estados miembros, que han incorporado los contenidos del Tratado por su misma ratificación y publicación.

En el Tratado se utilizan diversas expresiones para referirse a los principios jurídico-ambientales, siendo la primera de ellas la de «objetivos». La idea subyacente a la denominación parece ser la de estimar que hay unas metas a alcanzar, unos resultados a obtener, no simplemente unas tendencias o unos comportamientos a observar por parte de las autoridades, que resultan, pues, efectivamente comprometidas al logro de los objetivos ambientales. Son metas generales, por una parte, comunes a todas las políticas ambientales de los ordenamientos primarios (internacional, europeo, estatales); de ahí que se establezca que la política ambiental de la Unión «contribuirá» a la obtención de una serie de «objetivos» (art. 191.1). Metas específicas, por otra parte, propias de la política ambiental de la UE (art. 191.2).

Los objetivos vertebran continuamente la política ambiental comunitaria, configurándose como auténticos principios generales. Así, cuando se establece que uno de los objetivos en cuestión será «la conservación, la protección y la mejora de la calidad del medio ambiente», parece que se está imponiendo el diseño de una política ambiental activa, que se traduzca en medidas de congelación del estado de concretos elementos ambientales («conservación»), en actuaciones sobre aspectos ajenos al propio elemento ambiental («protección»), así como en acciones de recuperación de elementos ambientales degradados («mejora»). Por más generales que resulten los contenidos de ese principio de política ambiental activa, el método jurídico permitirá su aplicación judicial a los casos concretos, lo cual constituye una garantía de su efectiva aplicación por todos los poderes públicos.

Otros principios caracterizados como objetivos generales serían la prevalencia de la salud de las personas, la utilización racional y prudente de los recursos naturales y el fomento de la intervención internacional para los problemas ambientales de ámbito supranacional. Como objetivo específico, se recoge el principio del «nivel de protección elevado», que supone un fuerte compromiso para las concretas decisiones ambientales, aunque la misma norma ha procurado evitar una aplicación mecánica de dicho principio, al matizar que debe tenerse presente «la diversidad de situaciones existentes en las distintas regiones de la Unión».

La denominación directa de «principios» se utiliza para los de precaución, prevención, corrección y quien contamina paga (art. 191.2), que constituyen la secuencia de actuaciones exigidas por los problemas ambientales. Primero, evitar la generación de contaminaciones o molestias (precaución o prevención); segundo, eliminar o disminuir las contaminaciones o molestias que no hayan podido ser evitadas (corrección); por último, atribuir los costes de prevención y corrección de los inconvenientes ambientales al autor de los mismos (quien contamina paga). Secuencia cuya completa visión requeriría añadir las medidas de intervención pública, cuyos costes pueden llegar a ser asumidos por la UE cuando resulten «desproporcionados» para los Estados (art. 192.5).

El *principio de prevención* suele tratarse junto con el de *corrección,* entendiendo que ambos imponen intervenir en la fuente antes de que se genere la contaminación o el problema ambiental de que se trate. De esa manera se evitan daños irreversibles o costes de reparación prohibitivos. Generalmente se identifica su origen en el caso Trail (1940), donde el tribunal arbitral estableció que el principio internacional de utilización no dañosa del territorio nacional implicaba la obligación de una debida diligencia para prevenir la contaminación transfronteriza. Manifestaciones del principio se advierten en las actividades de reglamentación, evaluación y autorización de actividades potencialmente peligrosas para el medio ambiente, así como en los mecanismos de imposición de las mejores técnicas disponibles, normalización y homologación de productos, y actividades de vigilancia y supervisión ambiental.

El *principio quien contamina paga* implica que los gastos de prevención, reducción y lucha contra la contaminación (o cualquier problema ambiental) deben ser soportados por el contaminador. En ningún caso ha de interpretarse como el reconocimiento de un supuesto derecho a contaminar, sino antes bien como un principio económico encaminado a la internalización de los costes de la contaminación que habrían de incorporarse al precio final de los productos. Una de las aplicaciones del principio puede encontrarse en la fiscalidad ambiental: tasas por las molestias sonoras de aeropuertos, la generación de residuos, el uso de aceites minerales y sintéticos…

Más principios se encuentran directamente recogidos en el Tratado sin ninguna denominación previa. Así sucede con el anteriormente mencionado principio de integración ambiental de todas las políticas (art. 11). Lo mismo ocurre con los principios de vinculación a los conocimientos científicos y técnicos, de diversidad territorial, de evaluación y de solidaridad económica y territorial, recogidos todos como elementos que la Unión debe asumir «en la elaboración de su política en el área del medio ambiente» (art. 191.3). El principio de cooperación internacional recibe una atención específica (art. 191.4).

Con fundamento también en el Tratado Funcionamiento UE (art. 191.2) y en diversos tratados y declaraciones internacionales, así como en leyes estatales, aunque acompañado de hondas polémicas, se plantea el *principio de precaución*. Conforme al mismo, la eventualidad de un daño ambiental grave e irreversible exige, aun en ausencia de certidumbre científica sobre los riesgos, la adopción de procedimientos de evaluación de estos y de medidas provisionales y proporcionales al daño configurado. El principio es hecho valer en relación con supuestos determinantes de controversias científicas, como pueden ser las que rodean a la energía nuclear, los organismos genéticamente modificados y la biotecnología en general. Se trata de un principio de carácter anticipativo, que conduce a tener en cuenta la incertidumbre científica adoptando medidas cautelares mientras se desarrollan activamente las investigaciones que puedan acabar con las dudas.

Es también objeto de discusión la identificación del *principio de no regresión ambiental* frente a los cambios normativos, que se defiende con apoyo en los objetivos de resultado que caracterizan al Derecho ambiental. A primera vista parece oponerse a la proscripción de leyes perpetuas que en los mismos albores del constitucionalismo proclamó la francesa Declaración de Derechos de 1793 (artículo 28: «una generación no puede comprometer con sus leyes a generaciones futuras»). Pero, en realidad, el principio de no regresión ambiental es una adaptación a las circunstancias contemporáneas de la idea del progreso humano que está detrás de la declaración revolucionaria.

El *principio del desarrollo sostenible* es la fórmula que rápidamente se ha extendido para expresar sintéticamente el conjunto de los principios ambientales, las funciones públicas de tutela ambiental y aun los nuevos derechos ambientales a los que enseguida vamos a hacer referencia. Consagrado en el Informe Brundtland

(1987) como el desarrollo que atiende a las necesidades de las generaciones presentes sin comprometer la capacidad de las generaciones futuras de atender a las suyas, ha experimentado una rápida difusión internacional y nacional. A partir de tan esencial principio, que conlleva un cambio radical en el uso de las cosas comunes, se podría incluso identificar el nuevo modelo del Estado ecológico, ambiental o sostenible.

Derechos al medio ambiente

La posible identificación de derechos en relación con el medio ambiente es cuestión del máximo interés. En todos los ámbitos de la vida social, económica, política y cultural, el reconocimiento de los mismos ha sido una vía eficaz de potenciación de las finalidades de interés general. Lo mismo cabe esperar sobre el medio ambiente.

La primera referencia que puede encontrarse en un tratado internacional, conectando explícitamente los derechos humanos con el medio ambiente, se encuentra en el Pacto Internacional de Derechos Económicos, Sociales y Culturales (Nueva York, 1966), que incluye «el mejoramiento en todos sus aspectos del medio ambiente» entre las medidas necesarias para asegurar la plena efectividad del «derecho de toda persona al disfrute del más alto nivel posible de salud física y mental» (art. 12.2.b).

Sin embargo, la más conocida mención internacional del derecho al medio ambiente corresponde, en el marco de la Conferencia de las Naciones Unidas sobre el Medio Humano, a la Declaración de Estocolmo (1972):

> El hombre tiene el derecho fundamental a la libertad, a la igualdad y a adecuadas condiciones de vida, en un medio ambiente de calidad, que le permita llevar una vida digna y gozar de bienestar, y tiene la solemne obligación de proteger y mejorar el medio ambiente para las presentes y las futuras generaciones (principio 1).

A partir de entonces, otros documentos internacionales han realizado declaraciones similares o complementarias, generalmente en textos carentes de fuerza obligatoria. Sin embargo, el movimiento de ideas impulsado por la Conferencia de Estocolmo determinó que los derechos relacionados con el medio ambiente accedieran al constitucionalismo democrático. Siguiendo el precedente portugués, la Constitución de España de 1978 proclamó que «todos tienen el derecho a disfrutar de un medio ambiente adecuado para el desarrollo de la persona, así como el deber de conservarlo» (art. 45.1). Muchos otros textos constitucionales han seguido esos planteamientos, habiéndose llegado a aprobar en Francia una completa Carta Constitucional del Medio Ambiente (2005).

Derecho fundamental. Gran importancia ha tenido la posibilidad de instrumentar derechos fundamentales clásicos para la protección del medio ambiente. Tal ha sido el planteamiento seguido por el Tribunal Europeo de Derechos Humanos, particularmente en una serie de casos relativos al contenido ambiental del derecho a la intimidad domiciliaria en aplicación del Convenio Europeo de Derechos Humanos (Roma, 1950). Los ruidos producidos en algún aeropuerto británico o en un campo de tiro alemán, pero especialmente los olores nauseabundos provocados por cierta instalación depuradora de agua en España, constituyeron los eventos determinantes de una interesante postura jurisprudencial en la aplicación del Convenio Europeo.

El *caso López Ostra* (STEDH de 9 diciembre 1994) supuso la confirmación efectiva del principio que permite vincular la protección del medio ambiente al contenido de los derechos fundamentales. Siguiendo doctrina ya formulada anteriormente, se otorga al Estado «un cierto margen de apreciación» de las circunstancias de interés público concurrentes en la instalación de una depuradora, pero los datos del caso llevan al TEDH a estimar que la invasión de la vivienda por olores, ruidos y humos persistentes durante años, sin que las autoridades adoptasen medidas efectivas, había supuesto la violación del derecho al respeto del domicilio y de la vida privada y familiar.

La doctrina tiene una tremenda fuerza expansiva, contemplada como un principio para la aplicación del Derecho, un principio que permite vincular la protección del medio ambiente al contenido de todos los derechos fundamentales, no solo del derecho a la intimidad domiciliaria. El completo catálogo de derechos fundamentales se convierte en una pluralidad de posibles vías de protección ambiental.

Por otra parte, también es preciso contar con el incremento de la sensibilidad social sobre los niveles de calidad ambiental. La gravedad de los atentados ambientales, para merecer su protección como exigencia de ciertos derechos fundamentales, está llamada a ir disminuyendo a la par que se difunda la educación ambiental. De manera que cabe imaginar el ejercicio de acciones para la tutela del derecho a la vida amenazado por los «riesgos mayores» de una industria, o exigiendo que la libertad de circulación conlleve el derecho al disfrute no lucrativo de la naturaleza, etc.

Derecho subjetivo. Junto a los contenidos ambientales de los derechos fundamentales, es preciso plantearse la existencia de un específico derecho subjetivo al medio ambiente y, además, las características de tal derecho en el ordenamiento constitucional español.

Cada vez hay menos razones para no concordar con quienes propugnan que el art. 45.1 Constitución, al establecer que «todos tienen el derecho a disfrutar de un medio ambiente adecuado para el desarrollo de la persona», se traduce precisamente en lo que dice y no en otra cosa. La fuerza de las palabras utilizadas en el precepto, por lo que ellas mismas significan, junto con la fuerza de la conciencia social sobre la necesidad de compromisos ambientales en el texto fundamental, son elementos que justifican interpretar que la palabra «derecho» equivale, como es habitual en el lenguaje jurídico, a derecho subjetivo, esto es, a una situación de poder individual susceptible de tutela judicial.

Tradicionalmente, sin embargo, ha venido negándose la existencia de un derecho subjetivo al medio ambiente. Todo el contenido del capítulo 3.º del título I de la Constitución, donde se incluye el art. 45, habría de interpretarse como un conjunto de normas de acción dirigidas a los poderes públicos. Principios cuyo «reconocimiento, respeto y protección informará la legislación positiva, la práctica judicial y la actuación de los poderes públicos», pero con exclusión en todo caso de la tutela judicial, puesto que «solo podrán ser alegados ante la jurisdicción ordinaria de acuerdo con lo que dispongan las leyes que los desarrollen» (art. 53.3 Constitución).

Ese razonamiento puede considerarse ya inconsistente. Primero, porque supone entender que las garantías establecidas para los diversos derechos y principios enunciados en el tít. I Const. se limitan al cuadro del art. 53 Constitución. Segundo, porque ignora que ese precepto únicamente se refiere a «los principios reconocidos en el cap. 3.º», sin comprender por tanto a los derechos reconocidos en el mismo lugar. Tercero, porque contradice el contenido del derecho fundamental a la tutela judicial efectiva de «derechos e intereses legítimos» (art. 24.1 Constitución), en la medida en que niega la tutela judicial de un derecho recogido en el propio texto fundamental.

Cabe, pues, sostener que el precepto reconoce un derecho subjetivo al medio ambiente adecuado para el desarrollo de la persona. Y al propio tiempo, un «deber de conservarlo». Con lo cual, las dos vertientes, activa y pasiva, de las normas jurídicas de relación entre sujetos quedan perfectamente expresadas: la conservación del medio ambiente adecuado para el desarrollo de la persona es un derecho y un deber en el ordenamiento constitucional español. Por tanto, si alguien lesiona el derecho de otro al medio ambiente adecuado, incumpliendo el deber de conservarlo, el segundo tendrá acción judicial, según los casos: para evitar la lesión ante el peligro de su producción (principio de prevención) o para suprimirla, si ya se ha consumado, comprendiendo incluso la reparación de los daños causados (principio de corrección).

Ese sencillo esquema, típico de los derechos subjetivos, quizá no haya podido ser percibido inmediatamente tras la aprobación del texto fundamental de 1978, por la incidencia de una cierta obsesión en implicar a los poderes públicos, para que legislen y sobre todo para que realicen prestaciones con el objetivo de asegurar el medio ambiente adecuado. Sin embargo, no son esos aspectos los garantizados preferentemente por el derecho constitucional al medio ambiente, cuyo sujeto pasivo es quien contamina o produce cualquier lesión del derecho. Aunque, ciertamente, la infracción del deber constitucional de conservación del medio ambiente puede proceder de la Administración. El derecho al medio ambiente es un derecho de goce, un derecho «a disfrutar», según establece el art. 45.1 Constitución, no a disponer del medio ambiente.

En todo caso, la indeterminación del objeto plantea dudas sobre cuál sea el medio ambiente adecuado para el desarrollo de la persona. En la doctrina, cabe identificar dos tipos de respuestas. Para algunos autores, la referencia constitucional al medio ambiente adecuado contiene una remisión al legislador, de manera que los contenidos del medio ambiente objeto de la protección constitucional serán los establecidos por la legislación. Para otros autores, en cambio, es posible establecer un concepto sustantivo del medio ambiente adecuado, que podría identificarse con el «círculo vital» del individuo o con la posibilidad de un «desarrollo libre de enfermedades».

El inconveniente de esas caracterizaciones reside en que no permiten establecer un lugar propio para el derecho subjetivo al medio ambiente. Si el medio ambiente objeto del derecho es el que resulte de lo establecido por la legislación, en realidad lo que tenemos es una acción pública. Por otra parte, la identificación del medio ambiente adecuado con el «círculo vital» o con el «desarrollo libre de enfermedades» comportaría dificultades para el deslinde entre este derecho y los contenidos ambientales de los derechos fundamentales a la vida y a la integridad, conforme a la mecánica anteriormente expuesta.

No parece posible definir anticipadamente qué sea el medio ambiente adecuado, porque se trata de un concepto jurídico indeterminado, apropiado para desenvolverse en su concreta aplicación. Es decir, solo la casuística judicial en la aplicación del derecho permitirá determinar los niveles de calidad ambiental considerados constitucionalmente «adecuados». Aunque debe quedar claro que remitir a la casuística no significa abdicar de los planteamientos técnicos, para adentrarse en una suerte de ámbito dejado a la libre decisión del juez. El caso concreto es la única vía de fijar el alcance del concepto jurídico indeterminado, en la medida en que solo entonces será posible desarrollar la actividad técnica que acredite si los hechos analizados alteran o no el medio ambiente adecuado para el desarrollo de la persona. Aunque ciertamente conviene destacar que esa actividad técnica no podrá menos de estar constantemente penetrada por los niveles de sensibilidad social ante los problemas ambientales.

Derecho colectivo. Al margen de su significado típico como derecho subjetivo, el derecho al medio ambiente es considerado, en diversas declaraciones internacionales y planteamientos doctrinales, como un derecho colectivo. Tal expresión puede aglutinar una serie de derechos subjetivos caracterizados por su contenido instrumental, procedimental, reaccional a veces, con respecto a la actuación de los poderes públicos. Se trata de derechos subjetivos correspondientes primariamente a los individuos (y por extensión, a los grupos), cuyo contenido, sin embargo, tiene un significado colectivo, al tener su fundamento en la solidaridad, como todos los derechos de la tercera generación.

En el importante Convenio de Aarhus (1998), incorporado a España por Ley 27/2006, tres son los derechos o contenidos procedimentales habitualmente identificados bajo el rótulo del derecho colectivo al medio ambiente: el derecho de acceso a la información ambiental, el derecho de participación en las decisiones ambientales y el llamado derecho de acceso a los recursos administrativos y jurisdiccionales contra las decisiones ambientales.

Lección 3.ª Sostenibilidad empresarial

En el Derecho público, la relación entre las actividades empresariales y la protección del medio ambiente se manifiesta en dos grandes líneas de actuación: una dominada por las técnicas de la policía administrativa, es decir, por las intervenciones amparadas en el ejercicio de las potestades conferidas a las autoridades, como son las autorizaciones y evaluaciones ambientales; y otra vinculada al mercado, donde las intervenciones administrativas están dirigidas a asegurar la libre competencia en las relaciones económicas fomentando la obtención de los intereses públicos de protección ambiental. No obstante, ha de comprenderse que la anterior es una caracterización genérica, de manera que los principios de la libertad de empresa también condicionan el alcance de los controles administrativos y, a su vez, la protección del mercado libre exige disponer de algunos mecanismos coactivos.

Autorizaciones ambientales

Relaciones de vecindad. El origen de las autorizaciones ambientales se encuentra en el régimen civil de las relaciones de vecindad, donde se identifican diversas acciones que pueden todavía emplearse para la defensa de los particulares frente a las contaminaciones.

En tal sentido, podemos hablar de un primer conjunto de acciones reales: *a)* en el art. 7.2 de la Ley de Propiedad Horizontal, se prohíbe desarrollar en pisos o locales actividades dañosas o contrarias a las disposiciones generales sobre actividades molestas, insalubres, nocivas y peligrosas, previéndose un sencillo procedimiento para su exigencia por la comunidad de propietarios; *b)* en el art. 446 CC, se establece el derecho del poseedor a ser respetado en su posesión con las acciones posesorias, que pueden emplearse frente a cualquier perturbador; y *c)* el art. 590 CC prohíbe construir cerca de pared ajena o medianera pozos, cloacas, fraguas, chimeneas… sin guardar las distancias prescritas por los reglamentos y usos del lugar y sin ejecutar las obras de resguardo necesarias, con sujeción, en el modo, a las condiciones que los mismos reglamentos prescriban.

Como acción contractual, cabe recordar que el art. 27 de la Ley de Arrendamientos Urbanos permite la resolución del contrato de arrendamiento si el inquilino desarrolla actividades molestas.

Finalmente, las acciones resarcitorias podrían ampararse en la cláusula general del art. 1902 CC y específicamente en el art. 1908 CC, que prevé la responsabilidad

del propietario por los daños que produzcan la explosión de máquinas, la inflama-
ción de sustancias explosivas, los humos excesivos, las emanaciones de cloacas o
depósitos de materias infectantes.

En todo caso, junto al posible empleo individual de esos remedios civiles, la
identificación de molestias, incomodidades y perjuicios que pueden afectar a colectivos amplios ha determinado el empleo de técnicas administrativas de intervención,
particularmente a través de la exigencia de la licencia de actividades clasificadas.

Libertad de establecimiento. Antes de exponer el concreto régimen jurídico
de la licencia citada, conviene hacer una referencia al intenso proceso de revisión
puesto en marcha por la Directiva Bolkestein de 2006, que afecta notablemente al
régimen tradicional de las licencias municipales y en general de las autorizaciones
administrativas. Se trata de reducir las intervenciones administrativas conforme al
principio de libertad de establecimiento.

Las licencias se incluyen en el género de las autorizaciones, que generalmente
son actos administrativos reglados mediante los cuales la Administración comprueba que la actividad del particular se ajusta a los límites establecidos en el ordenamiento jurídico. El administrado tiene derecho a realizar la actividad conforme a
lo previsto en el ordenamiento, de manera que la autorización no es constitutiva de
su derecho sino que simplemente lo declara, planteamiento que tradicionalmente
ha facilitado que el valor del silencio administrativo sea aquí positivo. No obstante,
las anteriores características han de ser constatadas en cada supuesto en el Derecho
positivo, que no siempre sigue el modelo de la autorización declarativa, configurando también autorizaciones que tienen efectos constitutivos del correspondiente
derecho y autorizaciones de tracto continuo, que no se agotan con su otorgamiento
pues permiten a la Administración controlar el adecuado ejercicio de la actividad
autorizada.

Las licencias han experimentado gran desarrollo en el ámbito local como cabe
deducir de la regulación general contenida en los arts. 9-16 del Reglamento de
Servicios de 1955, actualmente sustituida en diversas comunidades autónomas por
regulaciones propias. Por añadidura, se viene permitiendo que los municipios no
solo exijan las licencias atribuidas a su competencia en leyes y reglamentos estatales y autonómicos, sino también que creen nuevas licencias mediante ordenanzas
municipales [art. 84.b) LBRL]. Paralelamente, en la legislación sectorial se han
creado variadas autorizaciones atribuidas a la competencia del Estado y de las comunidades autónomas, que suelen sumarse a las licencias locales, creando marañas
de intervenciones administrativas superpuestas que periódicamente se trata de ordenar o simplificar.

Como ya se ha indicado, actualmente la teoría general de las autorizaciones
está experimentando importantes cambios como consecuencia de la Directiva

2006/123/CE, que exige facilitar la libertad de establecimiento y prestación de servicios. Por servicio se entiende cualquier actividad económica por cuenta propia prestada normalmente a cambio de una remuneración, incluyendo en consecuencia las actividades económicas que son objeto de las licencias locales (realización de obras de construcción, rehabilitación, reforma o derribo, y apertura de establecimientos comerciales e industriales). La Directiva fue objeto de incorporación al ordenamiento español por la Ley 17/2009, llamada ley paraguas porque contiene el marco general en la materia, y la Ley 25/2009, llamada ley ómnibus porque recorre la legislación adaptando diversas leyes al marco general.

La libertad de establecimiento entraña limitaciones a la actuación administrativa en la materia, que se traducen en la exigencia de una serie de requisitos para establecer autorizaciones y también para las autorizaciones mismas. Los primeros son los siguientes: *a)* no discriminación ni por nacionalidad ni por ubicación del establecimiento o de la sociedad mercantil; *b)* necesidad, de manera que la autorización ha de justificarse por una «razón imperiosa de interés general» como la salud pública, la seguridad y salud de los consumidores, el medio ambiente y entorno urbano o el patrimonio cultural; y *c)* proporcionalidad, esto es, que la autorización sea el elemento más adecuado de intervención administrativa al no existir otras medidas menos restrictivas para obtener el mismo resultado, precisándose que en ningún caso se exigirá autorización si resulta suficiente con una comunicación o declaración responsable del prestador del servicio manifestando que cumple los requisitos y facilitando información para el control de la actividad.

Los requisitos relativos a las autorizaciones que en su caso procedan consisten en: *a)* la exigencia de establecer procedimientos de otorgamiento reglados, claros e inequívocos, objetivos e imparciales, transparentes, proporcionados y dados a conocer con antelación (es decir, publicados), y con aplicación general del silencio positivo, por lo cual el silencio negativo únicamente se admite si se encuentra establecido por una norma con rango de ley y se justifica en razones imperiosas de interés general; *b)* la duración indefinida de la autorización, que solo se puede limitar por causas tasadas legalmente, como que el número de autorizaciones sea limitado debido a escasez de recursos naturales o a inequívocos impedimentos técnicos; *c)* la prohibición de exigencias de residencia, colegiación, establecimiento principal, necesidad económica y otras similares; y *d)* la sujeción al procedimiento de notificación a la Comisión Europea de las limitaciones excepcionalmente aplicables, como las distancias por razones económicas, la exigencia de determinadas formas jurídicas, capital mínimo, composición de plantilla o precios.

Licencia de actividades clasificadas. El régimen de las actividades clasificadas todavía puede encontrarse en el Reglamento de Actividades Molestas, Insalubres, Nocivas y Peligrosas de 1961, cuya completa derogación está condicionada a la aprobación de normativa propia en la materia por todas las comunidades y ciudades autónomas (disposición derogatoria de la Ley 34/2007, de Calidad del Aire).

Las actividades molestas, insalubres, nocivas y peligrosas conducen a la aplicación de un conocido conjunto de técnicas policiales de intervención. En el citado Reglamento y en las Leyes de Protección Ambiental de las CCAA se contienen amplios elencos de actividades clasificadas, aunque sin carácter limitado, de manera que cualesquiera otras actividades que entren en los correspondientes conceptos normativos quedan sometidas al mismo régimen jurídico. Así, se consideran molestas las actividades que producen una perturbación o incomodidad, insalubles las perjudiciales para la salud humana, nocivas las que dañan los recursos naturales o la biodiversidad y peligrosas las que generan riesgos graves para personas o bienes.

Las actividades clasificadas requieren precisamente de licencia municipal, aunque la legislación de liberalización comercial ha excluido de la necesidad de licencia a los establecimientos comerciales minoristas y de servicios de hasta 750 m².

La solicitud de licencia debe ir acompañada de proyecto técnico y memoria descriptiva de las características de la actividad, su repercusión sobre la sanidad ambiental y los sistemas correctores previstos. El alcalde puede denegar directamente la licencia por razones de competencia municipal; en otro caso, la solicitud se someterá a información pública, audiencia de interesados e informes de diversos funcionarios locales, incorporándose un informe final de la corporación municipal. De ahí el expediente pasa a la fase de dictamen del órgano autonómico (normalmente colegiado) que haya asumido las funciones en la materia, al que corresponde calificar la actividad, y aceptar, rechazar e incrementar las medidas correctoras propuestas por el solicitante. Después, el expediente es devuelto al alcalde, que resulta competente para otorgar o denegar la licencia aunque con vinculación al dictamen del órgano autonómico cuando sea negativo o conlleve la imposición de medidas correctoras. La licencia debe obtenerse con carácter previo a la de obras, como se exige en general para todas las licencias de apertura de establecimientos comerciales e industriales (art. 22 del Reglamento de Servicios de las Corporaciones Locales), sin que el otorgamiento de una de esas licencias implique el de la otra.

Las licencias para el ejercicio de las actividades clasificadas deben someter estas al cumplimiento de requisitos de emplazamiento y a medidas correctoras. El alejamiento de los núcleos de población era la técnica principal empleada en el Reglamento de 1961, de acuerdo con lo previsto en las ordenanzas municipales o en los planes de urbanismo. En caso de ausencia de estos instrumentos, la fijación del emplazamiento corresponde al órgano autonómico competente en la materia, que debe tener en cuenta las circunstancias de la actividad, la necesidad de proximidad al vecindario, los informes técnicos y las medidas correctoras previstas. En todo caso, se exige un alejamiento mínimo, por lo común de 2 000 metros, con respecto a cualquier núcleo de población, regla que la jurisprudencia ha considerado materialmente básica (SSTS de 1 abril y 19 julio de 2004), de manera que la legislación autonómica solo puede sustituirla por una medida de mayor contenido protector. Las medidas correctoras pueden comprender amplios catálogos de soluciones dado que incluyen cuantas medidas técnicas sean necesarias para lograr el objetivo de evitar que las actividades produzcan incomodidades.

Una abundante jurisprudencia ha aclarado algunos aspectos del régimen jurídico de las actividades clasificadas. Así, las licencias correspondientes se caracterizan como autorizaciones de funcionamiento, que permiten intervenir en cualquier momento del desarrollo de la actividad, tanto para exigir el cumplimiento de las medidas establecidas en la licencia como para imponer nuevas medidas correctoras, conforme al progreso técnico de cada época. En realidad, el Reglamento de 1961 solo contemplaba el momento inicial de la instalación, pero la laguna fue eficazmente corregida por la jurisprudencia, que viene permitiendo a los alcaldes modificar las condiciones de la instalación y las medidas correctoras inicialmente impuestas.

La normativa de las comunidades autónomas en la materia ha incidido especialmente en el contenido de los proyectos técnicos que deben presentarse para la obtención de la licencia, así como en los niveles de contaminación admisibles y las específicas medidas correctoras previstas. Importantes vienen siendo también los esfuerzos de la legislación autonómica para mejorar el régimen disciplinario aplicable: ciertas regulaciones se centran en el objetivo de perfeccionar los sistemas de inspección de las actividades clasificadas; otras establecen cuadros sancionadores propios buscando una mayor eficacia.

Declaraciones y comunicaciones. Tras la Directiva Bolkestein, muchas de las reformas estatales autonómicas han consistido en sustituir las licencia por otras formas de intervención más ligeras. En las declaraciones responsables, el interesado se limita a manifestar ante la autoridad competente que va a realizar una actividad sujeta a declaración responsable disponiendo de la documentación acreditativa y comprometiéndose a mantener los requisitos exigibles. Mediante las comunicaciones, se pone en conocimiento del órgano competente la actividad que va a realizarse manifestando reunir los requisitos para ello.

Autorización ambiental integrada. Fue regulada en la Directiva 96/61, luego sustituida por la Directiva 2010/75, que se incorporaron al Derecho español por Leyes 16/2002 y 5/2013. Consiste en un procedimiento complejo que integra en una resolución única las autorizaciones administrativas que sean precisas en relación con la implantación, el funcionamiento o la modificación sustancial de una de las actividades integradas: instalaciones de combustión, producción y transformación de metales, industrias mineras y químicas, gestión de residuos, industrias de papel y cartón, textiles, de cuero, agroalimentarias y ganadería. En Aragón se aplica particularmente a las explotaciones ganaderas que rebasan ciertos umbrales (número de animales).

La evaluación de impacto ambiental se considera elemento imprescindible en el procedimiento de la AAI. En la legislación estatal aplicable, la ubicación de dicha evaluación parecía depender de si era competencia del Estado o de la comunidad autónoma, configurándose como trámite previo únicamente en el primer supuesto. Sin embargo, la jurisprudencia ha considerado que en todo caso el procedimiento de EIA, con su declaración de impacto ambiental (DIA) como resultado final, debe ser previa, publicada y objeto de participación pública antes de resolver sobre la AAI, que se concibe, así, como la autorización sustantiva en la materia.

Las autorizaciones integradas son las relativas a residuos, suelos contaminados, vertidos al dominio público hidráulico y a los sistemas de saneamiento, contaminación acústica y atmosférica, y la autorización especial en suelo no urbanizable. El promotor ha de presentar ante el órgano ambiental de la comunidad autónoma afectada la documentación exigida en la regulación de todas las intervenciones administrativas que resultan integradas. Dicho órgano gestiona el procedimiento, pidiendo a los órganos competentes los informes que sustituyen a las autorizaciones o intervenciones integradas. Cuando los informes proceden de órganos de la Administración de la comunidad autónoma, no son vinculantes, mientras que sí lo son cuando corresponden a otras administraciones. En todo caso, la AAI establece valores límites de emisión para las contaminaciones, medidas correctoras, condiciones de protección del suelo no urbanizable y otras.

Una particular problemática ha surgido en relación con la licencia municipal de obras, que no está integrada en la AAI, aunque en el procedimiento de esta ha de solicitarse un informe sobre las competencias municipales. Si el informe en cuestión es negativo por razones de legalidad, se impone la denegación de la AAI, pues no cabe eludir las exigencias urbanísticas. De la misma manera, cuando el informe municipal haya sido favorable, parece lógico considerar que el ayuntamiento está vinculado a su propio criterio al resolver sobre la posterior solicitud de licencia de obras. Sin embargo, algún autor estima que el informe urbanístico previo no puede vincular a la posterior licencia obras porque esta es de carácter reglado, de manera que no habría espacio para aplicar la doctrina de los actos propios, y ello sin perjuicio de que en tal caso el ayuntamiento hubiera de asumir la indemnización de los perjuicios causados (G. Valencia, 2018).

También se ha suscitado la cuestión de si la licencia de actividades clasificadas es exigible tras la AAI. La solución en la legislación básica resulta confusa, pues se mantiene la licencia de actividades en todo lo no integrado en la AAI, fórmula que ha propiciado diversidad de posiciones en la legislación autonómica. Así, hay leyes como la de Aragón donde la AAI exime de la licencia de actividades clasificadas, solución que se apoya en el anteriormente citado informe sobre las competencias municipales; aunque, para complicar más las cosas, la regulación aragonesa sí mantiene, tras la AAI, la licencia de inicio de actividad, que está prevista para comprobar el cumplimiento del condicionado de la licencia de actividades clasificadas. Otras leyes autonómicas mantienen la licencia de actividades clasificadas para los aspectos de competencia municipal no integrados en la AAI, como son los que afectan a la seguridad y la salud por ruidos, vibraciones, calor, olores o incendios.

Evaluaciones ambientales

La exigencia de evaluar los efectos de las decisiones con trascendencia para el medio ambiente ha sido uno de los logros más importantes del Derecho ambiental. Con carácter general, la evaluación admite dos grandes modalidades, según se refiera a proyectos de obras, instalaciones u otras actividades (evaluación de impacto ambiental, EIA) o lo haga a planes y programas (evaluación ambiental estratégica, EAE). Fueron establecidas por la CE en 1985 y 2001, encontrándose actualmente reguladas en la Ley de Evaluaciones Ambientales de 2013 (LEA'13)

Evaluación ambiental estratégica. Conforme a esa normativa, se prevén dos procedimientos de evaluación ambiental estratégica.

El procedimiento ordinario se aplica a los siguientes planes y programas: *a)* los que constituyen el marco de proyectos sujetos a EIA y están referidos a una lista legal de materias (agricultura, energía, aguas, ordenación del territorio, uso del suelo…); *b)* los que afectan a la Red Natura 2000; *c)* los que decidida caso a caso el órgano ambiental conforme a unos criterios legales relativos a la presumible incidencia ambiental; y *d)* en todo caso, los que se soliciten por el promotor. Siempre se excluyen los relativos a la defensa nacional, protección civil y los de tipo financiero y presupuestario.

Los trámites del procedimiento de EAE ordinaria, para el que se prevé una duración de 22 meses, son: *a)* solicitud de iniciación por el promotor ante el órgano sustantivo acompañando el documento inicial estratégico, que comprende objetivos, alcance y contenido del plan, alternativas, desarrollo, impactos e incidencias previsibles; *b)* el órgano sustantivo realiza consultas a las Administraciones implicadas y a los interesados; *c)* el órgano ambiental genera el documento de alcance del estudio de EAE; *d)* elaboración del estudio de EAE por el promotor, junto con la versión inicial del plan o programa; *f)* nueva fase de información pública y consultas a las Administraciones y los interesados; *g)* propuesta final de plan o programa por el promotor; h) análisis técnico y DAE por el órgano ambiental.

El procedimiento simplificado se aplica en los casos siguientes: *a)* modificaciones menores de los planes y programas anteriores; *b)* planes municipales de reducida extensión; y *c)* los demás que establezcan el marco para la realización de proyectos. En este caso los trámites son: *a)* solicitud de inicio por el promotor ante el órgano sustantivo acompañando el documento ambiental estratégico; *b)* consultas a las Administraciones y los interesados; y *c)* adopción por el órgano ambiental del informe ambiental estratégico, donde se decide si seguir el procedimiento ordinario o que el plan o programa no tiene efectos significativos para el medio ambiente.

Evaluación de impacto ambiental. El ámbito de aplicación de la evaluación de impacto ambiental requiere también distinguir entre el procedimiento ordinario y el simplificado. Así, se sujetan en todo caso a EIA ordinaria: *a)* los proyectos más significativos, que se enumeran en un primer anejo; *b)* otros proyectos objeto de un segundo anejo más amplio, pero que solo se sujetan a EIA ordinaria tras seguir un procedimiento de decisión caso a caso que resuelve el órgano ambiental. Al procedimiento de EIA simplificado se sujetan las modificaciones menores de los anteriores y otros proyectos de escasa problemática ambiental.

Se excluyen los proyectos relativos a la defensa nacional, los que sean aprobados por ley (pero siempre que el parlamento disponga de informaciones equivalentes a las que se obtienen en el procedimiento de EIA) y los aprobados por el Gobierno del Estado o de las CCAA por razones excepcionales que habrán de justificarse.

La evaluación de impacto ambiental, en realidad, no es una autorización; es un procedimiento administrativo que presta cobertura a un proceso de análisis técnico, el cual, a su vez, permite estimar los efectos de la ejecución de un determinado proyecto, obra o actividad sobre el medio ambiente. Pese a su gran importancia, la evaluación está configurada como un procedimiento subordinado o accesorio del procedimiento principal, que es el correspondiente a la toma de decisión administrativa sobre el proyecto sujeto a evaluación. La evaluación no constituye, pues, directamente un procedimiento de autorización de determinados proyectos, sino un procedimiento que proporciona información fiable sobre los efectos ambientales de los proyectos sujetos a autorización o decisión administrativa.

Ahora bien, la naturaleza de acto de trámite de la evaluación de impacto ambiental, su inserción en un procedimiento decisorio, no debe llevar a la conclusión de que la técnica que examinamos carece de consecuencias sustantivas sobre el proyecto objeto de evaluación. El procedimiento de evaluación permite también utilizar la información generada para rechazar la autorización o realización del proyecto. Así, el procedimiento de evaluación de impacto ambiental finaliza con la declaración de impacto ambiental, acto administrativo que determina la conveniencia o no de realizar el proyecto y, en caso afirmativo, fija las condiciones en que debe realizarse. Si se produce discrepancia de la autoridad ambiental con la competente por razón de la materia del proyecto, la decisión final se atribuye al supremo órgano colegiado (Gobierno) de la Administración implicada.

En definitiva, la exigencia de evaluación supone un agravamiento del procedimiento y del régimen de autorización o realización de determinados proyectos. Se trata de una exigencia horizontal, aplicable a distintos proyectos sectoriales. No cambia la competencia decisoria aunque en el sistema español la modula, ya que puede obligar al establecimiento, dentro de la misma Administración pública, de una suerte de diálogo formalizado sobre la declaración de impacto ambiental entre el órgano competente por razón de la materia del proyecto y el órgano ambiental, como hemos visto.

Sin embargo, nuestra legislación básica de evaluación de impacto ambiental parece partir de la idea de que los proyectos afectados corresponderán al completo dominio competencial del Estado o de una comunidad autónoma, ya que solo se refiere al órgano ambiental de la Administración General del Estado y de las comunidades autónomas. Pero, junto a los proyectos sujetos a autorización estatal o autonómica y los proyectos realizados directamente por el Estado o las comunidades autónomas, la autorización o la realización de otros proyectos corresponderá exclusivamente a los entes locales sin ninguna intervención estatal ni autonómica. Piénsese, por ejemplo, en la cantidad de proyectos que únicamente merecen la intervención municipal a través de las generales licencias de obras y de apertura. En esos casos, cuando la legislación no exige intervención ni del Estado ni de la comunidad autónoma, parece que habría de corresponder al municipio el carácter de Administración competente en la materia, aunque no siempre será fácil identificar dentro del mismo los correspondientes órganos sectorial y ambiental.

Mercado y medio ambiente

El origen de la contaminación no se encuentra en los sistemas económicos, sino en las actividades económicas cuyos gestores consideran el medio ambiente como una externalidad. Desde luego, ni la privatización ni la publificación de actividades mejoran por sí solas la calidad ambiental.

Desde los inicios de la toma de conciencia sobre el problema ambiental se cuentan iniciativas tendentes a internalizar los correspondiente costes atendiendo a mecanismos de mercado. Las técnicas de la policía administrativa (prohibición, autorización, inspección, sanción), que habían quedado anticuadas y eran poco operativas para luchar efectivamente contra las contaminaciones, fueron objeto de crítica prácticamente sin darles la oportunidad de adaptarse a las nuevas realidades.

Entre las teorías más divulgadas se cuenta la «tragedia de los comunes» (G. Hardin, 1968), que propugna generalizar las privatizaciones como vía para combatir el agotamiento de los recursos que derivaría de la libertad de uso de las cosas comunes. Sin embargo, el estudio de los casos reales permite identificar instituciones estables que garantizan la viabilidad de variados supuestos de gestión colectiva (E. Ostrom, 1990).

Bajo la óptica de la actividad empresarial, viene también sosteniéndose la conveniencia de remitir al mercado las decisiones sobre el nivel de utilización de los recursos naturales, lo que vendría facilitado por el establecimiento de derechos a contaminar transmisibles (R. Coase, 1960). No obstante, ha de constatarse que si el mercado puede funcionar adecuadamente para lograr el uso eficiente de los recursos, no permite por sí solo la reducción de la contaminación, que precisa de una intervención administrativa fijando los niveles de uso (D. Azqueta, 2007).

En la práctica se identifican variados problemas de estos mercados que requieren la atención del poder público: *a)* la asignación inicial de los derechos de uso, que debería hacerse por subasta, frecuentemente se combina con criterios de interés general (como la preferencia del aprovechamiento del agua para abastecimiento de poblaciones) o de tipo histórico (como el respeto de las industrias o actividades existentes que emiten gases de efecto invernadero); *b)* la configuración de derechos enteramente sujetos a libre trasmisión puede generar el acaparamiento del recurso (como ha sucedido en relación con los usos del agua en alguna experiencia); *c)* la limitación del nivel total de emisiones sujetas a libre comercio no impide su concentración en determinados lugares (*hot spots*); *d)* asimismo las limitaciones de derechos de emisión en unos países pueden provocar el aumento de la contaminación en otros Estados; *e)* cabe incluso que se produzca un excedente en la oferta de derechos a contaminar como sucede en situaciones de crisis económica.

Todos estos supuestos requieren de intervenciones administrativas. Se trata, pues, de mercados artificiales de recursos naturales cuyo éxito precisa de instituciones que fijen las reglas de juego y aseguren su respeto (I. Sanz Rubiales e I. Caro-Patón, 2013).

Hechas las anteriores precisiones, vamos a exponer sucintamente las principales modalidades de técnicas de promoción del mercado para la protección del medio ambiente. Como veremos, la idea de que en estos casos no se emplea la burocracia pública, no es exacta; más bien comprobamos la transformación de las típicas vías de acción de los poderes públicos, que en muchos casos ya no se manifiestan como controladores directos de la actuación de los particulares, sino más bien como árbitros de las reglas del juego.

a) *Auditorías ambientales*. Una primera modalidad de estos supuestos viene constituida por las llamadas auditorías ambientales, cuyo origen se remonta a la transformación de las tradicionales técnicas de intervención administrativa en materia de seguridad industrial. En la experiencia española, se trataba de un ámbito de intervención controlado por el cuerpo de Ingenieros Industriales, que proporcionaban los materiales para la reglamentación técnica obligatoria de diversas actividades de transformación de productos por razones de seguridad, salubridad e higiene. El cumplimiento de las exigencias de la reglamentación se acreditaba mediante dos actos administrativos típicos: la homologación del prototipo o modelo de producto que cumplía la correspondiente reglamentación típica y la certificación de que los productos fabricados se ajustaban al homologado.

Paralelamente fueron desarrollándose mecanismos privados de normalización por parte de organismos formados por asociaciones de industrias y técnicos (ISO, AENOR). También aquí se procede a establecer normas técnicas sobre productos, servicios y empresas con la finalidad de garantizar el cumplimiento de niveles de seguridad, calidad, protección de la salud y del medio ambiente, entre otros. La certificación emitida por uno de estos organismos es el documento que acredita la aplicación de las normas técnicas y da derecho al empleo de las marcas de conformidad o simplemente a la exhibición de la certificación obtenida. En todo caso, se trata de procedimientos voluntarios, cuyo empleo generalizado se fundamenta en la confianza que generan en compradores, distribuidores, profesionales y el público en general.

En ese contexto, la UE ha puesto en marcha un sistema de auditorías privadas que acreditan el cumplimiento de objetivos de calidad ambiental. Se trata de la normativa *Eco Management and Audit Scheme*, cuya última versión se aprobó por Reglamento 1221/2009 (EMAS III), completado en España por RD 239/2013.

El objetivo de estas auditorías es mejorar el medio ambiente a través de un sistema permanente de gestión ambiental de las organizaciones, que garantice la evaluación sistemática de medios y resultados, la difusión y el diálogo con el público, y la implicación de todo el personal de las empresas. En realidad, su ámbito de actuación son todas las organizaciones, con independencia de si tienen carácter privado o público y aun de si tienen personalidad propia o se sitúan dentro o fuera de la UE. En los sectores alimentario, químico, turístico y público está teniendo bastante éxito. Las organizaciones que participan en el sistema asumen las siguientes obligaciones: *a)* el análisis del impacto ambiental de sus actividades, productos y servicios; *b)* la gestión ambiental a través de la definición de la política ambiental de la organización y la subsiguiente programación de actuaciones con la dotación de los recursos necesarios; *c)* el sometimiento a auditorías ambientales periódicas que se facilitan por las declaraciones ambientales permitiendo la participación del público y del propio personal. La comprobación de que las organizaciones afectadas cumplen esas obligaciones de gestión ambiental eficiente se lleva a cabo por los verificadores, que han de cumplir unos requisitos profesionales, de independencia y confidencialidad, correspondiendo su acreditación a la Entidad Nacional de Acreditación (RD 1715/2010). Estos verificadores son una suerte de notarios ambientales que han de validar las declaraciones ambientales que realizan las empresas tras comprobar el respeto por la legislación ambiental. Las actuaciones de inscripción, renovación, suspensión o cancelación son inscritas en registros EMAS dependientes de las CCAA (o del Estado, previo convenio con cada comunidad autónoma).

b) *Etiquetas ecológicas.* Otra de las técnicas que hemos de tratar son las denominadas etiquetas ecológicas o marcas verdes, mediante las que se acredita la calidad ambiental de un producto o servicio. En el ámbito de las actuaciones privadas de normalización han tenido gran desarrollo las Normas ISO, la acreditación de cuyo cumplimiento permite emplear diversas etiquetas: de tipo I si se trata de certificaciones que garantizan que el producto se ajusta a ciertos criterios; de tipo II cuando adoptan la modalidad de auto-declaraciones; y de tipo III en el caso de completar un análisis de todo el ciclo de vida del producto («de la cuna a la tumba», es decir comprendiendo extracción de materiales, fabricación, embalaje, uso y valorización o eliminación).

A partir de algunas experiencias nacionales exitosas como la etiqueta del ángel azul en Alemania, en 1992 la UE reguló las ecoetiquetas, que actualmente se rigen por el Reglamento 66/2010, complementado en España por RD 234/2013. Los productos incluidos en su ámbito se identifican con cualquier bien o servicio suministrado para su distribución, consumo o utilización mediante pago o gratuitamente, excluyéndose en todo caso los medicamentos humanos y animales.

El Comité de Etiqueta Ecológica de la UE, integrado por representantes de los Estados miembros y diversos profesionales, elabora los criterios determinantes del otorgamiento del derecho a emplear la ecoetiqueta: reducción de los impactos ambientales, incidencia en el equilibrio de los elementos naturales, uso de sustancias peligrosas, disposición de otras etiquetas ecológicas… La verificación y el seguimiento del cumplimiento de los criterios ecológicos correspondientes a cada categoría de productos corresponde a los organismos establecidos por las CCAA y subsidiariamente a AENOR.

El éxito de la flor europea parece todavía escaso: no se han establecido los criterios determinantes de su empleo para todas las categorías de productos, resultando un emblema desconocido para la mayoría de los consumidores y con poca aceptación en la industria, dadas las excesivas cargas de gestión que su uso conlleva. No obstante, se mantiene la técnica con la esperanza de que pueda ayudar a la protección del medio ambiente a través del tremendo poder de los más de 500 millones de consumidores europeos.

c) *Responsabilidad social empresarial.* Los compromisos ambientales de las empresas también pueden garantizarse mediante la técnicas de la responsabilidad social empresarial. Su origen se encuentra en los fondos éticos creados en Estados Unidos en la década de 1950 para satisfacer las exigencias de grupos de inversores cuáqueros, que querían disponer de la garantía de que los capitales no fueran destinados a empresas relacionadas con el alcohol, el juego y el tabaco. En la década de 1970, activistas contra la guerra de Vietnam emplearon los mecanismos societarios para influir desde dentro en las empresas dedicadas a fabricación de armamento. Ya en la década de 1980, algo parecido sucedió con la exclusión de Sudáfrica de las inversiones de los poderosos fondos de pensiones norteamericanos como medida de presión contra la segregación racial.

Esas experiencias pusieron de relieve la dimensión ética de las empresas generando la formación de una filosofía alternativa a la tradicional, que únicamente procuraba generar valor para el accionista. En la nueva perspectiva, también empleados, clientes, proveedores y el público en general pasan a ser considerados como destinatarios de la actividad empresarial. Se han generado, así, múltiples mecanismos que tratan de estimular y acreditar los nuevos compromisos de transparencia ambiental y social recogidos en códigos de conducta y manuales de buenas prácticas. Una vez más, estamos ante mecanismos voluntarios cuyo empleo se confía en que da solidez a la misma actividad empresarial.

d) *Contratación pública verde.* En el ámbito de la contratación pública se ha consolidado una corriente que propugna la inserción de opciones estratégicas como vía de contribuir a la mejora de nuestras sociedades, dado el tremendo poder transformador que deriva de las grandes inversiones canalizadas por las autoridades. Así, frente a la postura tradicional, que centraba la visión de los contratos del sector público en el criterio del mejor precio, se sostiene la conveniencia de incluir objetivos sociales, ambientales e innovadores. Inicialmente, las directivas comunitarias en la materia impusieron el precio más bajo como criterio determinante en la adjudicación de contratos públicos, pero ya en el Libro Verde sobre la Contratación Pública (1996) apareció la idea de conjugar el precio con objetivos de diversas políticas públicas; así, en las directivas de 2004 se permitió incluir en los pliegos de contratación cláusulas vinculadas a objetivos sociales o ambientales siempre que guardaran una conexión clara con el objeto del contrato; finalmente, en las directivas de 2014 la contratación pública se configura como medio de uso eficiente de los fondos públicos para lograr un crecimiento inteligente, sostenible e integrador, lo que se ha trasladado a la legislación española, que potencia los criterios de adjudicación ambientales, sociales e innovadores vinculados al objeto contractual (LCSP de 2017: art. 13).

Hemos pasado, en consecuencia, del criterio del precio al del valor, observándose una cierta saturación de eslóganes y objetivos genéricamente estratégicos o específicamente verdes, ecológicos o circulares. En la doctrina se aprecia un generalizado entusiasmo por estos compromisos, sosteniéndose incluso la necesidad de superar la fase de permisión para reclamar el establecimiento de medidas obligatorias. No obstante, la traducción de estas aspiraciones tropieza con problemas no fáciles de solucionar, habida cuenta del peligro que se advierte en el establecimiento, sin las debidas cautelas, de otros «precios» (no monetarios) para la contratación pública.

Tributación ambiental

La fiscalidad ambiental comprende directamente una gran variedad de tributos relacionados con la protección del medio ambiente. Junto a las tradicionales tasas por la prestación de servicios locales (residuos, saneamiento) o los impuestos por el aprovechamiento de recursos naturales del dominio público estatal (aguas, minas), proliferan las figuras tributarias autonómicas nominalmente diseñadas como ambientales. El conjunto alcanza una gran complejidad determinante de alta conflictividad al superponerse las materias imponibles.

Ha de advertirse que en bastantes ocasiones las finalidades tutelares del medio ambiente resultan secundarias en relación con el objetivo puramente recaudatorio. Así, en la STC 289/2000 se puso de relieve que el impuesto balear sobre las instalaciones que incidan en el medio ambiente no gravaba realmente las actividades contaminantes, sino más bien la titularidad de elementos patrimoniales valorados por la capitalización de los ingresos obtenidos con la actividad empresarial.

En la opinión dominante prevalece la valoración positiva de estos tributos por entender que constituyen un estímulo permanente para la protección del medio ambiente e incluso pueden ser la forma adecuada de aplicar el principio quien contamina paga. En todo caso, sin embargo, se considera que la llamada «reforma fiscal verde» está pendiente en España. Conforme a la teoría del doble dividendo, se trataría de establecer gravámenes sobre las conductas negativas en relación con la energía y la contaminación incentivando la protección del medio ambiente y al mismo tiempo reduciendo la carga tributaria de las conductas positivas como el trabajo o la actividad empresarial. No obstante, además de las críticas generadas por los impuestos inadecuadamente caracterizados como ambientales, no faltan las posiciones recordando que nuestro sistema tributario se vincula esencialmente a la capacidad económica de los sujetos y a las necesidades públicas, que precisan estabilidad en los ingresos (art. 31 Const.).

En un repaso de los principales ámbitos objeto de los tributos verdes, cabría referir los siguientes:

a) *Tributos sobre el agua.* En la legislación estatal de costas y aguas se prevén diversas tasas (denominadas cánones o tarifas) que gravan el uso del dominio público marítimo-terrestre e hidráulico (canon de ocupación), repercuten los costes de las infraestructuras hidráulicas (canon de regulación y tarifa de utilización del agua) o se refieren a la realización de vertidos (canon de control de vertidos). En la legislación autonómica, abundan los impuestos sobre el vertido de aguas residuales establecidos con la finalidad de financiar las infraestructuras de saneamiento y depuración exigibles sobre todo con arreglo a la normativa de la Unión Europea; con menor importancia recaudatoria, en Andalucía y Murcia se ha regulado un impuesto sobre los vertidos al litoral; finalmente, en Galicia, Aragón y Castilla y León se ha aprobado un impuesto que afecta a los grandes aprovechamientos hidroeléctricos de los embalses, no a las minicentrales, lo que ha generado abundantes recursos, por ahora sin éxito (ej.: STS 31 enero 2018).

b) *Tributos sobre emisiones contaminantes a la atmósfera.* Galicia fue la pionera en gravar los grandes focos emisores, estableciendo unas pautas que han seguido otras comunidades autónomas, como Andalucía y Aragón. El hecho imponible son las emisiones de anhídridos de azufre, nitrógeno y carbono y otras sustancias, estableciéndose diversos métodos de estimación y deducciones que tratan de fomentar la colaboración de las empresas en el control y reducción de la contaminación.

c) *Tributos sobre la energía.* En la legislación estatal, además del impuesto sobre la electricidad que grava el consumo, se han establecido diversos impuestos nominalmente orientados a la sostenibilidad energética. No obstante, se advierten finalidades predominantemente recaudatorias, pues no se tiene en cuenta el grado de contaminación de la fuente (impuesto sobre la producción de energía eléctrica) e incluso se grava la producción de energía hidroeléctrica, que es una fuente limpia (canon por utilización de aguas continentales para producir energía eléctrica). En el sector de hidrocarburos se sujetan a tributación la extracción de estos bienes de dominio público y el uso de gases fluorados de efecto invernadero, que se emplean en refrigerantes, disolventes, espumantes o extintores. También la producción y el almacenamiento de combustible nuclear y de residuos radiactivos están sometidos a impuestos estatales, cuyo establecimiento ha implicado la suspensión de impuestos autonómicos que previamente gravaban los mismos hechos imponibles. En la legislación autonómica se constata la aprobación de los polémicos cánones eólicos, que gravan las afecciones e impactos visuales y ambientales de los parques eólicos en Galicia, Castilla-La Mancha, y Castilla y León; Cataluña ha aprobado un impuesto sobre el riesgo derivado de la producción y otras actividades relacionadas con elementos radiotóxicos.

d) *Otros tributos ambientales.* En relación con los residuos, además de las muy diversas tasas autonómicas y locales sobre la recogida y deposición en vertederos y otras instalaciones, se constata el temprano gravamen del uso de bolsas de plástico en Andalucía, pero excluyendo las de un solo uso tan frecuentes en la vida cotidiana, y el impuesto gallego sobre la alteración del suelo por las actividades mineras. En Cataluña el gravamen de protección civil se refiere a las instalaciones y actividades peligrosas de titularidad privada que conllevan determinados riesgos, hecho imponible que se considera diferente del previsto para el IBI o el IAE, donde se grava la capacidad económica manifestada en la titularidad de inmuebles o en el ejercicio de actividades económicas (STC 168/2004). En otras comunidades el impuesto sobre grandes establecimientos comerciales trata de tener en cuenta la incidencia negativa sobre el medio ambiente (Aragón, Asturias, Cataluña, Navarra). Finalmente, en Baleares y Cataluña se ha previsto el impuesto sobre estancias en establecimientos turísticos.

Lección 4.ª Responsabilidad ambiental

Vamos a estudiar cuatro manifestaciones de responsabilidad en relación con el medio ambiente: *a)* la penal derivada de los delitos contra el medio ambiente previstos en el CP; *b)* la sancionadora administrativa por la comisión de las infracciones establecidas en la legislación ambiental; *c)* la civil por los daños que se produzcan a las personas o a sus bienes; y *d)* la administrativa derivada de daños ambientales propiamente dichos.

Delitos contra el medio ambiente

La introducción del inicialmente llamado delito ecológico fue tardía y escasa. Tuvo lugar en la reforma del CP de 1983, que incorporó el art. 347 bis dentro de la rúbrica de delitos contra la salud y el medio ambiente, refiriendo el tipo a emisiones y vertidos contaminantes y previendo una ineficaz pena de prisión de hasta 6 meses. En el CP de 1995 se asumieron las exigencias de ampliación de los tipos e incremento de las penas (prisión hasta 4 años) conformando así la regulación general objeto de reformas posteriores. En la reforma del CP de 2010, se incorporaron los contenidos de la Directiva 2008/99/CE sobre protección del medio ambiente mediante el Derecho penal, incluyendo los tipos relativos a la gestión de residuos e instalaciones peligrosas y la responsabilidad de las personas jurídicas. Finalmente en la reforma del CP de 2015, el tope de la pena de prisión se elevó hasta 5 años y se introdujeron otras reformas de tipo técnico.

En definitiva, dentro de los «delitos relativos a la ordenación del territorio y el urbanismo, la protección del patrimonio histórico y el medio ambiente» (tít. XVI, libro 2.º CP), nos interesan los «delitos contra los recursos naturales y el medio ambiente» (arts. 325-331), así como los relativos a la protección de la flora y la fauna (arts. 332-337). Cercanos se encuentran los delitos de riesgo catastrófico del tít. XVII, que incluyen los relativos a energía nuclear y radiaciones ionizantes (arts. 341-345) o los delitos de incendios forestales (arts. 352-355). Se trata en todo caso de tipos delictivos cuyo estudio técnico corresponde al Derecho Penal, de manera que aquí vamos a limitarnos a facilitar algunos aspectos de su regulación positiva.

El bien jurídico protegido es el medio ambiente, que se identifica con los recursos naturales: aire, agua, suelo y subsuelo, flora y fauna, pero también el equilibrio de los sistemas naturales, y la conservación de la capacidad de regeneración de los ecosistemas. Se adopta, así, una concepción ecocéntrica moderada, que se distancia tanto del ecocentrismo radical, que exigiría considerar sujeto de derecho al medio ambiente o a los recursos que lo integran, como de un antropocentrismo a ultranza, que limitaría el reproche penal al menoscabo de los bienes jurídicos individuales, es decir, a los recursos naturales patrimonializados, con la finalidad de reparar los perjuicios sufridos por sus titulares.

Nos encontramos en buena medida ante delitos de peligro abstracto, pues aunque en el CP se exige la concurrencia de peligro para castigar, no hace falta que se dé un perjuicio efectivo. Eso sí, el peligro debe ser grave en relación con los ecosistemas, de manera que afecte al mantenimiento de las funciones fundamentales de los mismos en relación con la vida de las generaciones pasadas y presentes. El reproche penal se justifica especialmente por la reiteración de acciones peligrosas, advirtiéndose la relajación en la relación de causalidad.

Finalmente, advertimos que estos delitos se establecen mediante leyes penales en blanco, pues se remite en ellas a conceptos y técnicas administrativas. Incluso cabe advertir una suerte de colaboración con el régimen de las infracciones administrativas cuando las penas se subordinan a la superación del límite de las infracciones administrativas. No obstante, resulta más frecuente que la tipificación abstracta de las infracciones administrativas coincida con los tipos penales, lo cual provoca importantes problemas prácticos bajo la perspectiva del principio *ne bis in idem,* como veremos más adelante.

Los *delitos de contaminación* (art. 325.1 CP) exigen la concurrencia de los siguientes elementos: *a)* la acción castigada es la contaminación en todas sus modalidades, que comprenden provocar o realizar directa o indirectamente emisiones, vertidos, radiaciones, extracciones o excavaciones, aterramientos, ruidos, vibraciones, inyecciones, depósitos o captaciones; *b)* los objetos afectados por la contaminación son la atmósfera, el suelo, el subsuelo, las aguas (terrestres, subterráneas o marítimas «incluido el alta mar»), los animales y las plantas, es decir, todos los recursos naturales; *c)* el carácter de la acción ha de ser ilegal, esto es, contraviniendo las leyes u otras disposiciones de carácter general protectoras del medio ambiente; y *d)* el resultado ha de ser un peligro abstracto o concreto, que cause o pueda causar daños sustanciales a la calidad del aire, del suelo o de las aguas, o a animales o plantas. Existen tipos especiales por la posibilidad de perjuicio grave para el equilibrio de los sistemas naturales (art. 325.2 CP) o por la creación de riesgo de grave perjuicio de las personas (art. 325.3 CP).

En los *delitos relativos a residuos* (art. 326 CP): *a)* el tipo general aplica el mismo régimen de los delitos de contaminación (incluso los tipos agravados) a cualquier actividad de tratamiento de residuos (recogida, transporte, valorización, transformación, eliminación o aprovechamiento) o de falta de control o vigilancia adecuada de tales actividades, siempre que la acción sea ilegal y pueda darse una situación de peligro para los recursos o sistemas naturales o las personas; y *b)* el tipo especial castiga el traslado de «una cantidad *no desdeñable* de residuos» en los supuestos a que se refiere el Derecho de la UE.

En los *delitos de actividades peligrosas* (art. 326 bis CP) se castiga la explotación de instalaciones en las que se realice una actividad peligrosa, el almacenamiento o la utilización de sustancias peligrosas, siempre concurriendo los requisitos de ilegalidad y posibilidad de peligro para los recursos o sistemas naturales o las personas.

Para todos los delitos anteriores, se prevén tipos agravados (art. 327 CP) por las circunstancias de clandestinidad, desobediencia, falseamiento, resistencia a inspección, riesgo catastrófico o extracción ilegal de agua en período de restricciones.

En los *delitos de prevaricación ambiental* (art. 329 CP) se castiga a la autoridad o funcionario que (individualmente o como miembro de un órgano colegiado): *a)* informe favorablemente licencias manifiestamente ilegales de actividades contaminantes; *b)* silencie infracciones en inspecciones; o *c)* omita inspecciones obligatorias.

En cuanto a los *delitos contra la flora y la fauna,* han sido objeto de la importante reforma de 2023, paralela a la nueva legislación de protección de los derechos y el bienestar de los animales. Los tipos principales comprenden (arts. 332-336 CP): *a)* la alteración del estado de conservación de especies protegidas de flora silvestre; *b)* la introducción de especies de flora o fauna no autóctona perjudicando el equilibrio ecológico ilegalmente; *c)* la caza, la pesca u otras actividades desfavorables para especies protegidas de fauna silvestre; *d)* la caza o la pesca ilegales de otras especies; *e)* la caza o la pesca por medios prohibidos.

Sanciones administrativas ambientales

Existe una gran variedad de sanciones administrativas que protegen los intereses públicos en materia de medio ambiente: *a)* en la legislación propiamente ambiental, puede constatarse en los capítulos sancionadores de las leyes relativas al ruido, la contaminación atmosférica, las evaluaciones ambientales, la autorización ambiental integrada, el patrimonio natural y otras; *b)* en la restante legislación administrativa de significado ambiental, se constata particularmente en las leyes reguladoras de aguas, minas, montes, costas y otros bienes públicos.

No obstante, se advierte una general falta de coordinación con los tipos penales e incluso entre las leyes administrativas. En consecuencia, una misma conducta puede estar genéricamente tipificada, a la vez, como delito y como infracción administrativa, o simultáneamente como diversas infracciones administrativas. Los problemas de concurrencia deben, así, solucionarse mediante la aplicación de los principios generales *ne bis in idem,* preferencia judicial, *lex posterior* o *specialis* o, en ocasiones, conforme a criterios de preferencia de la sanción de mayor envergadura.

La legislación básica de las Administraciones Públicas también ha provocado problemas en esta materia. Expondremos algunos particularmente graves.

En la legislación del procedimiento administrativo común, se ordena con carácter básico clasificar las infracciones administrativas de los diversos sectores en leves, graves y muy graves (arts. 129.1 LPAC'92 y 27.1 LRJSP'15). De tal clasificación, en la propia legislación básica, se hacen derivar efectos para la prescripción de las infracciones y sanciones (arts. 132 LPAC'92 y 30 LRJSP'15). Sin embargo, resulta que los legisladores sectoriales no siempre observan la clasificación básica: *a)* hay leyes que solo prevén infracciones leves y graves, lo cual no plantea problemas, pues cabe perfectamente aplicar las previsiones de la legislación básica correspondientes a esas dos clases de infracciones; *b)* hay también otras leyes que emplean categorías distintas, tipificando infracciones menos graves, para las que habría de aplicarse el régimen de prescripción de las infracciones leves de la legislación básica por ser el más favorable; y *c)* finalmente hay leyes que no clasifican directamente las infracciones, remitiendo esa cuestión a reglamento, lo cual resulta más difícil de solucionar, dado el papel subordinado del reglamento en materia sancionadora y la necesidad de observar el principio de legalidad, tanto en la tipificación de la conducta reprochada, como en el establecimiento de las correspondientes infracciones y sanciones.

Un caso particularmente problemático, que dejó en la impunidad muchas infracciones en materia de conservación de la naturaleza, fue el planteado por la LCEN'89. En su art. 39.1 remitía a la legislación de las CCAA la clasificación de las infracciones básicas genéricamente tipificadas en la misma ley (art. 38) a efectos de determinar las sanciones procedentes. La consecuencia era la inviabilidad de la potestad sancionadora en la materia mientras las CCAA no desarrollaran la legislación básica, pues faltaba en tal caso la tipificación legal de las sanciones administrativas *ex* art. 25.1 CE, según hubo de declararse por el TC en varios recursos de amparo desde la STC 100/2003. El problema no se solucionó hasta la reforma de 2003 de la LCEN, que ya clasificó directamente las infracciones, tal y como sigue haciéndose en la vigente LPNat'07.

Una tradicional cláusula legal preveía la *restitutio in integrum* o reparación de los daños causados a los bienes de dominio público (aguas, costas, montes públicos...), además de la correspondiente sanción administrativa. Así, la propia Administración Pública competente declaraba y ejecutaba la obligación de restitución o reparación conforme al principio de autotutela administrativa. Pues bien, en ese contexto, el art. 130.2 LPAC'92 estableció una cláusula general de restitución pero con dudas sobre el alcance de la autotutela:

> La responsabilidades administrativas que se deriven del procedimiento sancionador serán compatibles con la *exigencia al infractor de la reposición* de la situación alterada por el mismo a su estado originario, así como con la *indemnización por los daños y perjuicios* causados *que podrán ser determinados por el órgano competente,* debiendo, en este caso, comunicarse al infractor *para su satisfacción* en el plazo que al efecto se determine *y quedando, de no hacerse así, expedita la vía judicial correspondiente.*

La duda que tal texto legal suscitaba era la de para quién quedaba expedita la vía judicial, ¿para la Administración o para el administrado? Sorprendentemente, parece que legislador quiso decir que para la Administración, que quedaba así privada en este ámbito de su tradicional potestad de autotutela. En efecto, los debates parlamentarios de la LPAC'92 reflejan un entendimiento inadecuado del problema, que culminó con la solemne e improcedente proclamación del portavoz del Gobierno de que «renunciamos a la autotutela ejecutiva porque se trata de bienes patrimoniales de la Administración».

Se intentó solucionar la metedura de pata del legislador en el Reglamento de Procedimiento Sancionador, cuyo art. 22 permite fijar la indemnización en vía administrativa. La jurisprudencia solo lo permitía con fundamento en las leyes sectoriales, aunque las dudas sobre si la exigencia de indemnización debía vincularse a la previa sanción administrativa se prolongaron hasta la STS de 16 noviembre 2005, que estableció ya claramente que se trataba de potestades independientes. Finalmente, el problema parece solucionado en el art. 28.2 LRJSP'15:

> Las *responsabilidades administrativas que se deriven de la comisión de una infracción serán compatibles con* la exigencia al infractor de *la reposición de la situación alterada* por el mismo *a su estado originario, así como con la indemnización por los daños y perjuicios causados, que será determinada y exigida por el órgano al que corresponda el ejercicio de la potestad sancionadora.* De no satisfacerse la indemnización en el plazo que al efecto se determine en función de su cuantía, se procederá en la forma prevista en el artículo 101 de la Ley del Procedimiento Administrativo Común de las Administraciones Públicas.

Responsabilidad civil y medio ambiente

Un apoyo usual para las demandas por daños derivados de la contaminación puede encontrarse en la genérica cláusula de responsabilidad extracontractual establecida en el art. 1902 CC. Más específicamente, conforme a lo previsto en el art. 1908 CC el propietario responde de los daños por explosión de máquinas o por cualesquiera sustancias, humos excesivos y emanaciones de depósitos cuando no se hayan adoptado las precauciones adecuadas al lugar.

La casuística demuestra las potencialidades de ese régimen en relación con los daños causados a los recursos naturales: *a)* en relación con el agua, hay casos de admisión de indemnizaciones por la desaparición de plantaciones, la muerte de peces, el envenenamiento de ganado, la insalubridad de un pozo o la contaminación derivada del lavado minerales o de vertidos industriales; *b)* los daños a la calidad del aire pueden consistir en el deterioro de construcciones, la muerte de animales o la disminución de cosechas debido a humos, emanaciones o gases de hornos o fábricas, de una central térmica o de actividades mineras; y *c)* hay también casos de daños consistentes en ruidos, vibraciones y trepidaciones.

En la jurisprudencia civil se observan tendencias a rebajar la exigencia de culpa o negligencia en el responsable, especialmente cuando realiza actividades objetivamente peligrosas. También se constata que la disposición de autorizaciones administrativas para realizar la actividad contaminante no excluye la responsabilidad.

Sin embargo, bajo la óptica de la efectividad para los recursos naturales, no puede dejar de constatarse que estas acciones se producen generalmente tras la realización del daño. No suelen tener, pues, carácter prohibitivo, aunque la jurisprudencia admite las llamadas acciones prohibitivas con fundamento en la alta probabilidad de producción de daños. En todo caso, la perspectiva dominante es la de reparar los daños patrimoniales, de manera que el titular no está obligado a destinar el importe de la indemnización a reparar los daños a los recursos naturales.

Hay que aprender a pagar por los daños ambientales. Bajo la óptica subjetiva, el principio quien contamina paga ha de regir las soluciones y como no siempre es posible identificar a los responsables exclusivos de los daños ambientales, a veces, es preciso establecer nuevas reglas que atiendan al problema, como la constitución de fondos de responsabilidad ligados al sector económico determinante de la contaminación. En la perspectiva objetiva, la idea dominante ha de ser la del perjuicio ecológico o daño ambiental, de manera que, junto a la reparación por los daños que las personas puedan sufrir a través del medio ambiente (sufrimientos personales y privaciones o depreciaciones de sus bienes), se contemplen también los daños al propio medio ambiente, esto es, a los recursos naturales, cuya recuperación o reposición pasa a ser el aspecto dominante en la nueva responsabilidad administrativa por daños ambientales.

Responsabilidad administrativa por daños ambientales

Como ya nos consta, la obligación de reparar los daños ambientales tiene un fundamento constitucional (art. 45 CE), aunque realmente el desarrollo de esta técnica ha derivado de la influencia de experiencias comparadas como la alemana y esencialmente de las exigencias establecidas en la Directiva 2004/35/CE, sobre responsabilidad en relación con la prevención y la reparación de los daños medioambientales. La incorporación a España de dicha directiva tuvo lugar mediante la Ley 26/2007 de Responsabilidad Medioambiental (LRMA'07), que no se limitó a traducir la norma comunitaria, sino que introdujo matices propios: *a)* el detallismo de la regulación frente a los conceptos generales; *b)* el carácter administrativo del sistema de responsabilidad; y *c)* la particular incidencia en el establecimiento de exigencias financieras, sobre todo el aseguramiento de los riesgos, que garantizaran el funcionamiento del nuevo régimen.

Significado. La importancia del objeto que tratamos deriva: *a)* de la gran sensibilidad social que se manifiesta con ocasión de los episodios de daños graves al medio ambiente; *b)* de las novedades que contiene la moderna regulación de los daños ambientales, que trata de superar la inadecuación de las fórmulas tradicionales; y *c)* de los efectos económicos derivados de las nuevas obligaciones financieras. Consideraciones estas importantes, aunque su aceptación ha de requerir algunos matices: *a)* las iniciales manifestaciones explosivas de alarma social ante los daños ambientales frecuentemente se diluyen en el magma informativo dominado por el sensacionalismo ante sucesivos riesgos; *b)* introducir novedades legislativas es menos costoso que lograr que las mismas sean efectivamente aplicadas por los actores jurídicos y *c)* las obligaciones financieras han experimentado un largo proceso de pendencia hasta empezar a ser efectivas, como a continuación vamos a exponer.

En efecto, cabe sostener que en la práctica los propósitos del legislador han resultado malogrados, pues no se ha completado el conjunto normativo puesto en marcha por la LRMA'07. En un primer momento, por RD 2090/2008, se llevó a cabo el necesario desarrollo reglamentario estableciendo los criterios para determinar los daños ambientales y completar el sistema de garantías financieras. Con cierta demora ya, en la OM.ºMA 22 junio 2011, se adoptó el orden de prioridad y el calendario exigidos en la disp. final 4.ª LRMA'07 para aprobar las órdenes ministeriales que habrían de haber determinado la exigencia de las garantías financieras obligatorias. Sin embargo, lo cierto es que la combinación de las presiones de los sectores afectados con la severidad de la crisis económica y la indolencia de la Administración ambiental determinaron el flagrante incumplimiento del calendario de 2011, pues ninguna de las OOMM anunciadas entonces fue aprobada. La determinación de los operadores afectados y la clasificación de los mismos experimentó modificaciones, en la línea de suavizar las exigencias, por Ley 11/2014 de reforma de la LRMA y por RD 183/2015 de modificación del desarrollo reglamentario. De esta manera, por OM.ºMA de 23 octubre 2017 se establece el nuevo calendario de exigencia de las garantías financieras (aval, reserva técnica o póliza de seguro): 1 año para los sectores de los accidentes graves, las grandes instalaciones de combustión y los residuos peligrosos; 2 años en el caso de los sectores de refino de petróleo, fibras artificiales y sintéticas, y fundiciones de aceros brutos, quedando sin previsiones temporales los sectores considerados de menor prioridad.

La efectividad del sistema de responsabilidad por daños ambientales se encuentra en entredicho. Se han establecido, así, grandes novedades en el plano de los conceptos jurídicos cuya trascendencia real pudiera ser mucho más discreta.

En el daño ambiental pueden concurrir ciertamente especialidades que imponen una regulación propia: *a)* en ocasiones se trata de daños de origen difuso, daños históricos o latentes; y *b)* frecuentemente son daños de carácter colectivo, que se sufren por todos, tanto si afectan especialmente a bienes de dominio público como a propiedades privadas. No obstante, sin negar en absoluto las anteriores características problemáticas, también conviene tener en cuenta que: *a)* en las mismas no se cierra el panorama de los daños ambientales, que con frecuencia se muestran también como daños actuales, inmediatos y de origen bien definido pese a resultar catastróficos (Aznalcóllar, Prestige); *b)* los planos personal y colectivo pueden identificarse en muchos daños ambientales como nos demuestra, entre otros, el ejemplo de la contaminación del suelo, donde concurren el tradicional perjuicio económico del propietario con la privación colectiva de los servicios ambientales que presta el suelo como recurso natural.

Caracterización. Sobre el alcance de la responsabilidad ambiental regulada en la LRMA'07 se han expresado dos criterios no coincidentes.

De una parte, J. Esteve considera que estamos ante algo distinto de la responsabilidad tradicional, ya que: *a)* es un sistema de responsabilidad sin víctima, donde el dañado legitimado para reclamar pierde protagonismo o, si acaso, habría de concluirse que las víctimas son los recursos naturales afectados; *b)* se trata de un régimen de responsabilidad sin responsable, pues su identificación no es esencial; y *c)* el daño pasa a ser la clave del sistema, porque lo fundamental es prevenir y reparar los daños sobre los recursos naturales o las amenazas inminentes de que tales daños se produzcan, imponiéndose en todo caso la necesidad de prevenir y repararlos, bien sea por la Administración o por los particulares causantes del daño.

De otra parte, G. Valencia sostiene que estamos ante una modalidad de la responsabilidad patrimonial o civil: *a)* el patrimonio del responsable es objeto directo de las técnicas empleadas en la LRMA'07; *b)* se excluyen expresamente los daños tradicionales sobre personas y bienes, que habrán de exigirse por los cauces civiles ordinarios, ciñéndose el sistema a los estrictos daños ambientales; y *c)* el objeto directo de LRMA'07 no es realmente la prevención, sino la reparación del daño ambiental, aunque haya un efecto preventivo indirecto al ocuparse también de las «amenazas inminentes de daños», para las que se exigen medidas preventivas o de evitación de nuevos daños.

En todo caso, la responsabilidad establecida en la LRMA'07 responde a los siguientes caracteres: *a)* responsabilidad *objetiva,* lo que supone un cambio de principio con respecto al modelo de la tradicional responsabilidad civil subjetiva; *b)* responsabilidad *específica* de determinadas actividades, sin que se haya estimado preciso darle alcance universal, pues solo afecta plenamente a ciertas actividades económicas o profesionales, aunque ciertamente son las de mayor potencial contaminante; *c)* responsabilidad *ilimitada* en su contenido reparador, apartándose así de algunos precedentes internacionales que prevén límites máximos de las cuantías indemnizatorias derivadas de un mismo suceso; *d)* responsabilidad *administrativa* al determinarse por la Administración mediante un procedimientos administrativo, sin perjuicio naturalmente del control judicial; y *e)* responsabilidad *subsidiaria* al tratarse de un sistema básico y general compatible con regulaciones más exigentes (disp. adic. 2.ª), como sucede, p. ej., en relación con los suelos contaminados, donde la responsabilidad es siempre objetiva, solidaria, y atribuible tanto al operador como a los poseedores y propietarios de suelo, además de tener mayor intensidad retroactiva, pues se aplica a las contaminaciones persistentes aunque su causa sea anterior.

Para los daños ambientales, ha de comprenderse que la indemnización en dinero no tiene utilidad, salvo cuando vaya efectiva y necesariamente destinada a la reparación. Es decir, para los recursos naturales no vale la indemnización sustitutoria sin destino finalista, pues solo caben tres formas de reparación del daño causado a los mismos: *a)* la reparación primaria consistente en la devolución de las cosas al estado anterior al daño ambiental; *b)* la reparación compensatoria producida a través de la restitución por equivalente, como podría ser cambiar un bosque por otro que cumpla iguales funciones que el destruido; y *c)* la reparación complementaria destinada a compensar la pérdida de los servicios ambientales prestados por los recursos naturales dañados.

El *ámbito objetivo* o material de la responsabilidad que tratamos está constituido por los daños significativos causados a determinados recursos naturales o a los servicios prestados por ellos con arreglo a las siguientes pautas: *a)* los recursos afectados son nominados, limitándose a las especies silvestres, los hábitats, las aguas superficiales y subterráneas, las ribera del mar y las rías, y el suelo, recursos para los que la LRMA'07 establece precisas definiciones, directamente o por remisión a las legislaciones en materia de aguas, costas, residuos y otras; *b)* entre los recursos excluidos figuran el aire o la atmósfera, las masas forestales no incluidas en la red Natura 2000, las aguas marinas con excepción de las costeras, los animales domésticos, los cultivos y los suelos dañados por causas diferentes de la contaminación, como la erosión; *c)* debe tratarse de daños adversos significativos, en el sentido de perceptibles o relevantes (no parece establecerse un nivel elevado de gravedad de los daños), o que afecten a la cantidad o calidad del recurso; *d)* se incluyen también las amenazas inminentes de que los daños ocurran («una probabilidad suficiente de que se produzcan daños medioambientales en un futuro próximo», art. 2.13 LRMA'07), lo que determina una orientación preventiva más intensa que la derivada de cualquier regulación tradicional en materia de responsabilidad.

La LRMA'07 excluye de su ámbito de aplicación: *a)* los daños ambientales derivados de conflicto armado, fenómeno excepcional, inevitable e irreversible, necesidades de la defensa nacional... (art. 3.4); y *b)* los daños objeto de los convenios internacionales enumerados en el anejo IV (transporte marítimo de hidrocarburos, sustancias peligrosas por carretera...), así como los derivados de riesgos nucleares, que se rigen por EURATOM (art. 3.5).

En todo caso, ha de tenerse en cuenta que se excluyen los daños personales y patrimoniales:

> Esta ley no ampara el ejercicio de acciones por lesiones causadas a las personas, a los daños causados a la propiedad privada, a ningún tipo de pérdida económica ni afecta a ningún derecho relativo a este tipo de daños o cualesquiera otros daños patrimoniales que no tengan la condición de daños medioambientales, aunque sean consecuencia de los mismos hechos que dan origen a responsabilidad medioambiental. (art. 5.1 LRMA'07)

El *ámbito subjetivo* viene referido a los operadores, única categoría de sujetos que pueden producir los daños ambientales regulados en la LRMA'07. Así, conforme al art. 1 LRMA'07, «esta ley regula la responsabilidad de los operadores...», concepto que se define legalmente como cualquier persona, física o jurídica, pública o privada, en la que concurran uno de los siguientes requisitos: *a)* ejercer directamente la actividad económica o profesional causante del daño, sea o no lucrativa; o *b)* controlar la actividad económica o profesional por cualquier título o disponiendo de poder económico en su funcionamiento.

Reglas complementarias en relación con el alcance del concepto legal de operador son las siguientes: *a)* la previsión del levantamiento del velo en los grupos de sociedades, frente a la utilización abusiva o en fraude de ley de la personalidad jurídica; y *b)* en caso de pluralidad de operadores, la responsabilidad es mancomunada (11 LRMA'07), frente a la responsabilidad solidaria que busca una pronta reparación del daño causado a la víctima.

Ahora bien, la mayor sujeción de los operadores deriva de su inclusión en el anejo III LRMA'07, que contiene una relación de las actividades de mayor impacto ambiental, como las sujetas a AAI, las relacionadas con la gestión de residuos, el manejo de sustancias peligrosas, la producción de contaminación atmosférica, la modificación genética, los vertidos y otras actividades prolijamente descritas. Para los operadores del anejo III la responsabilidad es objetiva, «aunque no exista dolo, culpa o negligencia» (3.1 LRMA), comprendiendo: *a)* la prevención de amenazas inminentes de daños ambientales; *b)* la evitación de nuevos daños; y *c)* la reparación de los daños consumados.

Los restantes operadores, es decir, los no mencionados en el anejo III, ejercen actividades de menor impacto ambiental. Su responsabilidad es subjetiva (con dolo, culpa o negligencia) para la adopción de medidas de reparación y objetiva para la prevención y evitación (3.2 LRMA), aunque las CCAA pueden ampliar los supuestos de responsabilidad objetiva (disp. adic. 2.ª5 LRMA).

Exclusiones posteriores son las siguientes: *a)* el RD-Ley 8/2011, entre variadas medidas contra la crisis económica, autorizó al Gobierno a establecer criterios reglamentarios para excluir a operadores de las obligaciones de garantía financiera y de análisis de riesgos; *b)* la Ley 11/2014 modificó la LRMA'07 refiriendo el ámbito de exención anterior a los operadores de escaso potencial para generar daños ambientales y con bajo nivel de accidentalidad; y *c)* el RD 183/2015 modificó el RRMA'08 excluyendo gran número de actividades del anejo III de las obligaciones de garantía financiera, a la que ya solo se sujetan los operadores afectados por el régimen de accidentes graves, las actividades sometidas a AAI y los operadores de residuos mineros de especial importancia, de manera que los demás operadores del anejo III quedan exentos.

El *ámbito temporal* es objeto de algunas reglas que conviene recordar. Con carácter general se establece la aplicación retroactiva del sistema de la LRMA'07, que se publicó el 24/10/2007, a los daños causados u originados tras el 30/04/2007, fecha tope para incorporar la Directiva 2004/35. Por otra parte, el plazo de caducidad para el ejercicio de la acción de responsabilidad es de 30 años desde que terminaron las emisiones, los sucesos o los incidentes causantes de daños ambientales, de manera que el criterio para el inicio del cómputo es la producción del daño y no su conocimiento por el dañado (art. 4 LRMA).

Relación de causalidad. El entorno de complejidad o incertidumbre es frecuente en los daños ambientales, lo que dificulta establecer la relación de causalidad. Suele, así, ser problemático proporcionar pruebas fehacientes de vinculación entre los daños y su causa al concurrir, junto a las causas antrópicas, causas derivadas de los procesos naturales, que pueden incluso agravar los daños o transformar acciones inocuas en amenazas.

En ese contexto, resulta necesario contar con un conocimiento experto que rebasa ampliamente el conocimiento medio de los funcionarios y los jueces. Un conocimiento especializado que no siempre puede ofrecer la certeza en sus respuestas, pues en muchas ocasiones se trata de cuestiones sujetas a controversia en el ámbito de la ciencia. Sin embargo, la necesidad jurídica de disponer de una decisión termina propiciando fórmulas de solución, pese a la incertidumbre científica.

Una opción fundamental en tal sentido la encontramos en la presunción legal de causalidad en la producción de daños o en la identificación de amenazas inminentes de daños por actividades del anejo iii, que se encuentra establecida en el art. 3.1 LRMA'07:

> Se presumirá, salvo prueba en contrario, que una actividad económica o profesional del anejo iii ha causado el daño o la amenaza… cuando, atendiendo a su naturaleza intrínseca o a la forma en que se ha desarrollado, sea apropiada para causarlo.

En relación, en cambio, con los actividades no incluidas en el anejo iii, puede resultar sorprendente el silencio de la misma LRMA en materia de causalidad. Sin embargo, parece que, en tal situación, la lógica jurídica exige aplicar el criterio tradicional de que el dañado debe probar la relación causalidad; la inversión de ese planteamiento sería una regla especial requerida de previsión legal explícita.

En relación con el supuesto de acumulación de varias actividades de efectos negativos sobre medio ambiente, el art. 3.3 LRMA'07 establece que ese régimen legal solo se aplicará a los daños causados por una contaminación de carácter difuso cuando sea posible establecer un vínculo causal entre los daños y la actividad de operadores concretos. Puede así entenderse que estamos ante casos sin presunción de causalidad por no advertirse una actividad apropiada para producir el daño.

Conviene también tener en cuenta los supuestos de exoneración recogidos en el art. 14 LRMA'07: *a)* el daño producido por un tercero ajeno a la organización de la actividad económica o profesional «a pesar de existir medidas de seguridad adecuadas»; *b)* el daño derivado de órdenes administrativas, en general y particularmente en el supuesto de la actividad vinculada del contratista por órdenes o instrucciones administrativas obligatorias o por vicios del proyecto administrativo; *c)* los casos en que la causa del daño se identifica en una autorización administrativa a la que el operador debe ajustarse estrictamente; y *d)* cuando el operador puede probar que el daño procede de una actividad que, en el momento de realizarse, no se consideraba perjudicial para el medio ambiente con arreglo al conocimiento científico y técnico existente.

Finalmente cabe informar de la existencia de una acción general de recuperación contra cualesquiera responsables por parte del operador que adoptó medidas de prevención, evitación o reparación de los daños ambientales (art. 16 LRMA). Específicamente el operador puede recuperar del fabricante o del suministrador los costes de la responsabilidad ambiental causados por un producto que el mismo operador ha usado conforme a las condiciones de uso y la normativa aplicable.

En cuanto al *procedimiento*, las acciones de responsabilidad han de plantearse ante las CCAA. Se reconoce una amplia legitimación para el inicio del procedimiento y para ser parte en el mismo. A las Administraciones autonómicas se les atribuyen amplias potestades para exigir la responsabilidad ambiental, identificar a los responsables, evaluar los daños o las amenazas, adoptar medidas preventivas o de evitación de nuevos daños, así como medidas reparadoras. La discrecionalidad administrativa en la aplicación de esas potestades se encuentra reducida por la existencia de criterios normativos bastantes precisos y diversificados. El plazo para la recuperación de costes es de 5 años desde la identificación del responsable.

Lección 5.ª Contaminaciones

Dedicaremos esta lección a referir las características de los diferentes regímenes aplicables a la lucha contra las contaminaciones. Estas vienen referidas a los recursos naturales de agua, aire y suelo, con especialidades muy destacadas, como se advierte en materia de cambio climático, lucha contra el ruido, residuos y suelos contaminados.

Calidad del agua

Un hito fundamental en el régimen del agua viene dado por la aprobación de la Directiva Marco del Agua en el año 2000. Entre sus objetivos, destaca el paso de la gestión sectorial del agua a la gestión integrada de los ecosistemas vinculados al agua, previendo medidas enérgicas para lograr la recuperación de la calidad del recurso en todo el ámbito de la Unión Europea.

Planificación hidrológica. La planificación hidrológica constituye el principal mecanismo de actuación impuesto a los Estados miembros. Partiendo del concepto geográfico de cuenca hidrográfica, equivalente al espacio por el que fluyen las aguas continentales a una misma desembocadura en el mar, se impone como solución general la organización en demarcaciones hidrográficas que incluyen una o varias cuencas y las aguas subterráneas y marinas asociadas, y que requieren de planes hidrológicos en los que termina confluyendo la mayor parte de las exigencias de la Directiva Marco. Conforme a la tradición española, para regir las demarcaciones competencia del Estado (por comprender cuencas cuyas aguas discurren por varias CCAA) se prevén confederaciones hidrográficas de carácter representativo, en cuyos principales órganos se incluyen amplias representaciones de diversas Administraciones Públicas, usuarios y otros.

Formalmente, nuestra legislación fue adaptada a las exigencias de la Directiva Marco del Agua mediante la reforma llevada a cabo en 2003 del texto refundido de la Ley de Aguas de 2001, reforma que, entre otros contenidos, amplió el ámbito tradicional de la Administración de aguas introduciendo medidas para proteger, junto a las aguas continentales, las costeras y de transición, y previendo las nuevas demarcaciones hidrográficas. Ha debido iniciarse también un proceso general de modificación de los planes hidrológicos conforme a los nuevos planteamientos ecológicos, con notable incremento de las zonas protegidas y establecimiento del principio de recuperación de costes de los servicios hídricos.

El Plan Hidrológico Nacional de 2001 y la misma Ley de Aguas fueron objeto de nuevas modificaciones en 2005, que implicaron la supresión de las principales opciones trasvasistas y la adopción de nuevas reglas, como las relativas al dominio público de las aguas desaladas, el estudio de los costes de las obras hidráulicas o la definición cualitativa de los caudales ecológicos. En alguna medida parecía conectarse con el movimiento de la Nueva Cultura del Agua, que propugna la utilización del recurso conforme a estrictos criterios ecológicos, pasando, de la tradicional óptica cuantitativa, que se expresa en la constante realización de obras hidráulicas, a la perspectiva cualitativa, que impone la conservación de la calidad del recurso, el ahorro del mismo y la justificación especial de todas las obras hidráulicas. Sin embargo, la realidad ha demostrado que no se perseguían cambios tan profundos, pues las reformas dependen fundamentalmente de cambiantes compromisos políticos.

Los nuevos planes hidrológicos de las cuencas, ya adaptados a la Directiva Marco del Agua, se aprobaron en los años 2013-2014, habiendo experimentado sucesivas revisiones para los períodos 2016-2021 y 2022-2027 (RD 35/2023). Su principal objetivo es asegurar la protección de las aguas para prevenir un deterioro adicional de las mismas, estableciendo medidas de mejora de los ecosistemas, reducción de la contaminación y limitación de los efectos de inundaciones y sequías. Conforme al principio quien contamina paga, se persigue la recuperación a cargo de los usuarios de los costes de los servicios de agua, que comprenden extracción, embalse, depósito, tratamiento, distribución, recogida y depuración; planteamiento este que encuentra fuertes resistencias, particularmente en el sector agrario.

Vertidos. Como un supuesto de uso especial de las aguas (que son de dominio público), cabe considerar los vertidos, que se someten en todo caso a autorización administrativa (artículos 100-108 TRLA) por plazo máximo de cinco años renovables, siempre que se cumplan las normas de calidad y los objetivos ambientales. En la misma autorización se establecen las condiciones en que debe realizarse el vertido, como son las relativas a instalaciones de depuración, elementos de control, límites cualitativos y cuantitativos, e importe del canon de control de vertido, que responde al principio quien contamina paga.

Los vertidos ilegales son aquellos no autorizados o que no cumplen las condiciones de la autorización. Los no autorizados pueden determinar la suspensión inmediata de las correspondientes actividades, que es competencia del Gobierno en las cuencas intercomunitarias, pudiendo exigirse responsabilidades sancionadoras, civiles y tributarias. El incumplimiento de la autorización puede determinar la revocación de ésta, si se trata de una actividad no legalizable.

Servicios municipales. Muchas actividades, no solo residenciales, sino también industriales, comerciales y de servicios, dependen, para el suministro y vertido de agua, de las redes municipales. Así, el ciclo urbano del agua cumple las fases de captación, transporte, potabilización, suministro, evacuación y depuración. Se trata de servicios municipales que en la mayor parte de los casos, por sus altos costes, requieren de la colaboración de las CCAA, especialmente para llevar el agua a la red municipal y para cumplir las tareas de depuración.

La Directiva 91/271/CEE inició el sistema europeo de tratamiento de las aguas residuales urbanas, previendo obligaciones de depuración a cumplir por los distintos municipios en determinados plazos en función del número de habitantes-equivalentes (carga contaminante de personas, animales, industrias y aglomeraciones urbanas). Por RD-Ley 11/1995 se establecieron los plazos y las obligaciones de las diferentes aglomeraciones urbanas en materia de tratamiento de las aguas residuales urbanas. En Aragón, sucesivas leyes (de 1997, 2001 y actualmente la Ley 10/2014) han previsto planes (autonómico y de zonas) para cumplir con las exigencias comunitarias en materia de depuración y saneamiento de las aguas bajo el control del Instituto Aragonés del Agua, que cuenta con importantes ingresos tributarios al efecto.

Calidad del aire

La movilidad de la contaminación atmosférica explica las importantes aportaciones en esta materia del Derecho Internacional. Ya en el caso Trail (1941), el tribunal arbitral que entendía de la contaminación producida en los EE. UU. por una fundición instalada en Canadá estableció la doctrina de que ningún Estado tiene derecho a utilizar ni a permitir que se utilice su territorio de tal manera que los humos provoquen perjuicios al territorio de otro Estado o en las propiedades que en él se encuentran, siempre que se produzcan graves daños y estos se puedan probar de forma clara y convincente. En la Conferencia de Estocolmo (1972) se declaró que el principio de utilización razonable de su soberanía por los Estados obliga a estos a no permitir que su territorio se use de forma que perjudique a otros Estados

Entre los tratados internacionales de mayor importancia en la materia han de incluirse los siguientes: *a)* el Convenio sobre contaminación atmosférica transfronteriza a gran distancia (Ginebra, 1979), que afrontó el grave problema de las lluvias ácidas en Europa estableciendo un marco de cooperación que incluye, entre otros aspectos, un intenso programa de vigilancia; *b)* el Convenio sobre protección de la capa ozono (Viena, 1985), relativo al control de los CFC (cloro-fluoro-carbonos) que potencian los rayos ultravioleta del sol, convenio que permitió la aprobación del Protocolo de Montreal (1987), cuyas medidas fueron consideradas el primer éxito de la intervención internacional en materia de medio ambiente; y *c)* el Convenio marco del cambio climático (Río de Janeiro, 1992), que afronta el problema de los gases de efecto invernadero, en cuya ejecución se aprobó el Protocolo de Kioto (1997).

En el ámbito supranacional europeo, desde la época de la primera crisis del petróleo (1973) se ha ido adoptando una prolija normativa que establece métodos de medición, redes de vigilancia, obligaciones de información y finalmente estándares europeos de calidad del aire, referidos a los niveles de diversos contaminantes (azufre, nitrógeno, carbono, ozono…) presentes en los más variados productos y actividades. Así, un amplio conjunto de Directivas define, en relación con esas sustancias: *a)* los *valores límite* o niveles de inmisión, que son las concentraciones del contaminante que no se deben superar en un determinado ámbito; y *b)* los *valores guía,* que consisten en los niveles óptimos que los Estados deben esforzarse por alcanzar. Los puntos de vista adoptados van desde la calidad de los productos (azufre en el gasóleo, plomo y benceno en las gasolinas) a los focos de emisión, tanto fijos (incineradoras de residuos, instalaciones de combustión), como móviles (vehículos) y a determinados ámbitos (lugares trabajo o diversos tipos de edificios).

En la experiencia española, la intervención administrativa en materia de calidad de aire se ajustó inicialmente a las técnicas del Reglamento de Actividades Molestas (1961), con particulares aplicaciones, por ejemplo, a las poblaciones con alto nivel contaminante o con fábricas de cemento (1968). La Ley de Protección del Medio Ambiente Atmosférico (1972) hubiera permitido una amplia conexión con mecanismos más modernos y eficaces, pero resultó clamorosa la inaplicación de sus posibilidades, incluso tras la aprobación de su Reglamento de desarrollo (1975).

Tras el ingreso de España en la CEE, entre 2002 y 2007, diversos decretos incorporaron las exigencias comunitarias en la materia, hasta que finalmente se aprobó la vigente Ley 34/2007 de Contaminación del Aire (LCA'07), objeto de desarrollo reglamentario por los RRDD 100 y 102 /2011. También algunas CCAA, con apoyo en sus competencias ambientales de desarrollo legislativo y establecimiento de normas adicionales de protección, aprobaron leyes propias: la Ley de Cataluña de 1983 introdujo los mapas de capacidad y vulnerabilidad, la Ley de Galicia de 1995 previó un impuesto contra la contaminación atmosférica y en 2002 la misma Galicia incorporó directamente la normativa de la CEE.

Conforme a las previsiones de la LCA'07, al Estado corresponde aprobar listas de contaminantes y actividades contaminadoras, objetivos de calidad, umbrales de alerta, valores límite de emisión, métodos de medición e incluso establecer el régimen para fabricar, importar, adquirir, transportar o distribuir productos contaminantes. Las CCAA asumen las tareas ejecutivas de evaluación de la calidad del aire, elaboración de planes y programas para mejorar esa calidad, control, inspección y sanción. También a los municipios corresponde aquí un papel significativo a través de sus potestades de aprobación de ordenanzas y del planeamiento urbanístico.

Particular significado ha de concederse a las técnicas de zonificación que deben emplear las CCAA en función de los niveles de contaminantes medidos siguiendo métodos uniformes. Esa zonificación atmosférica ha de ser tenida en cuenta en los planes urbanísticos y para autorizar actividades potencialmente contaminantes.

Cambio climático

Como ya se ha indicado, una de las consecuencias de la Conferencia de Río de Janeiro de 1992 fue la aprobación del *Convenio Marco de Cambio Climático,* que supuso la aceptación definitiva de la importancia del clima para una política ambiental, tal y como se venía advirtiendo por meteorólogos y especialmente en el Panel Intergubernamental del Cambio Climático (IPCC por sus iniciales en inglés). El Convenio optó por tomar en consideración planteamientos científicos que en aquel momento cabía considerar como pesimistas sobre el incremento de la temperatura media global, persiguiendo la estabilización de los gases de efecto invernadero (GEI) en un nivel que no resultara peligroso para el sistema climático. Aunque el Convenio rebajó las exigencias previstas en las fases preliminares de su elaboración, contenía un programa de compromisos de reducción de las emisiones de dióxido de carbono o azufre y otros GEI, estableciendo obligaciones diferentes en función del nivel de desarrollo de los Estados.

El Convenio reitera los planteamientos organizativos y procedimentales generalizados en los tratados multilaterales en materia de medio ambiente, previendo la Conferencia de las Partes y procedimientos especiales para la aprobación o modificación del propio Convenio, sus anexos y protocolos, además de un sistema de arreglo de controversias. A las anteriores previsiones se añaden otros elementos organizativos y financieros que pueden contribuir a reforzar su eficacia. Así, la importancia de la base de conocimientos se traduce en la constitución de un órgano de asesoramiento científico y tecnológico; la labor de la Conferencia de las Partes se fortalece mediante un órgano de ejecución; y a fin de facilitar la transferencia de tecnología a países no desarrollados, el Convenio define también un mecanismo de financiación.

Prueba de las virtualidades del tratado fue la aprobación del *Protocolo de Kioto* (1997), que estableció compromisos más estrictos de reducción de GEI. No obstante, las enormes dificultades planteadas por todos los actores, para definir los compromisos del Protocolo de Kioto y para llevarlos a la práctica, justifican la valoración como insuficiente de la respuesta internacional a los desafíos que plantea el cambio climático. Esa conclusión, desgraciadamente, cada vez parece más evidente y más general, cuando se comparan las posibilidades y expectativas abiertas por el Derecho Internacional Ambiental con las realidades alcanzadas.

El objetivo general sigue siendo, tal y como se expresó en el Convenio Marco de 1992, lograr «la estabilización de las concentraciones de gases de efecto invernadero en la atmósfera a un nivel que impida interferencias antropógenas peligrosas en el sistema climático» (art. 2). En desarrollo de tal finalidad el Protocolo de Kyoto de 1997 estableció los compromisos de los países industrializados (prácticamente solo los de la UE) «con miras a reducir el total de sus emisiones de esos gases a un nivel inferior en no menos del 5 por ciento al de 1990 en el período de compromiso comprendido entre el año 2008 y el 2012» (art. 3.1). Sin perjuicio de los problemas surgidos sobre el diseño, la aceptación y el efectivo cumplimiento de las obligaciones establecidas en Kyoto, las evidencias sobre la continuidad e incluso la acentuación de los problemas del clima, exigían seguir avanzando. Sin embargo, las Conferencias de las Partes (COP) del citado Convenio Marco se sucedieron desde Bari (2007), donde se estableció una «hoja de ruta» enseguida incumplida en Copenhague (2009), hasta el Acuerdo de París (2015), que finalmente ha servido para poner en marcha una acción en la materia.

Para contribuir al cumplimiento de los compromisos del Protocolo de Kioto, la Comunidad Europea consideró necesario poner en marcha, antes de 1 enero 2005, un *mercado europeo de derechos de emisión* de GEI. Así, el régimen del comercio de esos derechos fue regulado por el legislador español (RD-Ley 5/2004, convertido en Ley 1/2005).

El sistema se basa en la creación de los derechos de emisión, considerados como derechos subjetivos a contaminar durante determinados períodos. El Plan Nacional de Asignación, de conformidad con la previa asignación por países realizada por la UE, establece el número total de derechos de emisión que prevé asignar en su plazo de vigencia. La titularidad originaria de los derechos de emisión forma parte del Patrimonio del Estado, aunque con aplicación preferente del régimen jurídico especial de la Ley 1/2005. Así, el Consejo de Ministros realiza las asignaciones de los derechos de emisión en favor de las industrias autorizadas a emitir GEI. Inicialmente se asignaban a título gratuito a las empresas ya establecidas, pero desde las últimas reformas (Leyes 13/2010 y 9/2020) se está tratando de conceder un papel central a la asignación por subasta, permitiendo la competencia con nuevas industrias contaminantes que pueden usar tecnologías energéticamente más eficientes.

Los derechos de emisión, una vez asignados, parece hayan de configurarse como derechos de propiedad de carácter temporal, al estar su vigencia limitada al período del Plan Nacional de Asignación. Son transmisibles, incluso a terceros que no sean titulares de las instalaciones autorizadas para emitir GEI. Pueden proceder, además del mercado nacional, de su adquisición en el mercado internacional reconocido por la UE. De esta manera, se pretende estimular a las empresas para que busquen las mejores tecnologías de lucha contra la contaminación atmosférica, obteniendo su rentabilidad en la enajenación a empresas menos eficientes de los derechos de emisión sobrantes. No obstante, el mercado ha funcionado muy imperfectamente, con precios muy bajos, quizá debido a la facilidad otorgada para la compensación de derechos de emisión de GEI con mecanismos alternativos, que permiten a las empresas colaborar en la creación de sumideros naturales (plantaciones forestales) en países en vías de desarrollo. Últimamente, sin embargo, los precios presentan ya niveles más adecuados para lograr los objetivos del sistema.

Anualmente a los titulares de las instalaciones autorizadas se les exige cancelar derechos de emisión correspondientes a sus emisiones, que se estiman mediante informes verificados por organismos acreditados, bajo el control de las comunidades autónomas. La permanente actualización de la contabilidad relativa a los derechos de emisión se asegura mediante el Registro Nacional de Derechos de Emisión, adscrito al ministerio competente en Medio Ambiente. El sistema queda fortalecido por un severo régimen sancionador, que puede alcanzar multas de 2 millones de euros o del doble del beneficio obtenido si este fuera superior, así como sanciones de clausura, inhabilitación y extinción de la autorización de emisión.

El correcto desenvolvimiento del mercado de derechos de emisión exige una intensa vigilancia administrativa, dado que la materia objeto de los mismos (la emisión de GEI) está fácilmente al alcance de todas las empresas, salvo que funcionen adecuadamente las medidas policiales. Estamos no ya ante un mercado vigilado por la Administración, sino ante un mercado creado por la intervención administrativa. La supervisión no es tarea sencilla, pues requiere de un alto nivel técnico y jurídico de los órganos administrativos competentes. En tal sentido, no parece haya de facilitar esas exigencias la configuración de procedimientos administrativos complejos, con intervención de autoridades autonómicas y estatales, para la constitución, transmisión y extinción de los derechos de emisión.

Legislación de cambio climático. En la comunidad internacional general, tras el Acuerdo de París (2015), el objetivo de mantener el calentamiento del planeta muy por debajo de 2°C con respecto a los niveles preindustriales llevó a la exigencia de una economía climáticamente neutra en 2050. Y si inicialmente los objetivos podían considerarse ligeros, pues dependían de la voluntad de los Estados, en la Conferencia de Katowice (2018) se multiplicaron los mecanismos de información, las reglas de transparencia, los procedimientos de verificación y las obligaciones financieras, conforme a una tendencia general que no ha dejado de robustecerse.

En el ámbito europeo, los compromisos de reducción de emisiones y de eficiencia energética se asentaron sólidamente con el Reglamento 2018/1999 y luego mediante los objetivos establecidos en el Pacto Verde Europeo (2019). Después de arduas negociaciones, en 2020, la Comisión Leyen logró que se aprobara la llamada Ley Europea del Clima, que es un texto de directa aplicación (Reglamento 2021/1119). El gran objetivo, de conformidad con las exigencias de París, es lograr la neutralidad climática en el año 2050, de manera que entonces los gases de efecto invernadero emitidos a la atmósfera queden compensados con los capturados en los bosques y otros sumideros. Para ello se pone en marcha un calendario de actuaciones que, en el período 2021-2030, han de garantizar la reducción en un 55 por ciento de las emisiones. Con esa finalidad, la Comisión fortalece sus capacidades de actuación al beneficiarse de una amplia delegación legislativa y asumir nuevos poderes de evaluación, inspección y control.

En España, algunas comunidades autónomas fueron aprobando sus propias leyes en materia de cambio climático. Cataluña (2017) fue pionera al establecer una completa regulación con medidas de mitigación y de adaptación, así como implicaciones para las políticas sectoriales, previsiones organizativas y una fiscalidad ambiental. Otras comunidades autónomas han seguido planteamientos parcialmente diferentes remitiendo en buena medida las actuaciones al planeamiento especial, tanto de nivel autonómico como municipal.

En todo caso, de conformidad con las exigencias de la Unión Europea, el Estado hubo de poner en marcha el Marco Estratégico de Energía y Clima (2019) integrado por tres documentos para el período 2021-2030: *a)* la Estrategia de Transición Justa aprobada por acuerdo del Consejo de Ministros en 2020, que comprendió medidas de reactivación, formación y otras en favor de los sectores afectados por la descarbonización, así como planes de acción urgente para las comarcas del carbón y las centrales en proceso de cierre; *b)* el Plan Nacional Integrado de Energía y Clima aprobado por acuerdo del Consejo de Ministros en 2021, que precisaba las medidas necesarias para alcanzar los objetivos de reducción de emisiones, incremento de energías renovables y eficiencia energética; y *c)* la Ley 7/2021, de Cambio Climático y Transición Energética, texto de gran complejidad, donde se establecen precisas obligaciones de resultado y amplios poderes del ejecutivo para su logro.

Se trata, en suma, de facilitar la descarbonización de la economía española y su transición a un modelo circular, así como promover la adaptación a los impactos del cambio climático y la implantación de un modelo de desarrollo sostenible. Los objetivos de calidad ambiental de la Ley de Cambio Climático son realmente ambiciosos, tanto en los porcentajes de reducción de gases de efecto invernadero (–23%), como en los de incremento de energías renovables en consumo (+42%) y en generación (+74%), habiendo de llegarse en el año 2050 a la plena neutralidad climática. Se trata de obligaciones de resultado, no de mero comportamiento, de manera que los objetivos no pueden dejar de ser perseguidos y en ningún caso pueden ser rebajados. Así, conforme al principio de no regresión, se prevé en la Ley que el Consejo de Ministros únicamente pueda «revisar al alza» los «objetivos mínimos nacionales». Por añadidura, bajo la óptica internacional y europea, el cumplimiento de los objetivos comprometidos es exigible a los Estados en aplicación de las previsiones del Convenio Marco de Cambio Climático o de los mecanismos de ejecución de las obligaciones estatales contenidos en el ordenamiento de la Unión Europea. En el proceso de desarrollo y ejecución de los objetivos establecidos en la legislación europea y estatal, diversas comunidades autónomas han aprobado leyes propias en materia de cambio climático.

Lucha contra el ruido

En el ámbito internacional, la lucha contra el ruido se inicia con los compromisos relativos a los aviones civiles (Chicago, 1944) y los vehículos a motor (Ginebra, 1958), que inciden sobre elementos con alto nivel sonoro, pero dejan al margen los focos de ruido locales. En realidad, hasta el caso López Ostra (1994), el ruido se consideraba una simple molestia individual, siendo a partir de la decidida postura del TEDH en aquel supuesto cuando la lucha contra el ruido pasó a configurarse como un sector ambiental requerido de diversas intervenciones administrativas.

Así, en el ámbito de la UE, se han ido aprobando directivas estableciendo los niveles de emisiones admisibles en vehículos, máquinas, aviones y aparatos de todo tipo. El Libro Verde sobre el Ruido (1996) puso de relieve la necesidad de aclarar y homogeneizar la normativa en la materia, adoptando medidas no solo para controlar los excesos, sino también para prevenirlos. Finalmente en la Directiva de Ruido Ambiental 2002/49/CE se estableció el control de las emisiones previendo medidas planificadoras como los mapas de ruido.

Las técnicas empleadas para la lucha contra el ruido comprenden: *a)* normas de emisión que limitan el ruido de los medios de transporte, la maquinaria, la industria y otras actividades; *b)* medidas relativas a las infraestructuras, como las calzadas silenciosas o los pasillos aéreos; *c)* instrumentos económicos del tipo tributos o subvenciones; *d)* prohibiciones del uso de vehículos y otros productos en determinados espacios u horarios; *e)* localización de las actividades ruidosas mediante la evaluación del impacto sonoro o la zonificación; y *f)* medidas de información y educación.

En el caso español, paulatinamente fueron mejorándose las técnicas de intervención administrativa. Desde el limitado régimen ofrecido por el Reglamento de Actividades Molestas (1961), cabe, así, constatar la sucesiva aprobación de normas más específicas, como los Reglamentos para poblaciones de altos niveles de ruidos (1968), lugares de trabajo (1989) o vehículos a motor (1992). Algunas CCAA aprobaron reglamentos en la materia (Baleares, Navarra, Murcia, Madrid) y hubo también municipios que pusieron en marcha ordenanzas de zonas saturadas por ruidos o medidas de aislamiento de ciertas actividades de ocio. Conforme la sensibilidad social en la materia se incrementaba, también los tribunales adoptaron actitudes más activas normalmente sobre la base de acciones prohibitivas o indemnizatorias. Finalmente, respondiendo directamente a las exigencias comunitarias, se aprobó la Ley 37/2003 del Ruido, desarrollada reglamentariamente por el RD 1367/2007.

La Ley del Ruido se aplica a todos los emisores acústicos, públicos o privados, y a las edificaciones en su calidad de receptores acústicos. No obstante, si el ruido procede de actividades domésticas, se sigue el régimen de las relaciones de vecindad, salvo cuando se rebasan los «límites tolerables» derivados de los objetivos de calidad para el espacio interior de la vivienda fijados por el Gobierno.

El mismo Gobierno establece los valores-límite de emisión del ruido, con índices homogéneos en función de los períodos diurno, vespertino y nocturno, así como los valores-límite de inmisión distinguiendo entre áreas acústicas residenciales, industriales, recreativas… El control de la observancia de los anteriores valores límite se lleva a cabo por las técnicas generales: EIA, AAI y las licencias.

Los mapas de ruido constituyen una técnica fundamental al configurarse como planes especiales que han de ser tenidos en cuenta por los demás planes territoriales, urbanísticos y sectoriales. Se elaboran y aprueban por las CCAA para las áreas acústicas que incumplan los objetivos de calidad acústica fijados por el Gobierno en función de los correspondientes usos y actividades: residenciales, industriales, recreativos, terciarios, sanitarios, docentes, culturales. Sus objetivos consisten en la evaluación global de la contaminación acústica del área, proporcionando información sistematizada sobre la observancia de los valores-límite aplicables, así como sobre el logro de mejores objetivos de calidad, proponiendo incluso el establecimiento de zonas de servidumbre acústica en relación con las infraestructuras.

Otros instrumentos de lucha contra el ruido son: *a)* los planes de acción, que afrontan globalmente la contaminación acústica de un área, previendo las actuaciones prioritarias a tal fin; *b)* la protección de zonas tranquilas en el campo y en las aglomeraciones urbanas; *c)* las zonas de protección acústica especial, donde han de cumplirse objetivos de calidad a través de medidas correctoras, que pueden llegar al establecimiento de restricciones horarias de las actividades o de las emisiones acústicas; y *d)* las reservas de sonido de origen natural.

Residuos y suelos contaminados

La sensibilidad jurídica ante los residuos se ha desarrollado muy tardíamente. Aunque ya en 1976 la OCDE recomendaba la adopción de regulaciones que obligaran a la gestión ambiental de los residuos en todo el planeta, se adoptaron entonces muy escasas medidas. El *Tratado de Basilea* (1989) estableció un régimen internacional multilateral del transporte de residuos como reacción frente al escándalo de la exportación de residuos peligrosos generados en EE. UU. y Europa a África; sin embargo, no llegó a incluir una prohibición general, dejando en manos de cada Estado prohibir la importación y la exportación de residuos. Posteriormente, nuevos convenios regionales para África, el Caribe o el Pacífico han prohibido los traslados de residuos, medida que indirectamente afecta al origen del problema, es decir, a la generación de residuos. En la Agenda 21 (Río de Janeiro, 1992) se consagró como principio universal la autosuficiencia en la eliminación de residuos.

En la *Unión Europea* encontramos una de las respuestas más tempranas y completas a la problemática generada por los residuos. Ya en el año 1975 se establecieron obligaciones de gestión segura y racional, y de fomento de la reducción y el aprovechamiento de los residuos. Los residuos tóxicos y peligrosos fueron objeto de un régimen especial en 1978, regulándose restrictivamente sus traslados en 1984. Se aprobaron también regímenes diferenciados de distintos residuos especiales en las Directivas del aceite usado, los PCB y PCT, el dióxido de titanio, los envases, los lodos de depuradora o las incineradoras municipales.

En la década iniciada en 1990 se produjo una importante revisión de la normativa de residuos, conforme a los objetivos de reducción, recuperación y eliminación segura. La Directiva Marco de Residuos 91/156 trató de asegurar la observancia de los principios quien contamina paga y de autosuficiencia, estableciéndose un nuevo régimen de los residuos peligrosos en la Directiva 91/689. También los traslados de residuos en el interior y el exterior de la CE fueron regulados conforme a las pautas del Tratado de Basilea en el Reglamento 259/93. Continuó el reconocimiento de especialidades para nuevos residuos como las pilas usadas, los residuos de titanio o la incineración de residuos peligrosos.

El régimen vigente en la materia parte de la Lista Europea de Residuos (Decisión 2014/955), la nueva regulación de los traslados de residuos (Reglamento 1013/2006) y finalmente la Directiva Marco de Residuos 2008/98 que, conforme al principio de prevención, impone medidas de reducción antes de que los productos sean residuos, y conforme el principio de jerarquía en la producción y la gestión de los residuos, exige su reutilización, reciclaje y valorización. Posteriormente en la Directiva 2018/851 se han introducido importantes cambios dentro del paquete de medidas sobre la economía circular y en la Directiva 2019/904, se han emprendido medidas de reducción del impacto de los plásticos.

En *España*, los servicios municipales de basuras se generalizaron desde el establecimiento de las condiciones de entrega, recogida y depósito por la Instrucción General de Sanidad (1904) y la previsión de su municipalización con monopolio en el Estatuto Municipal (1924). Más recientemente, ese servicio municipal fue regulado en la Ley de Residuos Sólidos Urbanos (1975), dictada con la esperanza de recuperar recursos minerales.

Como en tantos otros sectores del Derecho Ambiental, la modernización de la normativa de los residuos ha derivado de la adaptación a las exigencias comunitarias: así, se sucedieron el RDLegislativo 1163/1986, que reformó la LRSU'75, la Ley Básica de Residuos Tóxicos y Peligrosos de 1986 y su Reglamento de 1988, la Ley de Residuos de 1998 y la Ley de Residuos y Suelos Contaminados de 2011, hasta llegar a la vigente Ley de Residuos y Suelos Contaminados para una economía circular (2022), adaptada a la Directiva 2018/851.

Diversas CCAA han aprobado legislación propia en la materia, siempre siguiendo los planteamientos comunitarios, a veces incluso por delante del Estado. En Aragón la Ley de Medidas de 2003 creó los servicios autonómicos de gestión de residuos, que, conforme al Plan GIRA, comprenden residuos especiales como los peligrosos, los industriales no peligrosos, los neumáticos o los residuos de la construcción.

El *concepto de residuo* es cuestión de gran importancia, pues de ahí deriva la aplicación de las obligaciones, prohibiciones y demás contenidos de este sector legislativo. El significado lingüístico, que identifica al residuo con la parte que queda o que sobra de algo, especialmente si es inservible, no nos resulta de utilidad, pues depende en su aplicación de valoraciones subjetivas que pueden situarse entre la sociedad de la pobreza y la del despilfarro. Tampoco el significado jurídico civil es aplicable, ya que al identificar el residuo con la cosa mueble abandonada requiere la renuncia del dueño, lo que plantea problemas por los intereses económicos que pueden concurrir para evitar la aplicación de la legislación de residuos.

En el Derecho comparado se advierten diversos conceptos jurídicos de los residuos. En EE. UU. se pueden considerar residuos los materiales sujetos a reciclaje. En Italia las materias primas secundarias son residuos pues han dejado de ser idóneas para su utilidad típica originaria. Lo que parece claro es que los valores de preservación de la salud y del medio ambiente a los que responde la legislación de residuos estarían en peligro si su aplicación dependiera de la intención del poseedor de excluir la directa reutilización del producto.

En la legislación española el residuo se define como cualquier sustancia u objeto que su poseedor deseche o tenga la intención o la obligación de desechar. El concepto cuenta así con tres elementos: *a)* el material, que se identifica con la sustancia o el objeto (mueble) sin importar su origen ni su cualidad; *b)* el subjetivo, que es el poseedor, como forma amplia de referirse a la titularidad; y *c)* el dinámico, esto es, la acción de desechar, que puede ser real (ha desechado), propuesta (va a desechar) u obligatoria (debe desechar).

Entre las diferentes clasificaciones de los residuos, podemos referir: *a)* los domésticos generados en los hogares por las actividades domésticas y los similares procedentes de los servicios y las pequeñas industrias, y otros asimilados por razones prácticas; *b)* los comerciales procedentes del comercio, la hostelería y otros servicios de cierta dimensión; *c)* los industriales que derivan de los grandes procesos de fabricación; *d)* los especiales requeridos de medidas particulares por razones diversas, que van desde la facilidad en su aprovechamiento (cartón, cristal) hasta su gran volumen (desechos de construcción); y *e)* los peligrosos, condición que deriva de estrictos parámetros normativos.

Las exclusiones legales del concepto de residuo comprenden: *a)* objetos carentes de regulación, como los suelos no contaminados producto de excavaciones y que son reutilizados *in situ* y los materiales naturales de uso agrario o para la producción de energía; *b)* objetos con regulaciones especiales y exclusivas, como las emisiones atmosféricas, los residuos radiactivos, los explosivos desclasificados o los sedimentos; y *c)* objetos con una regulación de aplicación preferente que no impide la aplicación supletoria de la legislación general de los residuos, como las aguas residuales, ciertos subproductos animales, los cadáveres de animales no sacrificados o los residuos mineros.

Distintos de los residuos son los *subproductos*, definidos como la sustancia o el objeto resultante de la producción llevada a cabo con otro fin cuando es seguro que va a ser utilizado directamente en un proceso de producción y su uso ulterior cumple los requisitos de los productos, y de protección de la salud y el medio ambiente. En la práctica se aprecia una amplia variedad de objetos cuyos productores o gestores pretenden calificar de subproductos: los recortes de mármol, el alquitrán de los filtros electrostáticos, el orujo del aceite oliva, el cobre sin revestimiento, las virutas de madera, la ganga del granito… Para evitar problemas, se exige la declaración administrativa de la condición de subproducto, mediante la «aprobación» de tal condición por el Ministerio o los órganos competentes de las comunidades autónomas, previa consulta de la Comisión de Coordinación de Residuos.

Un residuo lo es hasta tanto no finaliza su condición por la eliminación, la valorización o el reciclado. El resultado de las últimas actividades ha de ser una sustancia u objeto de uso habitual, susceptible de tráfico en el mercado con demanda del mismo, debiendo además cumplir los requisitos de los productos y no afectar ni a la salud ni al medio ambiente. El Ministerio competente en Medio Ambiente, tras estudio previo por la Comisión de Coordinación de Residuos, establece criterios específicos de valorización y reciclado de los diferentes tipos de residuos.

La planificación y gestión de los residuos se rigen por los siguientes principios específicos: *a)* protección de la salud y del medio ambiente, de manera que no se produzcan riesgos para los recursos naturales, ni incomodidades o insalubridades;

b) jerarquía, consistente en establecer un orden en el tratamiento de los residuos empezando por la prevención y siguiendo por la preparación para la reutilización, el reciclado, otra valorización y finalmente la eliminación segura; *c)* autosuficiencia y proximidad, que requieren el establecimiento de redes integradas para la valorización y eliminación de los residuos.

La planificación en materia de residuos comprende instrumentos aprobados por el Gobierno con participación de las CCAA a fin de establecer la estrategia general, las orientaciones y los objetivos. Hay también planes aprobados por las CCAA, como el Plan GIRA, donde el Gobierno Aragón establece las medidas de gestión de los diversos tipos de residuos. Y finalmente, los entes locales y en general todas las autoridades pueden aprobar programas de gestión de los residuos de su competencia.

En el concepto de *productor de residuos* se incluye toda persona cuya actividad produce residuos o efectúa operaciones que cambien la naturaleza o la composición de los residuos. Al productor corresponden las obligaciones de tratamiento de los residuos, que puede cumplir por sí mismo, por encargo a un sujeto debidamente registrado como gestor de residuos o por entrega a una entidad de recogida de residuos. Las obligaciones de tratamiento se traducen en muy concretas obligaciones de documentación, información, separación por tipos de materiales, garantías en el tratamiento de los residuos peligrosos…

Gestor de residuos es toda persona incluida en el correspondiente registro autonómico que realiza operaciones de gestión de residuos (recogida, transporte o tratamiento). Asume las obligaciones de mantener los residuos en las condiciones aplicables, mantener las fianzas o pólizas de seguro que garanticen el cumplimiento de sus obligaciones y su responsabilidad, particularmente en relación con residuos peligrosos y otros.

El *productor del producto* es el profesional que desarrolla, fabrica, procesa, trata, llena, vende o importa productos. Sus obligaciones comprenden medidas para prevenir y mejorar el medio ambiente, que pueden ser determinadas por el Gobierno. Con esas finalidades, cabe establecer exigencias de diseño del producto, de usos múltiples y duraderos, de aceptación de la devolución del producto tras su uso, de sistemas de depósito, de materiales reciclados, de información y en general de organizar la gestión de los residuos derivados de sus productos.

Las CCAA son competentes para otorgar o registrar los títulos que permiten desarrollar las distintas actividades relacionadas con la gestión de los residuos: *a)* autorización de las instalaciones y personas dedicadas al tratamiento de residuos, salvo en los supuestos de eliminación o valorización *in situ* de residuos no peligrosos; *b)* comunicación de las industrias o actividades con residuos peligrosos o con más de 1000 t/año de residuos no peligrosos; *c)* registro de las actividades de producción y gestión de residuos. A las mismas CCAA corresponde también adoptar las medidas en caso de incumplimiento de esta legislación, que pueden comprender, además de las sanciones administrativas y la recuperación del medio ambiente dañado, el cierre y antes, la paralización o suspensión de la correspondiente actividad.

En la misma legislación de residuos se establece el régimen de los *suelos contaminados*. Los titulares de actividades potencialmente contaminantes de suelos, conforme a una lista aprobada por el Gobierno, deben remitir a las CCAA la información que pueda servir de base para declarar los suelos contaminados. A los propietarios de fincas, con ocasión de las transmisiones, se les exige también declarar la realización de actividades potencialmente contaminantes del suelo, información que accede al Registro de la Propiedad por nota marginal.

Las CCAA son también competentes para declarar los suelos contaminados por la presencia de componentes peligrosos procedentes de las actividades humanas, evaluando los riesgos para la salud y el medio ambiente. De tal declaración deriva la obligación de limpieza y recuperación de la calidad del suelo en la forma y conforme a los plazos que establezcan las CCAA, con suspensión de los derechos de edificación y otros aprovechamientos hasta que se cumpla adecuadamente con la citada obligación. Los sujetos obligados son los concretos causantes de la contaminación con carácter solidario; subsidiariamente, la obligación corresponde, primero, a los propietarios del suelo y segundo, a los poseedores, salvo en el caso de suelos de dominio público objeto de concesión, donde el orden se invierte (primero el poseedor, después el propietario), excepción que parece de mayor lógica y justicia que la regla general.

Lección 6.ª Biodiversidad

Dedicaremos esta última lección de la parte ambiental al estudio de las técnicas jurídicas de tutela de biodiversidad. A tal fin, desarrollaremos los conceptos y contenidos del patrimonio natural y forestal, para pasar luego a exponer los sistemas de tutela de la fauna, los espacios naturales protegidos y la red Natura 2000.

Patrimonio natural

En el siglo xxi la conservación de la naturaleza ha pasado a ser un componente esencial de la ordenación del territorio. Entre las herramientas jurídicas dispuestas a tal fin contamos con el concepto del patrimonio natural, apto para incluir e impulsar las variadas instituciones conservacionistas. En la Ley 42/2007, se emplea esa expresión para identificar muy ampliamente el objeto de la conservación, que incluye ahora la preservación de la biodiversidad en todas sus manifestaciones: «biológica, genética, de poblaciones y de especies», así como «los ecosistemas naturales, la diversidad geológica y el paisaje». El patrimonio natural puede convertirse en el concepto jurídico con el que se reconoce la importancia de los valores de la biodiversidad.

Se trata, ante todo, de una aplicación particularmente intensa de la función social del derecho de propiedad y de los demás derechos reales. Tal objetivo aquí consiste fundamentalmente en la garantía de la conservación de las características ecológicas de los elementos que lo integran, pero sin que los mismos sean por ello objeto de apropiación administrativa. En el patrimonio natural se incluyen, en consecuencia, bienes de titularidad pública y privada a los que se aplican las limitaciones que impone el mantenimiento de los procesos de la biodiversidad. El bien puede seguir siendo de propiedad privada (como un monte) o de dominio público (como un río) o incluso ser una *res nullius* susceptible o no de ocupación (como una pieza cinegética frente a una especie protegida). Los derechos reales no desaparecen por su integración en el patrimonio natural, sino que resultan modulados por la función social expresada en este concepto, que sirve, así, para delimitar el contenido de tales derechos.

Ahora bien, la referencia patrimonial apunta también a un significado económico de nuestro concepto, pues implica la consideración de la biodiversidad como cosa común. Ello entraña una gran transformación conceptual, pues en la teoría jurídica general las cosas han venido identificándose genéricamente con los objetos de las relaciones jurídicas, mientras que los bienes son estrictamente las cosas apropiables. Así se explica que hasta época reciente las cosas no apropiables hayan carecido, en realidad, de un tratamiento normativo, pues únicamente daban lugar a lo que los economistas denominan externalidades, es decir, a situaciones generadas por la producción o consumo de elementos que no tienen un precio. La falta de titularidad y de regulación de la biodiversidad es justamente lo que se pretende cambiar en el moderno Derecho ambiental mediante la aspiración a configurar el patrimonio natural como cosa común de la humanidad. Una cosa común consistente en la completa apropiación no de unos objetos, sino únicamente de la parte de los mismos que asegura sus funciones ecológicas. Los Estados habrían de ejercer los poderes derivados del patrimonio natural en interés de la humanidad, sin perjuicio de que quizá en el futuro seamos capaces de diseñar una organización internacional a la que atribuir la titularidad exclusiva y el poder de regulación de la cosa común.

En definitiva, el patrimonio natural es el marco conceptual de la conservación, que expresa tanto una síntesis del régimen de los diferentes recursos y espacios naturales, como las aspiraciones de consolidación y ampliación de los valores conservacionistas. Desde tal punto de partida, vamos, a continuación, a examinar los elementos que integran el patrimonio natural: en primer lugar, el patrimonio forestal, entendido como sistema general de protección de la flora, después, el régimen específico de la fauna y ya, por último, los espacios naturales protegidos y la red Natura 2000.

Patrimonio forestal

Sector primario. La legislación forestal forma parte del grupo normativo regulador del sector primario de la economía, configurado por las diversas actividades de explotación de los recursos naturales. La conservación de la biodiversidad depende de la implicación de las explotaciones forestales, agrícolas, ganaderas, cinegéticas, piscícolas y extractivas en los objetivos de protección del medio natural conforme al principio de integración ambiental.

Así, los regímenes jurídicos de esos recursos incluyen variadas intervenciones administrativas orientadas a la protección ambiental: *a)* hay medidas de fomento con objetivos proteccionistas como las ayudas de la política agrícola común, que incluyen, en las subvenciones que recibe el agricultor, penalizaciones por el incumplimiento de los objetivos (condicionalidad agraria) o incrementos por su observancia (pagos verdes); *a)* se emplean también técnicas policiales para imponer las reglas de ejercicio de las actividades ganaderas, de las relacionadas con los plaguicidas y los fertilizantes o de las correspondientes a los alimentos transgénicos, sometiéndolas a autorización y control administrativos; *c)* existen asimismo supuestos de atribución de responsabilidad patrimonial como las obligaciones de restauración ambiental de los titulares de actividades mineras.

No vamos a exponer aquí esas implicaciones ambientales que se establecen en la regulación del sector primario, pues parece conveniente que los elementos proteccionistas de los recursos naturales se estudien junto con los correspondientes regímenes jurídicos en los que se encuentran integrados. La única excepción va a ser la referida a los montes, que, como parte del patrimonio natural, son objeto de un régimen jurídico especial que justifica identificarlos singularmente. Algunas comunidades autónomas refieren justamente al patrimonio forestal el contenido de las leyes generales que han aprobado en la materia, según se advierte en las Leyes de Navarra (1990) o La Rioja (1995).

Funciones. En la doctrina se han identificado tres grandes funciones históricas desempeñadas sucesivamente por los terrenos forestales: *a)* la *función existencial*, cuyo origen se vincula, en general, a antiguas formas comunitarias de propiedad, como las dehesas boyales y los aprovechamientos de leñas o bellotas, que proporcionaban recursos para la subsistencia de amplias capas de la población rural; *b)* la *función productiva*, consecuencia de la generalización de la propiedad privada en los procesos liberales que, bajo el influjo del movimiento técnico-forestal, pasará a caracterizarse como la explotación racional de los recursos forestales; y *c)* la *función ecológica*, que es manifestación de una nueva política forestal integrada en la conservación de la biodiversidad, donde lo importante pasa a ser el mantenimiento y la restauración de las masas forestales globalmente consideradas y no únicamente la preservación de los montes más destacados. Sin embargo, ha de tenerse en cuenta que la preferencia por los valores ecológicos de los montes no conlleva la eliminación de las otras funciones que estos desempeñan. Tal planteamiento, que se designa como la *multifuncionalidad* de los montes, se ha impulsado especialmente desde el Derecho internacional, asumiéndose en la experiencia española, primero, en la legislación forestal de las comunidades autónomas, y después, en la del Estado.

Fuentes. En el ámbito internacional, la renovación del Derecho forestal se produjo destacadamente a partir de la Conferencia de Río (1992). En ella se difundió la conciencia sobre la necesidad de emprender acciones eficaces contra la deforestación, especialmente en el documento denominado Programa 21. En ese contexto, diversos tratados multilaterales han ido asumiendo compromisos cada vez más amplios de protección de los bosques: *a)* el Convenio Marco sobre Cambio Climático (Nueva York, 1992) obliga a la gestión sostenible, la conservación y la promoción de los bosques; *b)* el Convenio sobre la Diversidad Biológica (Río de Janeiro, 1992) exige integrar la conservación y utilización sostenible de la biodiversidad en todos los planes, programas y políticas, tanto sectoriales como intersectoriales; y *c)* la Convención sobre Lucha contra la Desertificación (París, 1994) trata de evitar la degradación de las tierras.

En correspondencia con el movimiento internacional de reforma del régimen forestal, muchos Estados han revisado su legislación en la materia. La anterior visión del bosque como reserva de recursos principalmente económicos va siendo sustituida, así, en beneficio de planteamientos más equilibrados de gestión forestal sostenible, que integran dimensiones ambientales, sociales y culturales, y amplían el juego de los actores forestales. Las preocupaciones por la sostenibilidad se traducen en la importancia que las nuevas regulaciones dan a la multifuncionalidad de los bosques, así como a la planificación y a la ordenación forestales. Además, se advierte la tendencia creciente a favorecer una participación más efectiva de un amplio abanico de sujetos públicos y privados —en particular, las comunidades locales—, tanto en la toma de decisiones como en la puesta en práctica de las mismas.

En el ordenamiento español, la Constitución reserva al Estado la legislación básica sobre montes y aprovechamientos forestales (art. 149.1.23ª). Tras sucederse diversos proyectos, por fin, se consiguió aprobar la nueva Ley de Montes de 2003, aunque sin lograr un entendimiento sobre sus contenidos entre las grandes fuerzas políticas estatales. De ahí que, al variar las mayorías parlamentarias, se introdujeran en la misma ley las importantes y sucesivas reformas de 2006, 2015 y 2022, que afectaron especialmente a las competencias de las diferentes administraciones, al régimen en materia de incendios forestales y a los montes protectores. En todo caso, diversas comunidades autónomas han aprobado leyes forestales generales propias.

Concepto y clases. El ámbito objetivo de la legislación forestal española son característicamente los montes, definidos legalmente como «todo terreno en el que vegetan especies forestales arbóreas, arbustivas, de matorral o herbáceas, sea espontáneamente o procedan de siembra o plantación».

En la legislación de montes se emplean dos clasificaciones generales de los montes: *a)* la primera se hace por razón de su titularidad y distingue entre, de un lado, los montes públicos, que son los pertenecientes a las administraciones públicas, los cuales, a su vez, pueden ser de dominio público o patrimoniales, y de otro lado, los montes privados, que son los pertenecientes a las restantes personas, físicas o jurídicas; y *b)* la segunda clasificación tiene en cuenta los intereses forestales con independencia de si se trata de montes públicos o privados, pues a todos ellos se aplica la distinción entre montes protectores, donde figuran los considerados de interés público incluyendo las razones ambientales, y montes no protectores, que son los restantes.

Montes catalogados. De una combinación de las dos clasificaciones anteriores surgen los montes catalogados, cuyo nombre deriva de su inclusión en el Catálogo de Montes de Utilidad Pública. Fundamentalmente equivalen a los montes públicos (titularidad de cualquier Administración) declarados protectores y constituyen el principal supuesto de montes de dominio público. El Catálogo es una de las instituciones más tradicionales y apreciadas de nuestro régimen forestal, pues históricamente sirvió para evitar la desamortización de montes públicos poblados de especies arbóreas de gran calidad. Paulatinamente fueron ampliándose tanto los supuestos determinantes de la inclusión en el Catálogo como los efectos derivados de la misma. Así, en la vigente legislación forestal los montes catalogados pasan a disfrutar del característico régimen del dominio público, de manera que se controlan los usos de los mismos a fin de garantizar su carácter respetuoso con el medio natural.

Montes comunales. Son montes del dominio público de los municipios dotados de un régimen especial derivado de las particularidades que concurren en los mismos. Su destino es el aprovechamiento por los vecinos, quienes disponen de un derecho subjetivo a obtener tal aprovechamiento. Son producto de diferentes orígenes y trayectorias que han discurrido paralelamente y con fuerza desigual. Suele situarse su origen genérico en las operaciones de repoblación producidas en el largo proceso de la Reconquista, cuando se asignaban tierras a un grupo de pobladores colectivamente, permaneciendo en común lo que no era apropiado individualmente.

Montes privados. Los montes privados constituyen uno de los ejemplos de propiedad estatutaria o vinculada al cumplimiento de la función social. El titular no es libre para fijar el destino que ha de darse al bien de su pertenencia. Tampoco se le permite, por su sola voluntad, decidir el modo de ejercicio de las facultades de goce y disposición, que se encuentran determinadas en las leyes de manera directa o por remisión a disposiciones y actos de la Administración. No obstante, en Cataluña los propietarios participan activamente en las tareas de gestión pública de los montes a través del Centro de la Propiedad Forestal (Ley 7/1999).

Montes vecinales en mano común. Una especialidad la constituyen las propiedades colectivas de los vecinos que proporcionan utilidades ambientales significativas. La ley de 1980 que los regula atribuye la clasificación de estos montes a los jurados que pueden constituirse en cualquier provincia, aunque en la práctica solo se han establecido en el noroeste peninsular. Corresponde a los jurados apreciar la concurrencia de hechos acreditativos del aprovechamiento consuetudinario de un monte en mano común y de la atribución de la titularidad del aprovechamiento a los vecinos integrantes de un grupo social diferenciado, frecuentemente más reducido que el de los vecinos del correspondiente municipio. La titularidad de los montes se atribuye a las «agrupaciones vecinales en su calidad de grupos sociales», consignándose la obligación de que dichos grupos se constituyan en comunidades de propietarios, a las que corresponderá la administración, disfrute y disposición del monte. En Galicia se ha aprobado normativa propia en la materia.

Cambios de uso. Una importante vía de defensa de los montes deriva del control administrativo para el cambio del uso forestal al agrícola o al urbanístico. Resultaría inadecuado permitir con carácter general el cultivo o la urbanización de los montes en una legislación que tiene por objeto la conservación y protección de los mismos. De ahí la regla estableciendo que esos cambios tienen «carácter excepcional», lo que se garantiza mediante la exigencia de informe favorable del órgano forestal competente.

Además, en la legislación autonómica se encuentra generalizada la clasificación de los montes como suelo no urbanizable, admitiéndose otra clasificación urbanística únicamente para montes que estén afectados por procesos de consolidación y expansión de estructuras urbanas. Solo muy excepcionalmente, en definitiva, cabe autorizar la urbanización del monte, imponiéndose entonces la descalificación forestal del correspondiente terreno y la subsiguiente clasificación como suelo urbanizable o eventualmente urbano.

Incendios forestales. Ante el grave problema de los incendios forestales, se constata la proliferación de las prohibiciones de cambios de uso de las superficies incendiadas. Su finalidad es evitar la generación de intereses económicos vinculados al fuego, como puede ser la creación de suelo agrícola, de pastos o urbanizable. Por ello se exige la restauración de la cubierta arbórea estableciéndose la prohibición de cambios de uso por un plazo mínimo de 30 años en aplicación de las previsiones del Código Penal sobre los delitos de incendio forestal.

Fauna

Derechos de los animales. La protección de la fauna aparece modernamente condicionada por un importante debate relativo al estatuto jurídico que ha de reconocerse a los animales: ¿son cosas o bienes objeto de propiedad? ¿tienen derechos? ¿han de ser dotados de personalidad similar a la de los seres humanos? ¿les conviene una caracterización como sujetos de derechos?

La ideología animalista más estricta reivindica la atribución de personalidad a los animales oponiéndose a todo uso humano de los mismos, incluida la caza y pesca, la ganadería o su empleo en experimentaciones y espectáculos. Se propugna, así, una autonomía animal concebida como el derecho a no estar bajo el control humano.

En versiones más moderadas, se descartan los cambios profundos en la alimentación humana que derivarían de una generalizada opción vegetariana. Se admite, en general, el aprovechamiento o la obtención de beneficio o placer de los animales, justificándose en algunos casos como autodefensa del ser humano. Ello no impide la reivindicación paralela de la necesidad de evitar toda crueldad y desamparo en el trato de los animales asegurando su bienestar. Se propugna incluso el reconocimiento de cierto grado de autonomía a algunas especies en función de factores como su capacidad de sufrimiento o incluso de pensar y planificar.

Estos planteamientos han justificado, en la Unión Europea y en diversos Estados, cambios en la tradicional consideración de los animales como cosas objeto de apropiación. En la modificación del Código Civil aprobada en 2021, los animales se califican como «seres vivos dotados de sensibilidad» (art. 333 bis). Tal caracterización no impide que sean objeto de propiedad, aunque esta queda sujeta a los límites de asegurar el bienestar del animal, excluir su maltrato o abandono y observar el régimen establecido para su sacrificio.

Con ese telón de fondo, examinaremos algunos de los principales regímenes jurídicos en la materia. Las regulaciones diferencian dos grandes categorías de animales, según estén en cautividad o en libertad. Los primeros pueden ser animales domésticos, domesticados o retenidos, objeto de variadas normas para garantizar su bienestar. Los segundos incluyen animales salvajes o silvestres y asilvestrados, configurando también distintos regímenes jurídicos, entre los que destacamos los relativos a la caza y la pesca, y a la protección de especies.

Bienestar animal. Como venimos diciendo, en época reciente, de la mano del debate sobre la caracterización de los animales, se ha aprobado un variado conjunto de regulaciones para garantizar su bienestar. En la Unión Europea se trata de un objetivo asumido ya por el Tratado CE en 1997 (protocolo 33) y actualmente en el TFUE (art. 13), donde se establece que tanto la UE como los Estados miembros «tendrán plenamente en cuenta las exigencias en materia de bienestar de los animales como seres sensibles». Importante compromiso cuyo alcance, no obstante, se condiciona al respeto a las normativas estatales relativas «en particular, a ritos religiosos, tradiciones culturales y patrimonio regional». Se trata, por tanto, de un objetivo matizado en su alcance por las creencias y el folclore, lo que determina el surgimiento de zonas de especial incertidumbre que generan apasionados debates, como sucede con ciertas modalidades de caza o pesca o con la fiesta de los toros.

En todo caso, la UE ha aprobado normativas estableciendo los requisitos que han de observarse en la cría, transporte, sacrificio y comercialización del ganado. Se han impuesto también específicas ordenaciones para determinados animales, previendo condiciones adecuadas para su estabulación (cerdos, gallinas ponedoras, pollos de engorde) o medidas encaminadas a evitarles determinados daños (raboteo de los cerdos). Asimismo, cuentan con cierta tradición las reglamentaciones relativas a la experimentación con animales y a la tenencia de animales de compañía.

El ordenamiento español ha ido incorporando los regímenes correspondientes y ha desarrollado también normas adicionales de protección de los animales, conformando un mosaico de regulaciones sobre aspectos como la experimentación (RD 53/2013), las explotaciones ganaderas (RD 348/2000), el transporte (RD 542/2016) o el sacrificio (RD 37/2014), además de regulaciones referidas a concretos animales. En la Ley 7/2023, de protección de los derechos y el bienestar de los animales, se ha robustecido notablemente el conjunto de técnicas de intervención administrativa en la materia.

Las comunidades autónomas se han mostrado activas en la aprobación de leyes de protección animal particularmente referidas a los animales de compañía, los zoológicos y el uso de animales en espectáculos. Son sistemas legales de elevado contenido tutelar, quizá no siempre adecuadamente asimilados en su aplicación. En la definición de sus límites, el TC ha establecido que el respeto de las competencias del Estado sobre Derecho civil (art. 149.1.8.ª Const.) impide a los legisladores autonómicos prohibir o regular contratos como los referidos a la venta o donación de animales (STC 81/2020).

Caza y pesca. Nuestra legislación de caza y pesca está integrada por leyes estatales preconstitucionales (Ley de Caza de 1970, Ley de Pesca Fluvial de 1942), que tienen alcance supletorio, y por las leyes aprobadas por las comunidades autónomas, que disponen de plenas competencias en la materia (art. 148.1.11 Constitución). No obstante, confluyen en todas ellas dos grandes elementos: *a)* de una parte, el principio de libertad de la tradición romanista, sostenido en la tradicional consideración de los animales salvajes como *res nullius*, de donde se deriva un *ius hominis* a cazar o pescar; *b)* de otra parte, la vinculación al derecho de propiedad, que, si no permite considerar a la caza y la pesca como *fructis fundi* dado que los animales se adquieren por ocupación, sin embargo, se advierte en el régimen de los terrenos y las aguas privadas objeto de cotos, que garantizan contenidos a los derechos de propiedad afectados.

En todo caso, ya no puede sostenerse una visión de la fauna silvestre dominada por las actividades cinegéticas y piscícolas. Conforme a las exigencias del art. 45 CE, cabe entender que no es admisible una absoluta libertad de caza y pesca, sino solo el derecho a la utilización racional del recurso en las condiciones que establezca la ley. Entre otras medidas, se podría limitar el número de licencias de caza y pesca o exigir pruebas de conocimiento para otorgarlas. Tampoco cabe oponer el derecho de propiedad a la tutela constitucional de los recursos naturales, que legitima la necesaria vinculación de los aprovechamientos cinegéticos a planes sostenibles.

Actualmente estas actividades deportivas han pasado a regirse por medidas generales de protección (art. 65 LPNat'07), de manera que, entre otras limitaciones: *a)* únicamente las especies identificadas como especies cinegéticas por las comunidades autónomas pueden ser objeto de caza; *b)* se prohíben los procedimientos masivos o no selectivos de captura y muerte, así como su práctica en época de celo, reproducción o crianza y en trayectos migratorios; *c)* se establecen moratorias y prohibiciones especiales por razones biológicas o sanitarias, y también cautelas en la construcción de cercados y vallados, junto a métodos de captura apropiados.

Protección de especies. La primera atención directamente encaminada a la protección de la fauna se encontró en los Convenios sobre protección de los pájaros útiles a agricultura (París, 1902 y 1954), de zonas húmedas (Ramsar, 1971) o sobre el comercio internacional de especies amenazadas de flora y fauna silvestre (Washington, 1973). Posteriormente se adoptó el Convenio sobre conservación de la vida salvaje y el medio natural en Europa (Berna, 1979) y, en el ámbito de la UE, la importante Directiva de Aves (1979), que puso en marcha la red de zonas de especial protección de aves (ZEPA), integrada después en la red Natura 2000. Siguiendo esos planteamientos conservacionistas, en España se aprobó la Ley de Conservación de la Naturaleza (1989), que fue sustituida por la vigente Ley del Patrimonio Natural (2007).

La conservación *in situ* comprende una serie de intervenciones administrativas que requieren de estrecha colaboración entre el Estado y las Comunidades Autónomas. A tal fin, se emplea la siguiente clasificación de especies: *a) especies autóctonas silvestres*, para las que deben adoptarse las medidas necesarias que garanticen su conservación, particularmente con medidas de precaución en la introducción de especies alóctonas y taxones extinguidos, y aplicando en todo caso la prohibición general de dar muerte, dañar, molestar o inquietar a los animales silvestres, salvo conforme a lo previsto en la legislación de montes, caza, agricultura o pesca; *b) especies silvestres de protección especial*, que se incluyen en una lista gestionada por el ministerio competente en Medio Ambiente a iniciativa autonómica, aplicándoseles prohibiciones de recoger, capturar, dañar, poseer o intercambiar, entre otras; y *c) especies amenazadas*, incluida a iniciativa autonómica o del ministerio en un catálogo (dentro de la lista anterior) por estar en peligro de extinción o ser vulnerables, debiendo ser objeto por las comunidades autónomas de planes de recuperación o conservación con medidas adecuadas, conforme a las estrategias nacionales de conservación para especies amenazadas. Las prohibiciones anteriores pueden quedar sin efecto previa autorización de la correspondiente comunidad autónoma por razones significativas como las de salud y seguridad de personas, generación de perjuicios a otros recursos naturales, investigación o educación.

La conservación *ex situ* incluye: *a)* programas de cría o propagación de especies amenazadas, que se aprueban por la Comisión Estatal del Patrimonio Natural, designando entre las Administraciones implicadas centros de referencia a nivel nacional, como zoológicos, acuarios y otros; y *b)* bancos de material biológico y genético, cuya formación en red debe promoverse por el Estado y las comunidades autónomas.

Particular atención merecen las especies exóticas invasoras, pues constituyen una amenaza grave para las especies autóctonas y en general para todo el patrimonio natural (cangrejo americano, siluro, mejillón cebra…). En el ministerio competente en Medio Ambiente se lleva un catálogo, donde las inclusiones se realizan a iniciativa de las comunidades autónomas o del propio ministerio. De la catalogación deriva la prohibición genérica de posesión, transporte, tráfico y comercio de ejemplares vivos o muertos, salvo autorización por razones de investigación, salud o seguridad.

Espacios naturales protegidos

Evolución. La Ley de Parques Nacionales de 1916 abrió un horizonte de compromisos con la protección, pese a estar claramente marcada por una limitada concepción paisajista de la naturaleza. En todo caso, ese inicial planteamiento estético de la conservación de la naturaleza —que tan limitado nos parece desde la perspectiva del presente, pero que tan grandes potencialidades encerraba— fue prontamente condicionado hasta llegar a ser anulado por el predominio de la Administración forestal en la materia. Tras la Guerra Civil, efectivamente, cabe identificar un proceso de apoderamiento de la conservación de la naturaleza por el sector forestal y después, el intento de ese sector de rediseñar su propia imagen y de convertirse en la Administración de la naturaleza con la creación del ICONA en 1971. Las incoherencias del sistema establecido en la Ley de Espacios Naturales Protegidos de 1975 constituyeron la culminación de todo el proceso al que estamos refiriéndonos, prueba de cuya ineficacia se advierte en los intentos de otros sectores administrativos (especialmente los de urbanismo y patrimonio cultural) de establecer vías alternativas para la conservación de la naturaleza.

El establecimiento en España de un régimen apropiado para la biodiversidad llevó demasiado tiempo. Las carencias de la Ley de 1975 no fueron subsanadas durante largos años, y ello a pesar de los aires renovadores que derivaron de la aprobación de la Constitución de 1978 y de nuestro ingreso en la Comunidad Europea en 1986. Hubo que esperar a la Ley de Conservación de 1989 para disponer de un adecuado arsenal de técnicas de protección de la naturaleza, técnicas que se encuentran vigentes en la continuista Ley del Patrimonio Natural de 2007.

Competencias. La distribución de competencias entre el Estado y las comunidades autónomas en materia de espacios naturales protegidos ha sido una cuestión enormemente conflictiva. La circunstancia de que la materia no apareciera mencionada expresamente en los correspondientes listados constitucionales (arts. 148 y

149) determinó inicialmente el surgimiento de variadas interpretaciones en relación con los distintos títulos competenciales que cabía considerar implicados.

Tras el complicado proceso que desembocó en el reconocimiento de las competencias autonómicas sobre los espacios naturales protegidos, las interpretaciones relativas al alcance de las competencias estatales en la materia resultan, si cabe, todavía más complejas. En tal sentido, una vez consolidada la ubicación de los espacios naturales protegidos dentro de las competencias ambientales, parecía evidente que el único título competencial directo del Estado se encontraba en el art. 149.1.23.ª de la Constitución, que le reserva la legislación básica de protección del medio ambiente. En principio, por tanto, el Estado hubiera debido de limitarse a establecer, en normas con rango de ley, los elementos comunes del régimen jurídico de los espacios naturales protegidos. Sin embargo, no ha sido así: desde 1989 hasta la actualidad las sucesivas regulaciones básicas en la materia vienen tratando de establecer ámbitos territoriales para la gestión directa estatal.

En efecto, el Estado (en el fondo, los reductos estatales de la vieja Administración forestal) ha mantenido una postura que cabe calificar de auténtica defensa numantina de sus reductos de poder directo sobre la conservación de la naturaleza. Así, tras ver anuladas en las STC 102/1995 (caso de la Ley de Conservación de 1989) y 306/2000 (caso de Picos de Europa) las competencias genéricas que se había reservado sobre los parques nacionales y, además, sobre todos los espacios naturales protegidos situados en la zona marítimo-terrestre o en el territorio de varias comunidades autónomas, en la reforma legal de 1997 impuso una sorprendente y a todas luces, desde el punto de vista jurídico, inviable gestión compartida sobre los parques nacionales. De nuevo, ese planteamiento merecería su anulación por la STC 194/2004, cuya doctrina hubo de reiterarse, en relación con diversos aspectos parciales, en posteriores sentencias del TC. Descartadas ya las inconstitucionales pretensiones de gestión directa, tanto exclusiva como compartida, de los parques nacionales, los problemas se refirieron a los sucesivos intentos estatales de asegurar la gestión de estos espacios por medio de la red de parques nacionales, problemas que han determinado complejas soluciones en la STC 101/2005.

Por otro lado, el Estado centró sus reivindicaciones de gestión directa de espacios naturales protegidos en el ámbito marino siguiendo los planteamientos de la STC 38/2002 (caso de Gata-Níjar). Así, se ha establecido un importante sistema estatal de declaración y gestión de las áreas marinas protegidas (Ley 41/2010).

Ante tantas complicaciones como se han generado en materia competencial, podría ser oportuno volver al punto de partida que tan defectuosamente fue identificado por los propios actores del debate, esto es, al sistema constitucional de distribución de competencias en la materia. Parece interesante recordar que ese marco constitucional ha de llevarnos a establecer las siguientes premisas en relación con los espacios naturales protegidos: *a)* no forman parte de las competencias forestales ni constituyen una materia diferenciada, sino que han de ser considerados como una parte de las competencias ambientales; *b)* el Estado únicamente es competente para establecer la legislación básica en la materia, así como para gestionar la red de parques nacionales (no cada parque nacional, sino su organización en red) y las áreas marinas protegidas; y *c)* todas las comunidades autónomas, dentro del respeto a la legislación básica estatal, han asumido legítimamente las competencias legislativas y ejecutivas sobre los espacios naturales protegidos terrestres y sus conexiones marinas, incluidos los parques nacionales de sus territorios, que se declaran de común acuerdo con el Estado.

Planes de ordenación de los recursos naturales. Entre los más importantes contenidos de nuestra legislación conservacionista ha de destacarse la figura de los planes de ordenación de los recursos naturales (PORN). Se trata de planes que corresponde elaborar y aprobar a las comunidades autónomas a fin de establecer, en función de los espacios y las especies a proteger, las limitaciones generales y específicas respecto de los usos y actividades que hubieran de desarrollarse en el territorio. Cabe considerarlos instrumentos sectoriales de ordenación del territorio: el carácter sectorial derivaría de su vinculación a la política y a los fines de la protección ambiental, mientras que la ubicación entre las técnicas de ordenación del territorio quedaría justificada por sus efectos sobre los usos del suelo, que son los propios de los típicos planes directivos de la ordenación territorial.

Los efectos de los PORN se diferencian en función de la política pública afectada (art. 19 LPNat.): *a)* la vinculación de los planes territoriales y urbanísticos se produce en términos absolutos, imponiéndose la adaptación obligatoria de los mismos y la primacía inmediata del PORN; *b)* con respecto a los planes y políticas sectoriales, los PORN se configuran como «determinantes», lo cual significa que solo podrán ser inobservados «por razones imperiosas de interés público de primer orden, en cuyo caso la decisión deberá motivarse y hacerse pública».

Clases. En la legislación básica se prevén cuatro figuras de espacios naturales protegidos: *a)* los *parques* se definen como territorios de gran belleza o valor ecológico y escasamente humanizados, cuyo régimen jurídico ha de asumir funciones de conservación, goce público y desarrollo; *b)* las reservas naturales se regulan como la categoría determinante de la más estricta conservación al incidir sobre ecosistemas, comunidades o elementos biológicos raros, frágiles, importantes o singulares, vinculándose el goce público de las mismas a intereses educativos y científicos; *c)* los *monumentos naturales*, figura tradicional en nuestra legislación hasta que fue suprimida en 1975, se han recuperado para la conservación de elementos de notoria singularidad, rareza o belleza; y *d)* los *paisajes protegidos* se prevén para tutelar ámbitos territoriales dotados de valores estéticos y culturales producto de la interacción del ser humano con la naturaleza.

La declaración y gestión de los ENP se atribuye genéricamente a las comunidades autónomas, permitiéndoles incluso establecer figuras diferentes de conservación. Entre las principales técnicas reguladas en la legislación conservacionista cabe mencionar: *a)* las *zonas periféricas de protección*, destinadas a evitar, en los más importantes espacios naturales protegidos, impactos ecológicos o paisajísticos procedentes del exterior; *b)* las *áreas de influencia socioeconómica* para compensar a las poblaciones afectadas por las limitaciones derivadas de los espacios naturales protegidos; y *c)* el *régimen de protección preventiva* para las zonas bien conservadas que resulten amenazadas por un factor de perturbación que potencialmente pudiera alterar tal estado.

Bienes públicos. Junto a los espacios naturales protegidos formalmente declarados como tales, el principio de integración ambiental explica la inserción de técnicas conservacionistas en la legislación reguladora de los bienes públicos: *a)* las distintas dependencias del dominio público, como las aguas, las costas o las vías pecuarias, conllevan básicas reglas de conservación; *b)* algunas figuras asumen específicamente los objetivos conservacionistas, como sucede con las zonas protegidas de la Ley de Aguas, los tramos de costa especialmente protegidos de la Ley de Costas, o los montes protectores y particularmente los catalogados de la Ley de Montes.

Urbanismo. Resulta también notable el grado de protección que en algunos municipios alcanza el suelo no urbanizable especialmente protegido. La legislación urbanística ordena incluir y potenciar en el mismo los regímenes de protección derivados de los restantes sectores normativos, de manera que espacios naturales protegidos, bienes públicos y demás mecanismos tutelares han de ser asumidos por el planeamiento municipal impidiendo su aprovechamiento urbanístico. El propio municipio está autorizado a incrementar esa categoría de suelo incluyendo otros ámbitos que considere preciso conservar por sus valores naturales o paisajísticos.

Paisaje. Un significado especial cabe conceder al Convenio Europeo del Paisaje (Florencia, 2000), que ha determinado el paso de la anterior concepción elitista del paisaje a la concepción social del mismo, preconizando la necesidad de reconocer y proteger los valores paisajísticos que perciben los ciudadanos. Así, por paisaje se entiende «cualquier parte del territorio tal como la percibe la población, cuyo carácter sea el resultado de la acción y la interacción de factores naturales y/o humanos». El ámbito de aplicación que ha de ser protegido es «todo el territorio», comprendiendo no solo «los paisajes que puedan considerarse excepcionales», sino también «los paisajes cotidianos o degradados». Ambiciosos planteamiento que, sin embargo, no cuentan de momento con adecuados impulsos para su ejecución, salvo en alguna experiencia autonómica.

Red Natura 2000

Conectividad y redes. La protección aislada de los espacios genera problemas de aislamiento de los hábitats naturales, que actualmente se incluyen entre las mayores amenazas de la biodiversidad. Para mantener o restablecer la conectividad del territorio, cobra particular significado el establecimiento de redes de los espacios, áreas, zonas, lugares o sitios protegidos, dotadas de sus correspondientes corredores ecológicos.

Las primeras redes se previeron en convenios internacionales que pusieron en marcha sistemas de protección de espacios como la lista de zonas húmedas del Convenio de Ramsar (1971), las zonas de interés especial para la conservación del Convenio de Berna (1979), las zonas especialmente protegidas del Mediterráneo previstas en el desarrollo del Convenio de Barcelona (1976) o la lista del patrimonio mundial de la Convención de la Unesco (París, 1982). Las exigencias internacionales derivadas de estos tratados y concretadas en las correspondientes listas o relaciones se suman a las figuras de protección nacionales.

Directivas de Aves y Hábitats. En la política ambiental de la UE desempeñan un decisivo papel las Directivas de Aves (79/409/CEE; actualmente, Directiva 2009/147/CE) y de Hábitats (92/43/CEE). Con ellas se puso en marcha la red Natura 2000, que es un pionero y ambicioso proyecto de protección del medio natural. El establecimiento de la red pretende crear un sistema de conservación de la biodiversidad integrado en el territorio, de manera que los ámbitos protegidos no se presenten como figuras aisladas sino, junto con otras medidas conservacionistas, como elementos de la ordenación del territorio europeo.

Frente al procedimiento puramente estatal de declaración de las zonas afectadas por la Directiva de Aves, la declaración de las zonas especiales de conservación (ZEC) en la Directiva de Hábitats se inicia con una fase estatal (lista nacional de lugares con los hábitats correspondientes a las características enumeradas en los anejos de la Directiva), seguida de un proceso de decisión por las instituciones comunitarias con una amplia colaboración de los Estados miembros interesados (lista de lugares de importancia comunitaria, LIC); finalmente, corresponde a los Estados la declaración y gestión de las correspondientes ZEC. Excepcionalmente cabe incluso la declaración de los LIC por exclusiva iniciativa de la Comisión y decisión del Consejo, si bien no cabe olvidar que este último debe actuar por unanimidad, lo que concede al Estado interesado un verdadero y propio derecho de veto.

La inclusión de un espacio en las listas comunitarias ha de conllevar el establecimiento por los Estados miembros de las medidas de protección que consideren oportunas. No obstante, de manera inmediata, los espacios incluidos en tales listas quedan sujetos al régimen jurídico que se establece en la misma Directiva de Hábitats. Ello se traduce en la necesidad de someter a evaluación ambiental cualquier plan o proyecto que pueda afectar de forma apreciable a los ámbitos protegidos, incluidas las actividades que se desarrollen fuera de los mismos. En el procedimiento de evaluación ambiental se admite la posibilidad de desclasificaciones de los lugares o zonas protegidas cuando el Estado miembro afectado considere que «un plan o proyecto deba ser realizado por motivos imperativos de relevante interés público, incluidos motivos de naturaleza social o económica», aunque en tal supuesto, en contrapartida, el Estado deberá adoptar «medidas compensatorias» que garanticen «la coherencia global de la red Natura 2000».

Problemas. El atractivo diseño de la red Natura 2000 no puede hacer olvidar los abundantes problemas e incertidumbres que la rodean. En efecto, junto a los considerables retrasos acumulados con respecto a los plazos inicialmente previstos, cabe citar los incumplimientos estatales en la presentación de las propuestas, la falta de información entre propietarios de tierras y comunidades rurales, e incluso el excesivo peso otorgado a la perspectiva puramente bioecológica, olvidando que el patrimonio natural no se puede desconectar del territorio y, en definitiva, de su ordenación. Finalmente, pueden mencionarse las incógnitas que en el caso español plantea la coexistencia de la red Natura 2000 con las redes de espacios naturales protegidos convencionales.

PARTE SEGUNDA

Lección 7.ª Evolución del urbanismo

El desarrollo de las ciudades ha estado siempre presente en los grandes ciclos de las civilizaciones, que han generado modelos urbanos característicos de las diferentes épocas. De la Edad Antigua en Occidente conocemos especialmente las ciudades romanas, sobre las cuales llegó a desarrollarse una teoría racional, que suponía habitualmente la ordenación interna en cuadrícula, con la construcción de edificios dotados de funciones sociales (foros, termas, anfiteatros, circos), y la integración territorial en un sistema de ciudades a través de una red de comunicaciones. En la Edad Media las ciudades cristianas desempeñaron importantes funciones militares, políticas, económicas y religiosas que vemos reflejadas, primero, en sus murallas y paulatinamente, en los grandes edificios del gótico (lonjas, ayuntamientos, catedrales). La Edad Moderna alumbró la literatura de utopía y los trazados urbanos renacentistas estructurados por la plaza mayor en las ciudades coloniales españolas, llegando más tarde a los escenarios barrocos en torno al palacio del príncipe y, finalmente, al urbanismo ilustrado con sus construcciones útiles (fuentes, museos, palacio municipal) y sus nuevas poblaciones.

Nuestras ciudades de hoy son herederas de muy diversas experiencias, acumulando frecuentemente huellas romanas, islámicas, judías, góticas, renacentistas, barrocas e ilustradas. Hay incluso ciudades representativas de las diferentes épocas. Por añadidura, en el vigente Derecho urbanístico se pretende conservar y potenciar esos elementos históricos. No obstante, los directos orígenes de la disciplina se encuentran en el siglo XIX: la reacción frente a los fenómenos de marginación urbana característicos de la ciudad industrial determinó el desarrollo del urbanismo moderno y de su correspondiente régimen jurídico. Por ello, este capítulo comienza exponiendo la evolución legislativa experimentada desde el primer urbanismo liberal, con sus características actuaciones de ensanche y reforma interior; a continuación, se estudia el urbanismo social, con sus modelos de ciudad jardín y sus medidas de higiene urbana; en otro apartado, el urbanismo funcionalista, que se refleja en la Ley del Suelo de 1956; después, se sintetizan las tendencias del urbanismo postmoderno y sus crisis técnicas; terminando, por fin, con la referencia a las últimas opciones por el urbanismo sostenible.

Urbanismo liberal: ensanche y reforma interior

Como ya se ha adelantado, la legislación urbanística empezó siendo la respuesta del liberalismo a lo que Peter Hall ha denominado «la ciudad de la noche espantosa». Los barrios pobres de Londres, perfectamente descritos en las novelas de Dickens (*Oliver Twist* se publica en 1837), constituyeron uno de los fundamentos del conocido informe de Engels sobre la situación de la clase trabajadora (1845). En el Reino Unido, desde 1884, sucesivas comisiones regias constataron situaciones extremas de pobreza y falta de higiene en las ciudades industriales, la imposibilidad de cambiar de vivienda y los alquileres abusivos, llegando a argumentar sobre el temor a la insurrección de las clases populares. El conocido fenómeno londinense podía ser asimismo identificado en París, Berlín, Nueva York y otras grandes ciudades, pues con carácter general el incremento demográfico derivado de las mejoras en la producción de alimentos y de los adelantos médicos determinó fuertes presiones migratorias sobre las ciudades, que debieron acoger los excedentes de población.

Sin embargo, la respuesta del urbanismo liberal a ese gran problema fue enormemente tibia, pues en muchos casos la situación de la clase obrera sirvió de coartada a operaciones de especulación inmobiliaria, que dieron lugar a espacios urbanos aptos solo para la burguesía. La primera gran operación urbanística del liberalismo en casi todas las urbes consistió en derribar las murallas, que habían dejado de cumplir su función defensiva ante el desarrollo de la artillería. A continuación, se procedió a urbanizar los espacios liberados, que finalmente fueron ocupados en buena medida por edificios públicos representativos y residencias burguesas, como característicamente sucedió en la *Ringstrasse,* el anillo circular liberado por la desaparición de las antiguas murallas en Viena (desde 1850). Casi al mismo tiempo se procedió quirúrgicamente a la apertura de nuevas calles a través de los congestionados entramados urbanos, estableciendo hermosas perspectivas de fachadas simétricas, conforme al eficaz modelo de las «grandes obras» puestas en marcha por Haussmann en París (desde 1852).

En España la primera gran reforma urbanística del liberalismo se produjo con la desamortización eclesiástica (1836), que afectó especialmente a los monasterios existentes dentro de las ciudades. En bastantes casos se permitió su adaptación como sedes de las nuevas autoridades (ayuntamientos constitucionales, diputaciones provinciales, gobiernos civiles), para la instalación de servicios públicos o la construcción de parques y jardines. Llegó incluso a concebirse una más intensa vinculación de la desamortización con un programa de reformas urbanas, pero terminaron por prevalecer los intereses financieros de la Hacienda Pública, plasmados en las ventas de los antiguos inmuebles eclesiásticos en pública subasta.

Las operaciones de crecimiento urbano se prepararon por los planes geométricos de las poblaciones mandados formar en 1846, planes que preveían alineaciones vinculantes para los propietarios, aunque su materialización contó con notables resistencias por parte de los afectados. Los derribos de las murallas, siempre problemáticos por la sistemática oposición del ramo de Guerra, permitieron la expansión de las ciudades españolas mediante los ensanches. Estos fueron la respuesta urbanística a los problemas de hacinamiento de las ciudades que, al amparo de la libertad arrendaticia, habían determinado el surgimiento de la llamada «cuestión de inquilinatos». Sin embargo, solo en un primer momento parecen haber prevalecido los planteamientos del urbanismo social.

En la línea progresista cabe destacar para Barcelona, a pesar de las reticencias municipales, las propuestas del ingeniero Ildefonso Cerdá, quien a través del *Eixample* trató de solucionar simultáneamente problemas de vivienda, circulación, higiene y calidad de vida, ofreciendo una completa y avanzada teoría general de la urbanización (1859). También puede citarse, dentro del urbanismo avanzado, la presentación en 1861 por el administrativista y político Posada Herrera de un importante proyecto de ley general para la reforma, saneamiento, ensanche y otras mejoras de las poblaciones, donde se recogían técnicas urbanísticas como la cesión gratuita de viales por parte de los propietarios beneficiados por los ensanches, la reparcelación, la parcela mínima edificable o la edificación forzosa.

Sin embargo, la legislación de ensanches enseguida acogió finalidades más conservadoras. Tras algunas experiencias (Madrid, Bilbao, San Sebastián), se aprobó la Ley de Ensanche de 1864, que concebía los ensanches como operaciones urbanísticas para fomentar la edificación. Los municipios gestionaban las operaciones urbanizadoras, expropiando los terrenos destinados a usos públicos y realizando las obras y los servicios urbanos. La financiación procedía de recursos especiales generados por los propietarios afectados y de estímulos fiscales establecidos para la cesión voluntaria de terrenos. La participación de los propietarios se canalizaba por medio de las juntas de ensanche, que intervenían en la fijación de los justiprecios y fiscalizaban el uso de los fondos afectados a la operación. En el Reglamento de 1867 se mejoraron notablemente las anteriores previsiones, concibiéndose la urbanización del ensanche como una masa común de derechos y cargas urbanísticas objeto de distribución y compensación. En la reforma legal de 1876 se sustituyeron las juntas de los ensanches por comisiones de concejales, se estableció el régimen de cesión voluntaria de viales y se limitaron las posibilidades de fragmentar el ensanche en zonas, entre otras medidas. En 1892 las dificultades de aplicación de las expropiaciones y la conveniencia de ampliar los poderes de los propietarios en las comisiones de ensanche llevaron a establecer legalmente regímenes especiales para Madrid y Barcelona, paulatinamente extendidos a otras poblaciones.

Las valoraciones del sistema parecen coincidir en resaltar una contraposición de resultados. Por una parte, se destaca la buena calidad de los ensanches, donde, a pesar de la generalizada incidencia de fuertes presiones especulativas de los propietarios, se desarrollaron áreas urbanas racionales ordenadas en manzanas cerradas con vías de circulación adecuadas, zonas verdes y variadas dotaciones. Pero, por otra parte, no dejan de ponerse de relieve los problemas urbanísticos generados al realizarse los ensanches como piezas homogéneas, yuxtapuestas al casco histórico de las poblaciones, sin tan siquiera prever conexiones con el mismo, y, junto a ello, se observa la vinculación del ensanche al urbanismo marginal, es decir, a la paralela proliferación de parcelaciones de iniciativa particular (o simplemente espontáneas) en la periferia a fin de proporcionar alojamiento a los inmigrantes, que ya no podían ocupar los abarrotados y deteriorados espacios populares del centro ni tampoco acceder al ensanche, reservado a la burguesía. Es así como se extendieron los suburbios de las ciudades españolas, totalmente distintos de los privilegiados *suburbs* propios del urbanismo disperso estadounidense.

La otra línea de actuación urbanística española fue la llamada reforma interior, que surgió en un principio como un perfeccionamiento de la legislación de expropiación forzosa. Siguiendo el modelo haussmanniano, la Ley de Expropiación de 1879 había regulado las concesiones de obras de reforma interior, previendo la expropiación de las zonas laterales de las nuevas vías a fin de financiar las operaciones con los solares resultantes. La Ley de Saneamiento y Reforma Interior de Poblaciones de 1895 se destinó específicamente a regular estas obras, prescindiendo prácticamente de finalidades sociales y aun de las propiamente higiénicas. También tuvo importancia en la transformación de las ciudades a lo largo de la segunda mitad del siglo XIX la construcción de estaciones y otras obras correspondientes a la llegada del ferrocarril.

El interés dominante en las operaciones de reforma interior fue formar vías amplias para mejorar la circulación y la estética urbanas. La perspectiva de la obra pública aislada, concretada como decimos en la apertura de nuevas calles, prevaleció sobre las emergentes ideas de planificación general del tejido urbano. Así, se establecieron recursos económicos —desde empréstitos y arbitrios municipales a estímulos fiscales— y nuevas reglas en materia de expropiación forzosa, que facilitaron la expropiación por zonas, el empleo de criterios objetivos de valoración o la constitución del jurado de expropiación forzosa. Las mejoras de la circulación fueron, sin embargo, efímeras ante el acelerado desarrollo de los medios de transporte y el crecimiento continuo de las grandes ciudades, fenómenos estos que posiblemente fueron difíciles de prever en las primeras actuaciones. Resulta, en cambio, incomprensible que las aperturas de nuevas vías a través del tejido urbano hayan continuado hasta épocas bien recientes, formando esas absurdas calles que conducen directa y simplemente desde su inicio a su fin, sin formar parte de ningún entramado viario. La belleza vinculada a las perspectivas de los trazados puede ser el único fruto que permanece de estas operaciones, que, en todo caso, quedaron desvinculadas de finalidades sociales, puesto que las clases más humildes no fueron las destinatarias de los edificios simétricamente construidos en las franjas laterales de las nuevas vías.

Urbanismo social:
ciudad jardín, casas baratas, higiene urbana

En el entorno temporal de 1900 la situación de algunas grandes ciudades como Londres, París o Nueva York se caracterizaba por el constante crecimiento. Los nuevos materiales de construcción (acero, cristal, cemento armado) favorecían la congestión de las áreas centrales. Pero, al mismo tiempo, las nuevas tecnologías del transporte (tranvías eléctricos, metros, trenes, automóviles) permitían la amplia dispersión de las áreas residenciales, llegando a originar las conocidas áreas suburbanas dispersas conectadas por un tránsito automóvil masivo.

Para poner remedio a esta situación se idearon nuevos modelos de ciudades, tratándose también de contener el crecimiento de las grandes urbes a través de la planificación regional. Entre las propuestas de diseño de nuevos modelos de ciudad debe incluirse la ciudad lineal de Arturo Soria (1882), que trascendió del solar ibérico, así como la ciudad industrial de Tony Garnier (1898). No obstante, el protagonismo en estos modelos corresponde, sin duda, a la ciudad jardín de Ebenezer Howard (1902), prevista para alzarse de nueva planta en el campo, integrando industrias y viviendas en un paisaje dominado por casas unifamiliares, aisladas o adosadas, rodeadas de pequeños jardines. Todo ello formando un sistema de ciudades jardín en torno a una gran ciudad central, como sucedía en el caso de Londres. Entre las dos guerras mundiales el movimiento de la ciudad jardín se desarrolló ampliamente, aunque prevalecieron las ciudades jardín (o los barrios jardín) satélites, de vocación exclusiva o predominantemente residencial, sin industrias que permitieran configurar unidades urbanas de vida integral.

En España, la incorporación de estos modelos fue limitada, destacando el intento del plan Jaussely en Barcelona de dar una respuesta pluriforme a los problemas de la ciudad industrial (1907). Las experiencias más difundidas pueden vincularse a los intentos de atajar la escasez de viviendas para las clases económicamente más desfavorecidas, problema que la normativa de los ensanches se había mostrado incapaz de solucionar. La legislación de casas baratas iniciada en 1911 impuso la constitución de juntas municipales de fomento y mejora de habitaciones baratas, estableciendo estímulos fiscales para su construcción, además de subvenciones, lo que permitió la realización de algunas barriadas obreras.

Por otra parte, en esta época se desarrollaron diversas técnicas sanitarias encaminadas a la mejora y al saneamiento de las poblaciones. Se aprobó un importante cuerpo normativo para regular las condiciones de las construcciones, las calles, el aprovisionamiento de agua potable, el alcantarillado, el tratamiento de las basuras y otras cuestiones. Significativos resultan en tal sentido la Instrucción General de

Sanidad de 1904 y los Reglamentos Municipales de Higiene, aprobados conforme a las bases comunes fijadas en 1910 y para pequeños municipios en 1923. Su formación contó con el apoyo científico y técnico de las cátedras de Higiene y la red formada por la Comisión Central y las Comisiones Provinciales de Sanidad desde 1920. De esa legislación sanitaria derivaría, en parte, el paulatino reconocimiento normativo del urbanismo como exclusiva competencia municipal en el Estatuto Municipal (1924) y en los Reglamentos de Obras (1924) y de Establecimientos Incómodos (1925).

Urbanismo funcionalista: Ley del Suelo de 1956

En la tradición urbanista comparada persistía la visión monumental de las ciudades y la idea del crecimiento continuo de los entramados urbanos. En relación con la primera tendencia, no puede dejar de mencionarse la importancia de la teoría de Camillo Sitte (1889) en defensa del diseño estético de las ciudades, que podría conectar fácilmente con modernas posturas conservacionistas. La segunda tendencia, la del crecimiento urbano, fue garantizada mediante la zonificación, técnica de origen alemán que, en sus aplicaciones estadounidenses, proporcionó seguridad a los inversores y permitió poner el crecimiento disperso de la urbanización al alcance de las clases medias. Ambas tendencias quedaron reflejadas especialmente en el denominado movimiento de la ciudad bella, recogido en la planificación metropolitana de Chicago (1909) y parcialmente también en la de Nueva York (1929-1931), que consideraba al entramado urbano del centro monumental susceptible de expansión ilimitada por medio de una red de autopistas. La Escuela de Chicago de Ecología Urbana proporcionó incluso una explicación del crecimiento metropolitano como forma orgánica natural de la civilización industrial, obediente a ciclos de decaimiento y revitalización, tan apenas susceptibles de ser alterados por el planificador.

En contraste con la experiencia de Estados Unidos, en Europa se produjeron intensos movimientos de reacción frente a ciudades que se consideraban ineficaces, sucias y degradantes para la persona. El grupo alemán de la Bauhaus (1919-1933) y especialmente los CIAM (Congresos Internacionales de Arquitectura Moderna), impulsados por Le Corbusier desde 1928, establecieron las bases del urbanismo funcionalista, también denominado racionalista o moderno, bases que se formalizaron por el IV CIAM en la llamada Carta de Atenas (1933). La idea fundamental consistía en identificar y separar las diferentes funciones que realiza el ser humano en la ciudad. Así, la residencia, el trabajo, el ocio y el desplazamiento debían desenvolverse en espacios exclusivamente destinados a tales fines. Especialmente desde el final de la Segunda Guerra Mundial, el urbanismo pasó a ser dominado por esos conceptos, que han servido para legitimar, entre otras consecuencias, las redes de autopistas urbanas, las grandes superficies comerciales y las zonas residenciales formadas por típicos edificios exentos construidos sobre columnas, a fin de evitar la formación de calles con tiendas. Brasilia constituye un ejemplo casi perfecto del urbanismo funcional, si no fuera, entre otras cosas, porque junto a ella se ubican Taguantina y otras ciudades, en buena medida espontáneas, surgidas para albergar a los obreros que construyeron la nueva capital amazónica. No obstante, al lado de experiencias criticables, el urbanismo funcionalista también ha proporcionado hermosos conjuntos urbanos, edificaciones atractivas y elementos técnicos esenciales para el urbanismo contemporáneo, como la utilización sistemática de la planificación y la zonificación o la configuración de extensos espacios libres y zonas verdes; incluso, como veremos más adelante, el urbanismo funcionalista ha sido capaz de evolucionar hacia planteamientos propios del urbanismo sostenible.

En España, durante la Segunda República, las concepciones del urbanismo racionalista encontraron una amplia difusión especialmente de la mano del GATEPAC (Grupo de Arquitectos y Técnicos Españoles para el Progreso de la Arquitectura Contemporánea). Hubo intentos de introducir la planificación regional en Madrid y su zona de influencia (Zuazo, 1932) y en Barcelona con el concepto de Cataluña-ciudad del plan Maciá (Sert, 1933), llegándose a cierto nivel conceptual en relación con el urbanismo en el Congreso Municipalista de Gijón (1934).

Tras la Guerra Civil se produjo una asimilación no confesada de la herencia cultural prebélica. Cierta maduración teórica se advertía incluso en las publicaciones de César Cort, con sus propuestas de «ciudades ruralizadas» (1941), o de Gabriel Alomar, incorporando el modelo radiocéntrico o la zonificación en su teoría de la ciudad (1947). Los intentos de poner en marcha un urbanismo falangista o imperial no llegaron a cuajar, a pesar de que algunos retazos de estas concepciones se llevaron a cabo en actuaciones de la Dirección General de Regiones Devastadas (Toledo, Teruel) y del Instituto Nacional de Colonización (nuevos poblados).

La Dirección General de Arquitectura promovió proyectos planificadores que manifestaban evidente continuidad con los planteamientos anteriores en el tiempo, sin perjuicio de algunos elementos postizos siguiendo la moda del momento. El fenómeno se observa en el planeamiento de la época para diversas ciudades: el Plan General de Ordenación de Madrid afectaba al núcleo central y a una corona periférica de 28 municipios satélites separados entre sí por un sistema de anillos y de cuñas verdes (Leyes de 1944 y 1946); en el Plan General de Ordenación Comarcal de Bilbao se incluyeron 21 municipios de la ría de Nervión conforme a claves conceptuales radiocéntricas, típicas del funcionalismo orgánico, pero adaptadas a la geografía, originando la característica figura territorial del gallo (Leyes de 1945 y 1946); el Plan General de Valencia seguía el mismo modelo radiocéntrico para 29 municipios (Ley de 1946); el Plan Comarcal de Barcelona afectaba a 13 municipios, además del central (Ley de 1953). Por otra parte, las ideas sobre el planeamiento territorial fueron tomando cuerpo con el inicio de los trabajos de elaboración del Plan Provincial de Guipúzcoa (1941) y del Plan Nacional de Urbanismo (1949), así como mediante la creación de las Comisiones Superiores de Ordenación Urbana en diferentes provincias a partir de 1942 (Toledo).

Es curioso constatar cómo el objetivo político determinante de la aprobación de nueva legislación urbanística general fue, ya en aquella época, la lucha contra la especulación del suelo, que determinó el ensayo de algunas medidas en la Ley de Solares (1945). Viene siendo esta una idea reiterada en nuestra legislación urbanística, determinante incluso de todos los grandes cambios en la materia. Los propietarios de terrenos se identificaron entonces como los causantes, con su actuación egoísta, del incremento de los precios de la vivienda; en realidad, el floreciente negocio inmobiliario estaba protagonizado por un nuevo sujeto económico, las compañías inmobiliarias, ligadas por fuertes lazos a la banca y al régimen político.

En todo caso, el urbanismo funcionalista se consolidó en España con la Ley del Suelo de 1956, obra, entre otros, del arquitecto Bidagor y del jurista Ballbé, muchos de cuyos contenidos perviven a través de las normas vigentes. En materia de planeamiento se establecían las figuras del Plan Nacional, que nunca habría de ser aprobado, los planes provinciales, poco utilizados en la práctica, y los planes municipales generales, que durante mucho tiempo fueron una aspiración escasamente desarrollada. Desde el punto de vista jurídico importa destacar el efecto de obligatoriedad de esta planificación ideada en cascada, que respondía a la pretensión de orientar efectivamente el crecimiento de las ciudades, no limitándose solo a reproducir las tramas urbanas existentes. El régimen urbanístico del suelo se estableció a partir de su clasificación y calificación, previéndose también sistemas de actuación para ejecutar el planeamiento, medidas económicas y organizativas.

La valoración positiva de la Ley del Suelo de 1956 no debe impedir la constatación de la difundida idea sobre su inaplicación. Durante mucho tiempo norma y realidad estuvieron separadas por un profundo abismo, pues fueron escasas las ciudades que aprobaron los planes generales exigidos para la puesta en marcha del sistema legal. Incluso los primeros planes aprobados bajo su vigencia no fueron sino adaptaciones de modelos previos, como se demuestra en el estudio sobre la evolución del planeamiento urbanístico de Fernando DE TERÁN. La ruptura de la racionalidad urbanística se inició con la creación del Ministerio de la Vivienda (1957), que puso fin a las aspiraciones organizativas colegiadas y participativas propiciadas en la Ley del Suelo. El urbanismo pasó a estar dominado por la necesidad de un gran número de viviendas para acoger a los emigrantes procedentes del campo, que acudieron en masa a las ciudades, especialmente debido a los procesos de industrialización generados por la planificación del desarrollo económico y social a partir de 1963.

Las ciudades españolas habían llegado relativamente poco transformadas a la mitad del siglo xx. En pocos años, prácticamente entre 1960 y 1980, se produjeron cambios completos y complejos en su fisonomía, en su estructura y en su función. La trama heredada en los cascos antiguos fue contemplada con desprecio, como lugar únicamente apto para la actuación de la piqueta a fin de generar nuevas avenidas para la circulación automóvil y solares adecuados para grandes edificios. El objetivo dominante del urbanismo pasó a ser el crecimiento continuo de las ciudades, con constante aplazamiento de las promesas de cinturones y zonas verdes a pesar del intento legal de condicionar las modificaciones de los planes que afectaran a esos aspectos (Ley de Zonas Verdes de 1963). La política de vivienda impuso su predominio sobre la política urbanística, particularmente en el Plan Nacional de la Vivienda del período 1961-1976. Proliferaron, así, las reformas tendentes a permitir la nueva urbanización al margen del planeamiento general, como sucedió en relación con las actuaciones urbanísticas urgentes (1970) y el llamado urbanismo concertado (1972).

La misma reforma de 1975 de la Ley del Suelo, aunque intentó reforzar la disciplina urbanística y controlar algunos excesos en el ejercicio de las potestades municipales, resultó dominada por la obsesión de la ampliación constante del tejido urbano. No dejaba de ser sintomático, en tal sentido, la ausencia de toda referencia a la rehabilitación de los cascos históricos en una norma aprobada en la época de la primera crisis del petróleo, cuando en otros países comenzaban a surgir voces a favor de un urbanismo de austeridad. De cualquier manera, la reforma originó la normativa estatal que todavía está vigente con alcance supletorio: el Texto Refundido de 1976 y los tres grandes Reglamentos de Planeamiento, Gestión y Disciplina Urbanística aprobados en 1978.

Urbanismo postmoderno: ciudad dispersa y burbuja inmobiliaria

La oposición al urbanismo moderno o funcionalista se desarrolló en muy variados frentes: desde los alegatos de la periodista estadounidense Jane Jacobs (1961), agrupados bajo el significativo título de «Muerte y vida de las grandes ciudades», a las inteligentes consideraciones en Francia de la historiadora Françoise Choay (1965) o del sociólogo marxista Henri Lefebvre (1968), con su reivindicación del «derecho a la ciudad». Particular importancia cabe conceder a la crítica italiana, liderada por arquitectos como Aldo Rossi (1966) o Campos Venuti (1971), planteando, frente al crecimiento continuo de la urbanización, la rehabilitación de los centros históricos de las ciudades, política que alcanzó resonados éxitos en Bolonia y alguna otra ciudad.

Sin embargo, en su aplicación a otras experiencias, esa línea de pensamiento tropezó con variados inconvenientes que sirvieron para limitar en gran medida su difusión y sus efectos. Así, en Estados Unidos, se oponía a ello tanto la particular visión positiva de la ciudad dispersa promovida por Robert Venturi (1977) y otros autores, como el hecho de la relativa falta de ciudades históricas, situación esta que quedaba compensada por la creación artificial de ciudades fantásticas para el ocio conforme al fenómeno de la denominada *disneylandización*. Dentro de la misma Europa, en Gran Bretaña, Francia y otros países, junto a la paulatina generalización de la ciudad dispersa, se esgrimían políticas más pragmáticas ante la necesidad, manifestada en torno a 1980, de regenerar los grandes vacíos urbanos liberados por las transformaciones industriales, portuarias, militares y ferroviarias.

La ciudad espectáculo, fragmentaria, contradictoria, hedonista, encantadora, aparente, ha pasado a dominar el urbanismo de la postmodernidad, aunque, en realidad, el urbanismo postmoderno solo alcanza, en los contenidos que cabría denominar positivos, a algunas partes de ciertas grandes ciudades, limitándose las demás a copiar el modelo en alguna plaza o distrito. Los iconos urbanos de la postmodernidad se vinculan a las nuevas sedes del poder financiero como Hong Kong, Shanghai o Dubai.

Los efectos negativos se extienden por todo el territorio, pues para defenderse de los excluidos de la ciudad postmoderna, esta ha de blindarse mediante cámaras y guardias de seguridad especialmente en las urbanizaciones privadas (comunidades fortaleza), que van generándose de manera dispersa. La segregación urbana, característica originariamente de los Estados Unidos, va camino de convertirse en el signo de identidad de nuestras ciudades. Tal parece ser incluso el dato distintivo de las relaciones territoriales internacionales, al enfrentarse globalmente las prósperas ciudades del Occidente desarrollado con las inmensas urbes de la pobreza extendidas por el Tercer Mundo. El fenómeno no resulta moderado de ninguna manera por la incidencia de las nuevas tecnologías, a pesar de las inteligentes hipótesis sobre la sociedad de la información formuladas por autores como el sociólogo Manuel Castells (1997).

En el anterior contexto se han desenvuelto las experiencias españolas de finales del siglo xx. Las corrientes de la rehabilitación urbana han tenido, sin duda, su impacto en el planeamiento urbanístico, determinando una sustancial mejora de la actitud de los poderes públicos ante los espacios urbanos heredados. No obstante, los mayores esfuerzos se han dirigido a permitir el desarrollo urbanístico, el creci-miento constante de la ciudad sin correspondencia con los incrementos poblaciona-les, para lo cual se han impuesto las urbanizaciones con bajas densidades y los tipos de viviendas adosadas y unifamiliares. Desde el punto de vista jurídico el desarrollo urbanístico y edificatorio fue conformado como una obligación de los propietarios. Así, en la segunda gran reforma de la Ley del Suelo (1990), que condujo a la apro-bación del Texto Refundido de 1992, la llamada desmaterialización del derecho de propiedad determinó el establecimiento de un rígido sistema de adquisición de las facultades urbanísticas, siempre previa la ejecución de las obligaciones correspon-dientes. Los derechos a urbanizar, al aprovechamiento urbanístico, a construir y a la construcción determinaban sucesivamente los contenidos propietarios, someti-dos a complejas fórmulas de reducción e incluso de pérdida completa en caso de incumplimiento de las obligaciones por el propietario. Sistema que estuvo vigente hasta su desmantelamiento por la Sentencia del Tribunal Constitucional 61/1997, al apreciarse importantes fallos en las competencias del Estado, como veremos en el capítulo siguiente.

En todo caso, aun antes de la citada declaración de inconstitucionalidad, el alto grado de complicación del sistema legal de 1990-1992 fue determinante de su cri-sis. Crisis exclusivamente técnica generada por el gran crecimiento de los precios del suelo y, por tanto, de la vivienda. No hubo ninguna crisis ética ni de valores; no se cuestionaron los planteamientos expansivos y destructores típicos de nuestro urbanismo. Únicamente se plantearon alternativas críticas para mejorar la eficacia urbanizadora, suponiendo que de ahí derivaría el ansiado objetivo de contención de los precios del mercado inmobiliario.

La primera gran alternativa se formuló en un conocido Informe del Tribunal de Defensa de la Competencia (1994), que propuso una nueva formulación de las reglas esenciales del urbanismo español. Por primera vez se planteó afrontar el pro-blema del mercado del suelo con mecanismos justamente de mercado. La fórmula consistía en aumentar la oferta, mediante el traslado de las decisiones determinantes de la formación de suelo urbano preparado para la edificación a los propietarios. La introducción de la competencia en el mercado del suelo urbano debía realizarse a través de dos instrumentos complementarios: de un lado, el aumento de los terrenos susceptibles de ser urbanizados, cambiando la tradicional consideración residual de los terrenos no susceptibles de ser urbanizados (suelo no urbanizable) y dando, en cambio, tal carácter al suelo que puede ser urbanizado (suelo urbanizable); de otro lado, se preveía reconocer a los propietarios un amplio derecho a promover la transformación del suelo, esto es, un derecho a urbanizar.

Notables resistencias surgidas del mundo del urbanismo se opusieron a los cambios propuestos por el Tribunal de Defensa de la Competencia. Grande era el temor a la producción de asentamientos urbanos de tipo difuso, conforme al citado modelo de los Estados Unidos, que no se consideraba apropiado para nuestro país. El principal instrumento institucional de oposición fue la constitución de una Comisión de Expertos en Urbanismo (1995), que elaboró un interesante conjunto de propuestas. Sin embargo, la difusión de la sencilla (y engañosa) filosofía hecha valer por el Tribunal de Defensa de la Competencia llevó, tras un cambio de gobierno, a su adopción en la Ley de Régimen del Suelo y Valoraciones (1998), que mantuvo su vigencia hasta ser derogada por la Ley de Suelo (2007).

La segunda gran alternativa técnica al sistema urbanístico tradicional se postuló en la Ley de Valencia de la Actividad Urbanística (1994), que ha constituido el cambio más radical producido en la materia, sin perjuicio de su sustitución por nuevas leyes valencianas de urbanismo, que continúan los planteamientos iniciales. La legislación valenciana partió de considerar que el problema se encontraba en la propia configuración legal del deber de urbanizar del propietario. La urbanización debía ser considerada como una función pública de tipo empresarial, en la medida en que requiere inversiones y actividad de gestión. Como toda función pública, esta podía ser desarrollada de forma directa o indirecta por la Administración Pública competente. La Ley reguló, así, detalladamente el desarrollo indirecto de la función a través de la figura del urbanizador, cuya selección había de producirse conforme a las reglas de la concurrencia pública, típicas de la contratación administrativa. El urbanizador parece ser una modalidad de la figura tradicional del concesionario de obras públicas, con la finalidad de producir suelo apto para la edificación mediante la correspondiente urbanización.

En definitiva, la introducción de la óptica económica con el objetivo de generar más suelo edificable fue el elemento coincidente en el Informe del Tribunal de Defensa de la Competencia y en la Ley de Valencia. Ese común punto de partida implicaba la aceptación del modelo de la ciudad dispersa de crecimiento continuo. A partir de ahí, pues, se generaron las diferencias técnicas entre una y otra alternativa. El Tribunal de Defensa de la Competencia (y después la Ley estatal de 1998) pretendía lograr el crecimiento de la oferta a través de las fuerzas de miles de propietarios que habían de desarrollar su derecho a la transformación de los terrenos. La legislación valenciana (y en la actualidad el Texto Refundido de la Ley de Suelo de 2015), por su parte, olvidándose del propietario de los terrenos, cambió el sujeto afectado en el desarrollo urbano, que pasó a ser el empresario al que la Administración confería el ejercicio de la función pública de producir la urbanización.

El desarrollo de los anteriores planteamientos se produjo en un contexto mundial dominado por la especulación inmobiliaria. Al margen de las peculiaridades propias de cada experiencia nacional, la enorme burbuja financiera se ha sostenido por la creencia generalizada en la subida permanente de los precios de los inmuebles. Bastantes empresarios y profesionales fundamentaban esa creencia (o mito) en datos como el aumento de la población, el crecimiento económico sostenido, el carácter limitado del recurso suelo o la escasez de materiales de construcción. Sobre la base de esos elementos el sector bancario configuró en todas las naciones desarrolladas del planeta unos créditos hipotecarios muy accesibles a las clases populares al combinar intereses bajos, plazos largos, valoraciones especulativas, y también ausencia de las cautelas tradicionales en el otorgamiento de los préstamos bancarios y comercialización de agresivos títulos representativos de valores hipotecarios supuestamente en alza.

Sin embargo, lo cierto es que el incremento constante de los precios de los inmuebles carecía de bases reales. En España, entre 1997 y 2006, la revalorización acumulada de los inmuebles llegó al 183 por 100, de manera que un piso que a finales de 1997 costara 300 000 euros, en 2006 valdría 850 000 euros si aplicáramos el incremento medio nacional, pues las diferencias regionales podían llevar a que el mismo piso alcanzara un precio de 500 000 euros en Orense y de 1 000 000 de euros en Barcelona. La burbuja inmobiliaria, que había explotado primero en Estados Unidos (2007), lo hizo definitivamente en España en 2008. En todo caso, la situación generada fue de crisis financiera y de recesión económica mundiales.

En la experiencia española, por añadidura, concurrieron algunos elementos particulares. Así, el sector bancario acudió al crédito internacional para obtener recursos con los que atender la demanda creciente de hipotecas, lo que supuso que no fue el ahorro de los españoles el que financió la burbuja; por otra parte, la misma banca estimuló la concesión de hipotecas en cuantías superiores al valor de los inmuebles a personas de muy baja capacidad económica, lo que se terminó traduciendo en un alto nivel de morosidad. Bajo la óptica política no puede desconocerse el desconcierto generado por la sucesión de regulaciones que pretendían disponer de la fórmula definitiva para acabar con la especulación inmobiliaria; desde luego, ni la liberalización urbanística ni el urbanismo empresarial determinaron ninguna contención de la escalada de los precios que permitiera parar la formación de la burbuja inmobiliaria.

Hacia el urbanismo sostenible

Desde finales del siglo xx, variados textos procedentes de diferentes actores apuntan a la formación de un urbanismo supranacional europeo caracterizado por la idea del desarrollo sostenible, en abierto contraste con los arraigados planteamientos urbanísticos que acabamos de exponer. Se trata de un urbanismo en parte de integración y en parte de coordinación; esto es, compuesto tanto por elementos que configuran una propia política urbana de la Unión Europea como por tendencias que pretenden establecer una comunidad de principios en las políticas urbanas de los Estados y especialmente de las ciudades de Europa.

Los documentos que vamos a referir forman parte, sin duda, del *soft law,* del Derecho débil, de las declaraciones que no generan obligaciones. No se trata, al menos en la mayor parte de los casos, de textos propiamente normativos. No por tal razón, sin embargo, hemos de despreciarlos. El observador atento podrá apreciar en ellos el diseño de futuros elementos normativos que pueden alcanzar la obligatoriedad (por eso, en la doctrina francesa se denominan textos prejurídicos) y, en todo caso, fundados criterios que debieran vertebrar las políticas urbanas.

La existencia de gran cantidad de documentos relativos al urbanismo supranacional europeo obliga a una selección. Nuestro punto de partida puede ser situado en el conocido Libro Verde sobre el Medio Ambiente Urbano, elaborado por la Comisión de las Comunidades Europeas en 1990 con la finalidad de iniciar el debate en la materia. La opción estructural de ese importante informe consiste en plantear una amplia política urbana integrada en la política ambiental y en otras políticas comunitarias.

En 1992, la Conferencia Permanente (en la actualidad, Congreso) de Poderes Locales y Regionales del Consejo de Europa aprobó la Carta Urbana Europea. En ella se sintetizan los variados trabajos del Consejo de Europa en relación con las cuestiones urbanas. Siguiendo la tradición de las grandes cartas europeas, se pretende identificar los derechos urbanos fundamentales, que cabría condensar en la influyente fórmula del «derecho a la ciudad».

De manera paralela, la escueta mención de la Conferencia de Río (1992) al Programa o Agenda 21 Local determinó la generación de multitud de planes ambientales municipales. En el ámbito europeo impulsó ese movimiento la Carta de Aalborg, suscrita en 1994 por ochenta ciudades con apoyo comunitario europeo. Sucesivamente, la Declaración Hábitat II de Estambul (1996) y el Plan de Acción de Lisboa (1996) prestaron apoyo al movimiento de ciudades sostenibles.

En 1997, la Comisión planteó formalmente la necesidad de forjar una política de la Unión Europea en materia de desarrollo urbano. Se trata, no obstante, de una política limitada al aprovechamiento de los instrumentos nacionales y comunitarios disponibles, incrementando la cooperación y la coordinación en todos los niveles.

En 1998, el Consejo Europeo de Urbanistas alumbró la Nueva Carta de Atenas, con la intención de corregir inadecuadas aplicaciones de la original Carta de 1933. Los principios del desarrollo urbano sostenible servían de apoyo a la iniciativa.

Las ciudades europeas han insistido en los planteamientos del Programa o Agenda Local 21 y de la Carta de Aalborg en la Declaración de Hannover (2000).

En el mismo año, desde ámbitos conectados al Consejo de Europa, cabría destacar los intentos de formar una amplia política de ciudad, que se reflejaron en la Carta Europea de Derechos Humanos en la Ciudad (2000) firmada por representantes de ciudades europeas.

En 2003 se aprobó por el Consejo Europeo de Urbanistas la revisión de la Nueva Carta de Atenas. Se plantea ahí una amplia y consensuada visión sobre el futuro de las ciudades europeas, que parece llamada a ejercer una importante influencia en los ámbitos urbanísticos.

La idea del desarrollo sostenible nutre los documentos internacionales citados. En relación con la ciudad, impone consecuencias relevantes, que afectan sobre todo a la metodología de la planificación urbana, cada vez más estratégica y participativa, y a los objetivos de la ordenación, cada vez más conservacionistas, plurifuncionales y multiculturales. El contraste de estos planteamientos con el urbanismo tradicionalmente aplicado en las experiencias nacionales es evidente. Poco tienen que ver, en efecto, con la caracterización de la política urbana que cabe deducir del variado conjunto de textos expuestos, las pautas del planeamiento imperativo, jerárquicamente ordenado, de tendencias desarrollistas y segregadoras, que pueden encontrarse, por ejemplo, en el urbanismo español.

En el caso español, ese contraste se acentúa si se considera que el debate urbanístico en el cambio de siglo se limitó prácticamente a cuestiones sobre competencias de los poderes públicos y sobre liberalización del suelo o de la urbanización, ajenas todas ellas por completo a la dominante filosofía europea del urbanismo sostenible. El protagonismo de la lucha competencial se opone al concepto del planeamiento estratégico, caracterizado por la participación, la cooperación y la flexibilidad. Las medidas de liberalización del suelo y la promoción del urbanismo empresarial conllevan la idea de un crecimiento continuo de la urbanización, que genera segregación territorial, degradación de los entramados urbanos preexistentes y destrucción innecesaria de la cubierta vegetal, entre otras consecuencias. Parece preciso, en definitiva, reparar en las diferencias clamorosas del urbanismo nacional con respecto a los textos del urbanismo europeo de integración y de coordinación.

Un intento de conectar con los planteamientos europeos puede encontrarse en la Ley de Suelo de 2007 (reformada e integrada en el Texto Refundido vigente de 2015), en cuyo preámbulo se critica la «historia desarrollista, volcada sobre todo en la creación de nueva ciudad» del urbanismo español, frente a la cual se postula que «el urbanismo debe responder a los requerimientos del desarrollo sostenible, minimizando el impacto del crecimiento urbano y apostando por la regeneración de la ciudad existente». No obstante, la lectura atenta de los preceptos que la Ley de Suelo (Texto Refundido de 2015) dedica al urbanismo sostenible conduce a una cierta desilusión, al dominar en ellos una indudable carga ideológica, pero demasiado genérica, que quizá no sea suficiente para rectificar la fuerza de la tradición. Así, en la formulación del principio del desarrollo urbano sostenible, se dice que este ha de nutrir las políticas públicas del suelo, imponiendo la armonización del uso de los recursos naturales con el desarrollo («armonizando los requerimientos de la economía, el empleo, la cohesión social, la igualdad de trato y de oportunidades, la salud y la seguridad de las personas y la protección del medio ambiente»), procurando la protección de los recursos naturales, del medio rural y urbano conforme al modelo territorial que adopten las Comunidades Autónomas y promoviendo finalmente que los derechos y deberes de los ciudadanos derivados del principio de desarrollo sostenible sean «reales y efectivos» (art. 3). En la misma línea, la ordenación de los usos del suelo debe atender a los principios de accesibilidad universal, de igualdad de trato y de oportunidades entre mujeres y hombres, de movilidad, de eficiencia energética, de garantía de suministro de agua, de prevención de riesgos naturales y de accidentes graves, de prevención y protección contra la contaminación y limitación de sus consecuencias para la salud o el medio ambiente.

Conviene reiterar que el pleno acuerdo intelectual con esos objetivos no impide dudar de la efectividad de lo que corre el riesgo de quedarse en un catálogo de buenas intenciones. Si tal planteamiento puede considerarse admisible cuando los textos provienen de movimientos internacionales que carecen de competencias para imponer normas jurídicas, difícilmente, en cambio, cabe comprenderlo cuando se encuentra en una ley nacional.

Lección 8.ª Ordenamiento urbanístico

El urbanismo se encuentra regulado por las comunidades autónomas, que han aprobado leyes propias en la materia y cuentan con las correspondientes organizaciones administrativas. No obstante, conviene tener en cuenta, de un lado, que las leyes autonómicas siguen conservando buena parte de las instituciones de la legislación urbanística tradicional procedente del Estado y, de otro, que el mismo Estado, en uso de sus competencias, ha aprobado leyes que condicionan el alcance de las regulaciones autónomicas. Atendiendo a esos elementos se expondrán aquí: primero, con carácter introductorio, algunas consideraciones generales sobre el contenido del Derecho urbanístico; segundo, la legislación del Estado relacionada con el urbanismo; tercero, la legislación autonómica reguladora del urbanismo; cuarto, las competencias correspondientes en la materia a las corporaciones locales; y quinto, la organización administrativa del urbanismo en los diversos niveles competenciales.

Derecho urbanístico

Para caracterizar el Derecho urbanístico nos limitaremos a incluir algunas consideraciones relativas, de una parte, a sus objetivos sociales y las tensiones que estos experimentan y, de otra parte, a su vinculación al Derecho administrativo.

Objetivos sociales. El urbanismo contemporáneo es una política social que se originó en la segunda mitad del siglo XIX como reacción frente a los problemas higiénicos y de discriminación de las grandes ciudades. Su objetivo es organizar adecuadamente el espacio urbano, proporcionando infraestructuras, equipamientos y servicios en un entorno agradable, y para ello precisa de medios financieros y de criterios solidarios. La financiación ha de encontrarse en la plusvalía urbanística, esto es, en el aumento de valor de los terrenos urbanizados y de los edificios construidos o rehabilitados, que sirve no solo para pagar las obras de urbanización y edificación, sino también para motivar a la iniciativa privada a participar económicamente en ellas. La solidaridad tiene que derivar de la participación de la sociedad en la configuración de su propio entorno sostenible, tanto en el espacio como en el tiempo, de manera que, en el primer sentido, integre armónicamente las diferentes partes de la ciudad y sus habitantes, y, en el segundo, permita satisfacer las necesidades y aspiraciones de las generaciones presentes sin impedir la búsqueda de idénticas finalidades por las generaciones futuras.

Ahora bien, la lícita plusvalía, al igual que la ansiada sostenibilidad, se manifiestan en tensión con presiones especulativas y segregativas. La especulación urbanística es la perversión del lícito afán de lucro a través de comportamientos que hacen del urbanismo una fuente de espectaculares, rápidas e injustificadas ganancias, como se observa en muchas recalificaciones urbanísticas y compraventas de terrenos y de viviendas, con sus secuelas de comisiones excesivas, corrupción política, defraudaciones tributarias y otras. La segregación urbana tiene sus manifestaciones extremas en las urbanizaciones privadas amuralladas, de un lado, y en los guetos de las zonas vandalizadas, de otro, aunque existen muchas manifestaciones intermedias del fenómeno, como la expulsión de los habitantes tradicionales de las zonas rehabilitadas, los vacíos urbanos dejados por los traslados de actividades que consumían grandes espacios, o el tratamiento monumental o turístico de los centros urbanos haciéndolos inaccesibles a la residencia.

Para lograr sus finalidades, el urbanismo precisa de un equilibrio que ha de reflejarse en el Derecho urbanístico, entendido, así, como la disciplina jurídica que se ocupa de regular la adecuada organización del espacio urbano. Al igual que las restantes ramas del ordenamiento jurídico, parte de unos principios generales que se desarrollan en leyes, reglamentos y planes para regir la actuaciones de los poderes públicos y de los particulares bajo el control jurisdiccional de los tribunales.

En nuestro ordenamiento, encontramos los principios rectores del Derecho urbanístico en los objetivos constitucionales relativos al medio ambiente, el patrimonio cultural y la vivienda (arts. 45, 46 y 47 Constitución). De conformidad con ellos, el Derecho urbanístico ha de garantizar el medio ambiente urbano adecuado para el desarrollo de la persona, la conservación y enriquecimiento del patrimonio cultural, y la vivienda digna y adecuada para todos. Junto a esos grandes objetivos, también se establecen en los citados preceptos constitucionales algunos medios de acción, que en relación directa con el urbanismo exigen a los poderes públicos regular «la utilización del suelo de acuerdo con el interés general para impedir la especulación» e imponen asimismo que la comunidad «participará en las plusvalías que genere la acción urbanística de los entes públicos» (art. 47 Constitución).

Parte especial del Derecho administrativo. Por lo demás, el Derecho urbanístico constituye un característico sector de intervención administrativa y en ese sentido forma parte, sin duda, del Derecho administrativo, de manera que los principios, instituciones y técnicas generales de este último resultan imprescindibles en la aplicación del primero. No cabe, por tanto, considerar al Derecho urbanístico como una disciplina jurídica dotada de plena autonomía conceptual, sino como una especialidad que atiende a la comprensión del régimen jurídico del fenómeno urbano.

Una de las mayores dificultades para la comprensión del Derecho urbanístico deriva de su alto nivel técnico, que requiere el empleo de conceptos como densidad, aprovechamiento, edificabilidad, zonificación, equidistribución, etc. El estudio y la práctica son, pues, necesarios. No obstante, cabe subrayar que, a veces, puede tenerse la sensación de la radical incompatibilidad entre el complejo entramado de la legislación urbanística y la realidad de muchos de los pequeños municipios, donde ni hay fenómenos propiamente urbanos ni existe personal capacitado para aplicar el Derecho urbanístico. Ante tal problemática, una posible vía de solución consistiría en simplificar al máximo en la legislación el régimen urbanístico de los pequeños municipios. Sin embargo, en abierto contraste con la situación descrita, la experiencia también nos enseña la facilidad con la que los intereses de la especulación pueden conducir a la generación de problemas urbanísticos, constatación que lleva al legislador a rodear las medidas de simplificación urbanística de cautelas que terminan por hacer complicado lo sencillo. Por ello, alternativamente cabe pensar que el problema no se puede solucionar desde la legislación urbanística, sino que ha de afrontarse desde el diseño y la ejecución de un coherente mapa municipal.

Legislación estatal

En este epígrafe haremos una breve referencia a la legislación urbanística aprobada con anterioridad a la Constitución de 1978, para aludir después a las competencias que el mismo texto fundamental atribuye al Estado y que pueden tener una mayor incidencia sobre el urbanismo correspondiente a las comunidades autónomas. Finalmente, nos ocuparemos de las sucesivas regulaciones aprobadas por el Estado en el período postconstitucional.

Legislación urbanística preconstitucional. Hasta la aplicación del sistema constitucional la legislación urbanística era uniforme y procedía exclusivamente del Estado, ya que no existía otro poder público dotado de potestad legislativa en el territorio español. Cabe identificar dos grandes regulaciones urbanísticas preconstitucionales:

a) La *Ley del Suelo de 1956* fue la primera norma completa en la materia y suele ser objeto de valoraciones positivas desde el punto de vista técnico, pues llevó a cabo una sistematización de los elementos que siguen formando parte de la cultura urbanística común (planes urbanísticos, clases de suelo, sistemas de actuación para ejecutar los planes, disciplina y otros aspectos). No obstante, conviene recordar que esta ley suscitó abundantes problemas en su aplicación, bien debido a que las autoridades competentes incurrían en notables carencias (democráticas, financieras y técnicas), bien por la incidencia de otros sectores normativos (arrendamientos urbanos y viviendas protegidas).

b) Sin perjuicio de algunas modificaciones parciales, la segunda gran regulación urbanística se produjo mediante una reforma legislativa aprobada en 1975, que determinó la aprobación del primer *Texto Refundido de la Ley del Suelo en 1976*. Es esta una norma con una sorprendente permanencia en el tiempo, pues todavía se encuentra formalmente en vigor como veremos enseguida. La reforma sirvió para pulir los contenidos originarios de 1956 tratando especialmente de reforzar la disciplina urbanística y de limitar el alcance de los contenidos discrecionales del planeamiento urbanístico. Fue acompañada de los tres grandes Reglamentos de Planeamiento, Gestión y Disciplina Urbanística, todos ellos aprobados en 1978 y también vigentes en la actualidad en lo que no resulte incompatible con la posterior legislación aprobada por el Estado.

Competencias del Estado. La aprobación de la Constitución en 1978 y la paulatina entrada en vigor de los Estatutos de Autonomía entre 1979 y 1984 introdujo cambios importantes en el poder de regular el urbanismo, materia que, junto a la ordenación del territorio y la vivienda, fue atribuida a las Comunidades Autónomas. Sin embargo, no puede desconocerse que el Estado también se reservó competencias sobre materias que inciden en el urbanismo. En tal sentido, entre otras, cabe destacar las siguientes:

a) La competencia correspondiente a «la regulación de las condiciones básicas que garanticen la igualdad de todos los españoles en el ejercicio de los derechos y en el cumplimiento de los deberes constitucionales» (art. 149.1.1.ª CE), y ello habida cuenta de la trascendencia urbanística de derechos garantizados en la propia Constitución, como el derecho de propiedad (art. 33) o la libertad de empresa (art. 38), que resultan afectados al establecerse el régimen del suelo o las condiciones para desarrollar la urbanización y la edificación.

b) La competencia sobre «bases y coordinación de la planificación general de la actividad económica» (art. 149.1.13.ª CE), dada la importancia económica del sector de la construcción.

c) El conjunto material del art. 149.1.18.ª CE, que comprende «las bases del régimen jurídico de las Administraciones Públicas», «el procedimiento administrativo común», la «legislación sobre expropiación forzosa», la «legislación básica sobre contratos y concesiones administrativas», y «el sistema de responsabilidad de todas las Administraciones Públicas», potestades normativas que pueden aplicarse por el Estado en el urbanismo al igual que en todos los ámbitos de actuación administrativa.

d) La competencia para establecer «la legislación básica sobre protección del medio ambiente» (art. 149.1.23.ª CE), que ha cobrado notable importancia y permite al Estado sujetar a condicionantes ambientales el planeamiento urbanístico y en general los usos del suelo.

Legislación estatal tras la Constitución. El Estado ha empleado en varias ocasiones el conjunto de sus competencias constitucionales para incidir en la materia urbanística mediante una ley general. Lo ha hecho con distintos alcances y contenidos, que determinan variados resultados de forma y fondo. Los grandes partidos políticos nacionales ni tan siquiera han intentado pactar una normativa que proporcionase la necesaria estabilidad para el desarrollo de las políticas urbanísticas de las comunidades autónomas, de manera que las sucesivas leyes han ofrecido opciones ideológicas sesgadas, siendo de temer que la espiral legislativa continúe en sucesivas oleadas derivadas de la alternancia en el poder. Veamos los rasgos característicos de las regulaciones estatales sucedidas en la etapa postconstitucional.

Reforma socialista. Tras el ingreso de España en la Comunidad Europea, la situación económica general era buena: la apertura a los mercados exteriores había conllevado la entrada de importantes capitales árabes y japoneses dirigidos al sector inmobiliario, y, por otra parte, la aplicación de los fondos comunitarios para la construcción de infraestructuras de todo tipo había supuesto la introducción de cambios significativos en la ordenación del territorio, particularmente a raíz de los grandes eventos de 1992 (la Exposición Universal de Sevilla y los Juegos Olímpicos de Barcelona). En ese contexto, terminaron por manifestarse frecuentemente unidas las lacras de la especulación urbanística y la corrupción política.

El Gobierno del presidente González ideó un conjunto de medidas de control económico que finalmente terminaron limitándose a la aprobación de la Ley de Reforma del Régimen Urbanístico de 1990, luego incluida en el Texto Refundido de 1992. Atribuyendo la subida de los precios del mercado inmobiliario a prácticas de retención del suelo susceptible de ser urbanizado por parte de los propietarios, se estableció un rígido sistema de adquisición de las facultades urbanísticas del derecho de propiedad, que derivaba del cumplimiento de diversos deberes de urbanización y edificación en los plazos normativamente establecidos. El sistema, complejo y discutible, requería de cambios profundos en muchos aspectos de la legislación urbanística anterior; de ahí que la Ley de Reforma de 1990 propiciara la aprobación del nuevo Texto Refundido de 1992, que derogó al de 1976.

El fundamento de la regulación completa del urbanismo contenida en el TRLS'92 se encontraba en la cláusula final del art. 149.3 de la Constitución, donde se establece que «el Derecho estatal será, en todo caso, supletorio del Derecho de las Comunidades Autónomas». En tal sentido, hasta la STC 214/1989 (caso del TRLRL'86) la jurisprudencia constitucional había considerado apropiada la renovación del Derecho supletorio por el Estado, siempre y cuando la correspondiente regulación tuviera apoyo en un título competencial del mismo Estado. De esta manera, venía admitiéndose la aprobación de legislación supletoria como complemento de la legislación básica de competencia estatal, para evitar así regulaciones incompletas. Pero la jurisprudencia sobre ese punto fue cambiando, tal y como se plasmó en la STC 118/1996 (caso de la Ley de Ordenación de Transportes Terrestres de 1987), y en relación con el urbanismo en la STC 61/1997, que resolvió los recursos de inconstitucional interpuestos por varias comunidades autónomas contra el TRLS'92.

De conformidad con la vigente doctrina constitucional: 1) la aplicación supletoria debe partir de la norma aprobada por el legislador competente para regular una materia (es decir, de las comunidades autónomas tratándose del urbanismo), correspondiendo al aplicador buscar en el Derecho estatal supletorio la norma aplicable sin que el legislador estatal pueda aprobar normas con la única finalidad de producir el efecto supletorio; 2) dicho efecto supletorio del Derecho estatal no es un título competencial del Estado ni siquiera respecto a materias sobre las que el mismo tiene alguna competencia, por lo que, para que se produzca la aplicación supletoria de las normas estatales, estas tienen que haber sido aprobadas con apoyo en una competencia específica del Estado; 3) finalmente, la inconstitucionalidad de todos los preceptos de valor supletorio en el TRLS'92 alcanzó incluso a la derogación del TRLS'76, dado que el urbanismo «ya no se encuentra a su disposición (del Estado), sea para alterarlo o para derogarlo»; así pues, por virtud de la STC 61/1997 «resucitó» a la vida jurídica el TRLS'76 que había sido derogado en 1992, produciéndose en la práctica la quiebra de toda la reforma urbanística iniciada en 1990.

Reforma liberal. La segunda norma general aprobada por el Estado en relación con el urbanismo fue la Ley de Régimen del Suelo y Valoraciones de 1998, promovida por el Gobierno popular del presidente Aznar, que supuso en buena medida un retorno a los planteamientos urbanísticos del TRLS'76. En todo caso, la LRSV'98 incorporó previsiones liberalizadoras del urbanismo al acercarse a los criterios de mercado en el régimen de las valoraciones y dar carácter residual al suelo urbanizable.

La última opción citada había sido propiciada por un informe del Tribunal de Defensa de la Competencia de 1994, donde se consideraba que para combatir el excesivo incremento de los precios del suelo y de la vivienda era preciso acudir a mecanismos propios del mercado, es decir, al aumento de la oferta. A tal fin, se estimaba necesario incrementar la masa de suelo susceptible de ser urbanizada (suelo urbanizable) y configurar un derecho de los propietarios al correspondiente desarrollo urbanístico. Probablemente nadie imaginó entonces el éxito que iba a tener la liberalización del suelo: en los años sucesivos se urbanizó y se edificó a un ritmo trepidante, mientras los precios, en vez de reaccionar conforme a lo que exigiría la ley económica de la oferta y la demanda, subían y subían hasta límites inimaginables. La burbuja inmobiliaria terminó explotando a finales del año 2007 determinando el inicio de una terrible crisis económica. La errónea apuesta del legislador, la avaricia de los promotores inmobiliarios, la imprudencia de las entidades de crédito, la prepotencia de muchos alcaldes y concejales, la pasividad de las autoridades autonómicas y estatales, y, desde luego, la estulticia de los consumidores, conforman el completo conjunto de causas y actores que generaron la situación.

Conviene tener en cuenta que, bajo una óptica estrictamente jurídica, la liberalización del suelo que propició la LRSV'98 no era un régimen inevitable. Así, en la redacción original de la ley, el carácter residual del suelo urbanizable podía relajarse notablemente clasificando como suelo no urbanizable (excluido de la urbanización) todo el territorio considerado inadecuado para el desarrollo urbano, conforme a una fórmula legal que podía ser aplicada con gran discrecionalidad por las autoridades competentes. Tan importante podía haber llegado a ser esta vía de escape, que fue expresamente suprimida por el Real Decreto-ley 4/2000, aunque la supresión misma quedó en entredicho a la vista de la jurisprudencia constitucional. En efecto, al resolverse el recurso contra la LRSV'98 en la STC 164/2001, se consideró que si bien el establecimiento por el Estado de todos los supuestos de suelo no urbanizable era incompatible con las competencias urbanísticas de las comunidades autónomas, la citada LRSV'98 no incurría en tal exceso al contar con el portillo abierto a la discrecionalidad autonómica que suponía el poder clasificar como suelo no urbanizable los terrenos considerados inadecuados para el desarrollo urbano. Es decir, que el extremo de la LRSV'98 suprimido en 2000 era justamente el que permitía salvar la constitucionalidad de la norma. Por ello mediante la Ley 10/2003 se volvió en este punto a establecer la redacción inicial de 1998. En definitiva, había vías para evitar una excesiva liberalización del suelo, pero lo que sucedió es que ni las Administraciones locales ni las autonómicas tuvieron en general interés en emplearlas, prefiriendo subirse al carro de la especulación inmobiliaria sin poner límites a los crecimientos urbanísticos.

Nueva reforma socialista. La siguiente regulación general del Estado en la materia, aprobada al final del primer Gobierno del presidente Rodríguez Zapatero, fue la Ley de Suelo de 2007, que derogó la LRSV'98. La LS'07, así como los restos del TRLS'92 que se salvaron de la criba realizada por la STC 61/1997, ambas regulaciones, digo, se integraron en el TRLS'08. En todo caso, nuevo bandazo, en esta ocasión a la izquierda, incluyendo, junto a genéricas referencias al desarrollo urbano sostenible, tanto las denominadas situaciones básicas del suelo (que tienen la finalidad de evitar la aplicación de criterios de mercado en las valoraciones urbanísticas) como el modelo valenciano (que vincula la actividad urbanizadora a empresarios en vez de a los propietarios del suelo afectado).

Ese modelo se lanzó en la Ley de la Actividad Urbanística de Valencia de 1994, después sustituida por otras leyes de la Comunidad Valenciana que siguen idénticos postulados, con la finalidad de incrementar la eficacia urbanizadora y lograr la disponibilidad inmediata de suelos aptos para la edificación. La determinación de los ámbitos que han de ser urbanizados, su ordenación pormenorizada y las condiciones de ejecución de los mismos, se dejan a la libre iniciativa empresarial, aunque sus costes han de ser asumidos por los propietarios afectados (o beneficiados, conforme a la ideología legal).

El modelo valenciano, aun antes de su promoción por el Estado, fue seguido en la legislación urbanística de diversas comunidades autónomas, pero, dado que en la práctica no logró alcanzar los objetivos de contener los precios del suelo y de la vivienda, hubo de completarse con la reserva obligatoria de partes de los nuevos desarrollos urbanísticos para la construcción de viviendas protegidas. Así, viene exigiéndose que al menos el 30 por ciento de la edificabilidad residencial prevista por la ordenación urbanística se reserve para viviendas protegidas, porcentaje que puede incrementarse en la legislación urbanística de las comunidades autónomas. De esta manera, se ha desarrollado notablemente la legislación de vivienda, que ha incorporado importantes novedades en punto a transparencia y control administrativo de las transmisiones de viviendas protegidas con el objeto de evitar precios superiores a los oficiales.

Nueva reforma popular. La última novedad de la legislación estatal en la materia fue la Ley de Rehabilitación, Regeneración y Renovación Urbanas de 2013, aprobada en el primer mandato del presidente popular Mariano Rajoy. Esta norma apuesta por la recuperación de edificios y tejidos urbanos degradados u obsoletos, regulando a tal fin dos técnicas de diferente alcance: de un lado, el informe de evaluación de los edificios, encaminado a dar una base sólida a las políticas de conservación urbana; y de otro lado, el establecimiento de un régimen de actuaciones sobre el medio urbano que facilita la delimitación de los ámbitos afectados y la ejecución de las transformaciones requeridas.

La LRRRU'13 está incluida actualmente en el Texto Refundido de la Ley de Suelo vigente de 2015, donde se integra también el anterior Texto Refundido de 2008. Sin embargo, hay que tener en cuenta que la LRRRU'13 fue objeto de severos recortes en las STC 5/2016, 143/2017 y 75/2018, que entendieron que el Estado había excedido en diversos extremos sus competencias.

En todo caso, de manera complementaria, también son normas estatales aplicables la Ley de Ordenación de la Edificación de 1999, el Reglamento de Inscripciones Urbanísticas en el Registro de la Propiedad de 1997, el Código Técnico de la Edificación de 2006 y el Reglamento de Valoraciones de 2011. Como Derecho estatal supletorio, persiste, según hemos indicado, el TRLS'76 y los Reglamentos de Edificación Forzosa (1964), Reparcelaciones (1966), Planeamiento (1978), Gestión (1978) y Disciplina (1978).

Finalmente, hay que tener en cuenta las variadas regulaciones urbanísticas que se contienen en la legislación del Estado reguladora de diferentes sectores, a fin de asegurar su prevalencia sobre el Derecho de las comunidades autónomas. Así, se encuentran regulaciones urbanísticas en distintas leyes, como las relativas a bienes estatales (Leyes de Patrimonio, Costas, Aguas, Puertos, Carreteras, Vías Pecuarias o Montes), medio ambiente (Leyes de Conservación de Espacios Naturales o de Ruido) y patrimonio cultural (Ley del Patrimonio Histórico Español). El fenómeno ha recibido la denominación de «periurbanismo» (ESCARTÍN ESCUDÉ) y se expresa a través del establecimiento, en la legislación estatal, de condicionantes sobre el régimen urbanístico de los terrenos afectados, limitaciones del derecho de propiedad, informes sectoriales que condicionan las potestades urbanísticas y otras técnicas, cuya legitimidad exige una directa conexión con la defensa de los objetos de competencia del Estado.

Legislación autonómica

En la actualidad, el urbanismo se encuentra directamente regulado por la legislación aprobada en cada comunidad autónoma. No ha sido fácil llegar a esa situación, que puede valorarse como la superación de un auténtico caos jurídico determinante de fenómenos difíciles de explicar en la teoría y absolutamente trastornadores para la ya de por sí suficientemente conflictiva práctica urbanística. La LRRU'90 fue el detonante de todas las complicaciones, aunque quizá el origen haya de situarse en los casos de corrupción urbanística que generaron la necesidad política de aprobar esa Ley. De cualquier manera, la problemática quedó evidenciada tras la Sentencia del Tribunal Constitucional 61/1997, como ya hemos expuesto.

Tras conocerse la Sentencia 61/1997, algunas comunidades autónomas legislaron, no ya con celeridad, sino meteóricamente, a fin de reparar el maltrecho ordenamiento urbanístico. En esta línea se dieron dos modalidades de reacción en el mismo año 1997: la primera, seguida en Cantabria, Andalucía, Castilla-La Mancha y Extremadura, consistió en asumir globalmente por ley autonómica todos los contenidos normativos (básicos o supletorios) del TRLS'92 que el Tribunal Constitucional había anulado por falta de competencia del Estado; la segunda, aplicada en País Vasco, Castilla y León, Madrid y Navarra, se limitó a establecer normas que llenaran las lagunas de la legislación básica estatal en los extremos anulados por el Tribunal Constitucional.

Se trata en todos los casos de leyes que ya están derogadas por nuevas leyes aprobadas en esas comunidades autónomas, dentro de un proceso de cambio normativo acelerado por la confluencia de factores como la sensación de vacío normativo provocada por la Sentencia 61/1997, los cambiantes condicionamientos impuestos por la legislación básica y plena del Estado (en 1998, 2007 y 2013), la influencia del modelo valenciano y, por supuesto, también por la propia inercia del enfrentamiento político en cada comunidad autónoma.

Se han producido, así, sucesivas oleadas de leyes autonómicas en materia de urbanismo. El estallido de la burbuja inmobiliaria en 2008 determinó una profunda crisis urbanística, económica, política y social que parece haber contribuido a calmar algo las ansias reformistas. No obstante, como ya hemos apuntado, la LRRRU'13, así como el TRLS'15 generaron nuevas reformas autonómicas, de manera que la situación sigue resultando agobiante para todos los actores implicados en el urbanismo. Sería deseable un gran pacto político en los niveles estatal y autonómicos a fin de proporcionar fijeza a las reglas determinantes del marco jurídico aplicable.

Aragón. La Ley Urbanística de Aragón de 1999 (LUA'99), aprobada en el Gobierno de coalición PP-PAR del presidente Lanzuela, consistió materialmente en una actualización de los contenidos del TRLS'76 conforme a los planteamientos de la LRSV'98 que había aprobado el Estado. No obstante, la ley aragonesa incluyó también novedades como el establecimiento de categorías dentro de las tres clases de suelo tradicionales, la potenciación de la figura del plan general, la protección de las competencias urbanísticas municipales, la regulación de los convenios urbanísticos, la previsión de los sistemas de ejecución forzosa y de urbanizador para ejecutar los planes, o la definición completa de los tipos de las infracciones administrativas.

En todo caso, el principal activo de la LUA'99 fue la búsqueda de consenso técnico y político, tanto en su elaboración como en su aprobación, que contó con el voto favorable de los principales grupos políticos aragoneses (PP, PAR y PSOE). Así, la ley siguió siendo aplicada por el sucesivo Gobierno de coalición PSOE-PAR del presidente Iglesias. La continuidad normativa se manifestó singularmente en la aprobación del Reglamento Urbanístico de Aragón de 2002, que desarrolló los contenidos de la ley sobre organización, planeamiento y régimen urbanístico de los pequeños municipios.

Sin embargo, en los siguientes mandatos del presidente Iglesias habían de introducirse reformas más importantes. Se aprobó, en efecto, la Ley de Vivienda Protegida de 2003 estableciendo reservas de terrenos de suelo urbanizable para la construcción de viviendas de protección pública en los municipios más grandes. En 2008, se reformó la LUA'99 con el objeto de potenciar el sistema de empresario urbanizador y fortalecer notablemente las competencias urbanísticas del ejecutivo, además de elevar las reservas de suelo para viviendas protegidas. Posteriormente, se procedió a aprobar la Ley de Urbanismo de Aragón de 2009, que derogó la de 1999. En las opciones fundamentales, realmente, la nueva regulación contenía escasas novedades, pues mantuvo las pautas de la reforma política de 2008, de manera que la LUA'09 puede ser presentada como la reforma técnica que completó la operación.

Ya en el mandato de la presidenta popular Rudi, se introdujeron algunas reformas menores en 2013 y después se procedió a aprobar el Texto Refundido de 2014, que constituye la normativa urbanística vigente en Aragón, sin perjuicio de alguna modificación.

Competencias de los municipios

Como es sabido, en nuestro Derecho, el reconocimiento de un ámbito de poder municipal autónomo exige dotar al municipio de las competencias propias y exclusivas que sean necesarias para satisfacer los intereses que le corresponden (doctrina establecida ya en la Sentencia del Tribunal Constitucional de 2 de febrero de 1981, a partir del art. 137 de la Constitución). Esa atribución de competencias municipales se lleva a cabo por el legislador competente en cada materia, que en unos casos será el Estado y en otros la comunidad autónoma, aunque la capacidad legislativa estatal sobre las bases del régimen local (*ex* art. 149.1.18.ª de la Constitución) alcanza a establecer en dichas bases la garantía de una intervención municipal en determinadas materias. Así parece deban entenderse en la Ley Básica del Régimen Local los arts. 2.1 [«Para la efectividad de la autonomía garantizada constitucionalmente a las entidades locales, la legislación del Estado y la de las comunidades autónomas, según la distribución constitucional de competencias, deberá asegurar a los municipios (…) su derecho a intervenir en cuantos asuntos afecten directamente al círculo de sus intereses, atribuyéndoles las competencias que proceda...»] y 25.2 («El municipio ejercerá, en todo caso, competencias, en los términos de la legislación del Estado y de las comunidades autónomas, en las siguientes materias...»).

Una de las materias en las que la citada Ley Básica exige la existencia de competencias municipales es la «ordenación, gestión, ejecución y disciplina urbanística» [art. 25.2.*d*)]. Materia sobre la que pueden incidir variadas competencias estatales y autonómicas, suscitándose problemas que no cabe considerar resueltos con genéricas invocaciones al necesario empleo de la cooperación y colaboración entre las instancias de poder territorial implicadas. Sin perjuicio de auspiciar esas fórmulas de entendimiento voluntario, cobra singular importancia determinar el ámbito de los «intereses propios» de los municipios, es decir, el alcance de sus competencias urbanísticas.

La legislación autonómica suele enfrentarse al problema con declaraciones de principio irreprochables. La Ley de Cataluña de Política Territorial (1983), por ejemplo, establece que «las entidades locales participarán en la consecución de los objetivos de la presente Ley mediante el ejercicio de las competencias que les sean propias» (art. 2.2). Principios intachables, pero poco operativos, pues se limitan a ordenar el respeto del ámbito de competencias municipales, sin precisar cuál sea ese ámbito.

Como punto de partida cabe señalar que el centro de atención del urbanismo es el hecho ciudad. Afirma en tal sentido PAREJO que «el urbanismo debe hacer alusión a la magnitud local, al espacio de convivencia urbana y, por tanto, a una acción pública de regulación directa y precisa del uso del suelo». Parecido fue el alcance dado a la materia por la Sentencia de la Corte Constitucional italiana 141/1972: «el urbanismo como materia es una actividad que concierne a la ordenación y el incremento edificatorio de los centros habitados […] el ámbito del urbanismo no ha sufrido con el tiempo sustanciales modificaciones; en particular, no ha sido ampliado a tal punto que en él pueda comprenderse la ordenación del entero territorio».

La ciudad como elemento central de la función urbanística atañe a su ordenación (suelo urbano) y a su expansión (suelo urbanizable). La falta de ciudad (suelo no urbanizable) solo es tomada realmente en consideración por las técnicas urbanísticas para evitar o controlar la aparición de edificaciones y otros usos urbanísticos del suelo. Los entramados urbanos existentes y sus expansiones naturales conforman, así, físicamente el espacio de desenvolvimiento de la potestad urbanística municipal, el núcleo en principio indisponible de la potestad. Lo cual no significa entera libertad de actuación sobre esos espacios, dada la incidencia de las competencias urbanísticas de las comunidades autónomas, según veremos enseguida, pero sí debe significar, al menos, el necesario reconocimiento de un ámbito de discrecionalidad municipal en la ordenación del suelo urbano y en la clasificación del suelo urbanizable requerido por el crecimiento de la población. Discrecionalidad que, en cambio, puede ser más fácilmente condicionada por la incidencia de otras competencias en relación con el suelo no urbanizable.

Las competencias urbanísticas municipales no pueden calificarse únicamente de ejecutivas, pues alcanzan a la definición del modelo de ciudad, con el correspondiente establecimiento del régimen jurídico de los usos del suelo y las construcciones. En tal sentido, los planes generales de ordenación urbana pueden ser concebidos como las grandes normas reguladoras de las ciudades.

La potestad de planeamiento urbanístico tiene amplios componentes discrecionales que permiten a los municipios optar libremente por la configuración de un modelo territorial. Sin embargo, es doctrina jurisprudencial consolidada que dicha potestad de planeamiento, aun siendo discrecional, «se circunscribe a un fin concreto: la satisfacción del interés público, hallándose condicionada al mismo tiempo por los principios de interdicción de la arbitrariedad e igualdad» (Sentencia del Tribunal Supremo de 14 de junio de 2011 y en igual sentido, Sentencias de 24 de marzo de 2009, 30 de octubre de 2007 y 26 de julio de 2006). Como se explica en la Sentencia de 22 de junio de 2011, la interdicción de la arbitrariedad «tiende a asegurar la coherencia y racionalidad del planeamiento, eliminando las decisiones que carecen de justificación objetiva». De manera que, como primer elemento a tener en cuenta, destacaremos que los contenidos del planeamiento urbanístico municipal han de responder a las exigencias del interés público, contando para ello con una suficiente justificación objetiva, que ha de figurar en la correspondiente memoria del plan.

La amplitud de contenidos del planeamiento urbanístico tiene su límite en las competencias correspondientes a otros entes públicos. Así se advierte en la jurisprudencia, por ejemplo, cuando se precisa que el planeamiento urbanístico no es el instrumento idóneo para regular el uso del dominio público hidráulico ni para decidir el emplazamiento o las normas de seguridad de actividades nucleares (Sentencia del Tribunal Supremo de 8 de octubre de 2010).

En todo caso, conforme a planteamientos comunes a todas las comunidades autónomas, la autonomía municipal en materia de urbanismo se concreta en potestades generales de planeamiento, gestión y disciplina. En consecuencia suele corresponder al municipio la aprobación definitiva de los planes urbanísticos (con excepción del plan general), y de los instrumentos de gestión urbanística (proyectos de urbanización y reparcelación), así como el otorgamiento de las licencias urbanísticas (o la recepción de las declaraciones responsables y comunicaciones previas que puedan sustituirlas), la adopción de las órdenes de ejecución, las medidas de restablecimiento de la legalidad urbanística, y la imposición de sanciones y responsabilidades en la materia..

Organización urbanística

Órganos centrales del Estado. En los diversos niveles territoriales se han constituido variables estructuras administrativas. La Ley del Suelo de 1956 diseñó una organización colegiada del urbanismo en torno al Consejo Nacional de Urbanismo y la Comisión Central de Urbanismo, cuyo órgano ejecutor era la Dirección General de Arquitectura y Urbanismo. Sin embargo, la constitución del Ministerio de la Vivienda en 1957 dio al traste con el anterior sistema, anómalo en nuestra tradición administrativa, en la que viene reservándose la línea ejecutiva a órganos unipersonales y se relega, en cambio, a los órganos colegiados al ejercicio de funciones consultivas. Conforme a tales planteamientos tradicionales se impuso, pues, el control del urbanismo por el Ministerio de la Vivienda, cuyas funciones urbanísticas fueron atribuidas en 1977 al Ministerio de Obras Públicas y Urbanismo. En las posteriores reformas de la cambiante estructura ministerial siempre se ha mantenido una dirección general en materia de Urbanismo, aunque sus competencias sean muy reducidas.

Órganos centrales autonómicos. Todos los Gobiernos de las comunidades autónomas cuentan con un consejero competente en materia de urbanismo, aunque no siempre esa materia se refleja en su denominación. También se han creado grandes órganos colegiados con competencias urbanísticas en casi todas las comunidades autónomas, aunque en ningún caso se les ha atribuido el dominio competencial de tipo resolutorio correspondiente a las autoridades unipersonales (consejero, secretario general, directores generales). Vinculados al departamento competente, asimismo en todas las Administraciones autonómicas se han creado entes instrumentales con personalidad jurídica de Derecho público o privado, que desarrollan funciones urbanísticas concretas.

Órganos periféricos. Únicamente las comisiones provinciales de urbanismo funcionaron efectivamente conforme al esquema organizativo original de la Ley del Suelo de 1956. Antes de la creación de las comunidades autónomas, estas comisiones eran órganos periféricos de la Administración del Estado, «de carácter informativo, gestor, resolutorio y de fiscalización», dirigidas «especialmente a orientar, fomentar e inspeccionar el planeamiento y la realización de las obras necesarias para el desarrollo urbano» (art. 213.2 del Texto Refundido de 1976). Pese a su carácter de órganos colegiados, las comisiones provinciales de urbanismo eran, pues, órganos decisorios, con competencias propias de gran trascendencia en las actividades de planeamiento, gestión y disciplina urbanística. Su composición siempre estuvo dominada por la Administración del Estado, en la que se integraban, aunque admitiendo una significativa representación local; así, conforme al régimen general del Real Decreto de 1 de septiembre de 1978, la Administración del Estado controlaba el nombramiento de seis de sus miembros, y las corporaciones locales, de cuatro.

Tras la asunción de las competencias urbanísticas por las comunidades autónomas, las comisiones provinciales de urbanismo se han integrado, por lo común y sin perjuicio de los cambios de denominación, en la correspondiente Administración autonómica como órganos de su estructura periférica. Las nuevas composiciones respetan la representación local, aunque suelen acentuar el dominio de la propia Administración autonómica. Especialmente destacable resulta la malograda experiencia aragonesa de las comisiones provinciales de ordenación del territorio, que se constituyeron en 1991 con la finalidad de coordinar orgánicamente actuaciones correspondientes a las funciones de ordenación territorial, urbanismo, medio ambiente y patrimonio cultural, pero que han ido perdiendo competencias debido al empuje de los diferentes sectores administrativos hasta limitarse a las tareas propiamente urbanísticas.

Municipios. En el ámbito municipal las principales opciones organizativas se orientan o hacia encomendar la dirección del urbanismo a estructuras integradas en la general organización de los servicios municipales, con la denominación más corriente de área o servicio de Urbanismo, o a crear a tal fin una estructura separada, llamada habitualmente gerencia de Urbanismo. Las gerencias de Urbanismo a veces tienen personalidad jurídica propia, constituyéndose entonces generalmente como organismos autónomos del municipio. Pero hay también gerencias sin personalidad jurídica, que se identifican con los servicios municipales encargados de las funciones urbanísticas. La característica organizativa común consiste en incluir, junto al órgano unipersonal (el gerente), un órgano colegiado de composición técnica y política (el consejo de gerencia). En todo caso, las gerencias habrán de respetar las competencias urbanísticas correspondientes a los órganos municipales necesarios (alcalde y ayuntamiento pleno), de acuerdo con la legislación básica de régimen local.

Para ejecutar el planeamiento (urbanización de terrenos, edificación y rehabilitación de viviendas) en bastantes casos se acude a la fórmula de las sociedades de gestión urbanística, cuyo capital puede ser enteramente municipal o suscrito por diversas Administraciones públicas e incluso mixto, incorporando a particulares. Las sociedades municipales de gestión urbanística son personas jurídicas sometidas al Derecho privado con arreglo al régimen jurídico de las sociedades anónimas.

En la gestión urbanística municipal cobran asimismo gran importancia diversos fenómenos de autoadministración por los particulares. La legislación urbanística ha venido reconociendo e imponiendo, así, fórmulas de organización a las que se conceden potestades administrativas de ejecución forzosa de sus actos, bajo control municipal, bien para urbanizar (juntas de compensación), bien para mantener la urbanización (entidades de conservación), entre otras finalidades.

Áreas metropolitanas. La organización municipal del urbanismo resulta en ocasiones desbordada en los espacios metropolitanos, puesto que estos superan las divisiones municipales. A pesar de las buenas intenciones de algunos legisladores, sin embargo, el fracaso viene acompañando a los diversos intentos de regular los espacios metropolitanos en la legislación del Estado y de las Comunidades Autónomas.

En los orígenes de la legislación urbanística española, las Leyes del Gran Madrid (1944), del Gran Bilbao (1945) y del Gran Valencia (1946) atendieron al fenómeno metropolitano mediante la anexión de Municipios limítrofes por la ciudad central y la creación de órganos estatales encargados del gobierno municipal. Planteamiento que mereció alguna reforma en el caso de la Entidad Municipal Metropolitana de Barcelona constituida en 1974.

Los excesos centralizadores de esa normativa hubieran podido explicar, tras la aprobación de la Constitución y de los Estatutos de Autonomía, la reforma de las Áreas Metropolitanas por los legisladores autonómicos competentes en la materia. Sin embargo, la reacción de las Comunidades Autónomas ha sido abiertamente hostil hacia las Áreas Metropolitanas. En Madrid, la misma Comunidad Autónoma pretende haberse configurado, dado su carácter uniprovincial, precisamente como Comunidad Metropolitana. El Gran Bilbao fue suprimido nada más constituirse la Comunidad Autónoma del País Vasco (1980). En 1985, la Ley Básica del Régimen Local confirmó la disponibilidad de las Áreas Metropolitanas por parte de las Comunidades Autónomas, sin perjuicio de establecer una reserva de ley para su creación o supresión (art. 43).

En los restantes casos, la transformación de las áreas metropolitanas parece ligada originariamente a fenómenos de rivalidad política. Así, la Generalidad de Cataluña, gobernada por nacionalistas, resolvió su enfrentamiento con la Entidad Municipal Metropolitana de Barcelona, regida por socialistas, con la supresión de esta última, constituyendo entidades metropolitanas sectoriales para la gestión de los servicios de aguas, transportes y residuos (1987); no obstante, con posterioridad, bajo un gobierno de mayoría nacionalista, las entidades sectoriales fueron integradas en la nueva Área Metropolitana de Barcelona (2011).

La denominada Ley de Grandes Ciudades sirve perfectamente para constatar la reiterada ausencia de tratamiento adecuado del fenómeno metropolitano. Mediante la oficialmente llamada Ley de Medidas para la Modernización del Gobierno Local de 2003 se incluyó en la Ley de Bases del Régimen Local, entre otras cuestiones, un nuevo título sobre los «municipios de gran población». Se evita usar la expresión habitual de grandes ciudades porque las ciudades afectadas no son tan grandes: junto a las de más de 250 000 habitantes y las capitales de provincia de más de 175 000, se incluyen también en el ámbito de la Ley las ciudades sedes de parlamentos o Gobiernos autonómicos y aquellas de más de 75 000 habitantes «que presenten circunstancias económicas, sociales, históricas o culturales especiales» (art. 121 de la Ley de Bases del Régimen Local). Así, ninguna comunidad autónoma queda sin su gran ciudad: Logroño o Mérida, por ejemplo, son a efectos legales tan grandes ciudades (o «municipios de gran población») como Madrid o Barcelona.

Mientras tanto, en ese contexto de hostilidad autonómica e indiferencia estatal, las realidades metropolitanas siguen poniendo de relieve la necesidad de atender sus problemas, que exceden de la mera organización eficaz de algunos servicios públicos para implicar una completa política de ciudad metropolitana. Así se pone de relieve en el Dictamen sobre las Áreas Metropolitanas Europeas del Comité Económico y Social Europeo de 1 de julio de 2004, donde se destaca que «la metró-poli, al contrario que la ciudad, no posee una institución política», considerándose la ausencia de gobierno a escala de las áreas metropolitanas «una carencia para definir y aplicar estrategias de desarrollo económico competitivas y acciones de asociación». En definitiva, la apuesta de la política regional europea por las áreas metropolitanas que se aprecia en dicho documento permite quizá vislumbrar el inicio de un proceso de recuperación de estas.

Lección 9.ª Planeamiento territorial y urbanístico

Vamos a estudiar el régimen jurídico de los planes territoriales y urbanísticos. Primero, referiremos las categorías empleadas en la ordenación del territorio. Después, nos ocuparemos del plan general y del planeamiento urbanístico derivado. Finalmente, nos centraremos en la naturaleza y efectos de estos planes, así como en la problemática de los convenios urbanísticos de planeamiento.

Ordenación del territorio

Históricamente, la corrección de los desequilibrios territoriales es un objetivo que fue asumido, en una primera etapa, por la legislación, planificación o ejecución de algunas grandes obras públicas, particularmente las hidráulicas vinculadas a la pionera experiencia de nuestras confederaciones hidrográficas (1926). Después, importando planteamientos británicos y franceses, la misma finalidad se incorporó a las técnicas de intervención económica en la planificación del desarrollo económico y social (1964-1975), que especialmente previó medidas de fomento de la localización de industrias en determinadas zonas. Sin embargo, el modelo de ordenación del territorio destinado a configurar una función pública diferente de las demás responde al de tipo alemán de planeamiento físico, que fue asumido en nuestra legislación desde la LS'56 y en el ámbito del Consejo de Europa por la Carta Europea de Ordenación del Territorio (1982).

Conviene precisar que todas las anteriores versiones de la ordenación del territorio siguen vigentes, pues la corrección de desequilibrios territoriales es una finalidad pública que no puede considerarse competencia exclusiva de una determinada instancia del poder público. Así, se advierte la continuidad de los planteamientos propios de la ordenación del territorio sectorial, esto es, de la vinculada a ciertos sectores de intervención administrativa, en diversos supuestos como la planificación hidrológica, que asume entre sus objetivos «el equilibrio y armonización del desarrollo regional y sectorial» (art. 40.1 TRLA), o la Estrategia Territorial Europea (1999), entre otros documentos de la experiencia comunitaria que ordenan el ejercicio de diversas competencias con trascendencia territorial. Por su parte, la ordenación del territorio de tipo económico cuenta con gran vitalidad de la mano de los fondos estructurales europeos, con la denominación de política regional.

Pero en todo caso, la función pública que diferenciamos como la propia de ordenación del territorio, es la orientada a la coordinación del planeamiento urbanístico municipal y de las funciones sectoriales con relevancia territorial. Se concibe como una función pública horizontal e integradora, que pretende garantizar una adecuada estructura espacial para el desarrollo de las políticas económicas, sociales, ambientales y culturales. En ella se definen las vocaciones correspondientes a las distintas zonas del territorio, las áreas a proteger y los ámbitos supramunicipales de compleja ordenación, estableciéndose el sistema de relaciones entre los diversos ámbitos, las medidas que inciden en la distribución espacial de las instalaciones productivas, los criterios para compatibilizar el desarrollo con la protección de los recursos naturales, las prioridades para la programación de los recursos públicos y la localización de infraestructuras y equipamientos.

Son las CCAA las encargadas de regular y desarrollar esa función pública. En Aragón, al igual que hacía el Estatuto de 1982, el vigente Estatuto de 2007 asume la competencia exclusiva de la Comunidad Autónoma en materia de ordenación del territorio, precisándose ahora que la misma ha de desarrollarse «conforme a los principios de equilibrio territorial, demográfico, socioeconómico y ambiental» (art. 71.8.ª). Para lograr tan amplios objetivos se aprobó primero la LOTA'92, que posteriormente fue derogada por la LOTA'09, donde se introdujeron importantes reformas en 2014 conducentes a la aprobación del vigente TRLOTA'15, a cuyos principales contenidos nos referimos a continuación.

Estrategia de Ordenación Territorial de Aragón. El objetivo de la EOTA es ordenar el entero territorio de la Comunidad Autónoma, fundamentalmente proporcionando criterios sobre los grandes usos y actividades susceptibles de producirse en ese territorio. Para ello se analiza el sistema de ciudades, el medio natural y el sistema productivo, a fin de establecer un modelo de ordenación y desarrollo territorial sostenible. A partir de ahí se fijan las estrategias para alcanzar el modelo propuesto, así como los indicadores que han de servir para evaluar la evolución de la estructura territorial en relación con el modelo.

El procedimiento de elaboración de la EOTA se inicia por decisión de la Comisión Delegada del Gobierno (de Aragón) para la Política Territorial, elaborándose los documentos correspondientes (memoria, modelo territorial, normas y resumen) por el departamento competente sobre Ordenación del Territorio. El proyecto se somete al procedimiento de evaluación ambiental ante el INAGA, a información pública y al informe del Consejo de Ordenación del Territorio de Aragón. La aprobación de la EOTA ha de pasar a continuación por los sucesivos filtros de la citada Comisión Delegada y del Gobierno de Aragón que, tras aprobarla provisionalmente, ha de remitirla a las Cortes de Aragón para su examen, correspondiendo la aprobación definitiva al mismo Gobierno de Aragón mediante decreto.

La EOTA tendrá, por tanto, naturaleza reglamentaria, opción que se aparta conscientemente de la reserva legal que anteriormente se establecía para las Directrices Generales de Ordenación del Territorio, que era la figura paralela en la LOTA'92. La aprobación por ley de este tipo de documentos es un elemento de rigidez que resulta difícilmente compatible con el contenido técnico de los mismos. Por ello la EOTA se aprueba por el ejecutivo, aunque, a fin de permitir el mayor compromiso democrático, se requiere el previo debate parlamentario.

Para la determinación de los efectos de la EOTA se distingue entre sus contenidos estratégicos y normativos. A los primeros se les da el valor legal de «criterios determinantes» de las potestades de todas las Administraciones públicas, incluida la estatal. De esta manera, en el ejercicio de las competencias administrativas siempre habrán de ponderarse las formulaciones de carácter estratégico establecidas en los instrumentos de ordenación del territorio aprobados por la Comunidad Autónoma. Eso no quiere decir que las estrategias sean en todo caso vinculantes, pues la ponderación de las mismas admite discrepancias razonables y razonadas que, tratándose de competencias estatales, corresponde expresar al órgano previsto en la legislación del Estado, y en los restantes supuestos al Gobierno de Aragón. Por su parte, las disposiciones normativas de los instrumentos de planeamiento territorial tienen carácter obligatorio para sus destinatarios, aunque en todo caso han de sujetarse a la prevalencia de las disposiciones ambientales que puedan resultar aplicables.

Directrices de Ordenación Territorial. Las Directrices de Ordenación Territorial pueden ser zonales para comarcas o zonas delimitadas por sus características homogéneas o funcionales, o especiales para ordenar la incidencia territorial de actividades económicas o administrativas como los equipamientos comerciales o la oferta turística. No requieren la previa aprobación de la EOTA, aunque han de adaptarse a su contenido si estuviera ya en vigor o lo hiciera con posterioridad a la aprobación de las directrices.

En materia de procedimiento y efectos, el régimen de las directrices observa las mismas pautas previstas para la EOTA con las siguientes diferencias: *a)* para su elaboración puede suspenderse cualquier instrumento urbanístico por un plazo máximo de dos años; *b)* la elaboración de las directrices zonales corresponde al departamento competente en materia de Ordenación del Territorio, mientras que las especiales se elaboran por el departamento competente por razón de la actividad que constituya su objeto; *c)* las directrices zonales han de someterse a informe de las entidades locales afectadas; y *d)* no se exige el examen del proyecto por las Cortes de Aragón.

Plan general de ordenación urbana

Contenido. El plan general es el instrumento de ordenación integral de uno o varios términos municipales. Su función primordial es incluir el suelo dentro de las clases previstas legalmente y establecer la estructura general de la ordenación urbanística, así como las pautas para su implantación. Para ello ha de prever un modelo de evolución urbana y de ocupación del territorio del que derivarán las determinaciones estructurales y diferentes niveles de ordenación pormenorizada en relación con las distintas clases de suelo.

Las determinaciones de ordenación estructural comprenden una pormenorizada enumeración legal. Sin perjuicio de ulteriores referencias, cabe destacar que al plan general corresponde fijar los grandes destinos de todo el suelo del término municipal mediante su inclusión en las diferentes clases y categorías legales, establecer los sistemas generales de espacios libres públicos y de infraestructuras y equipamientos, prever la zonificación de los ámbitos urbanos y de sus desarrollos inmediatos, garantizar el suelo suficiente para viviendas protegidas, y definir los ámbitos de especial protección cultural y ambiental. Adicionalmente, para las tres capitales de provincia y otros municipios relevantes (cuya determinación compete conjuntamente a los departamentos de Urbanismo y de Medio Ambiente), se exige un completo estudio de movilidad y la previsión de adecuados sistemas generales supramunicipales.

A continuación, señalaremos los contenidos del plan general en relación con las diferentes clases y categorías de suelo. Para la ciudad existente (suelo urbano) ha de contener la ordenación urbanística completa, esto es, la ordenación detallada que permite, en su caso, edificar o renovar la edificación (usos, intensidades, tipologías, emplazamientos de dotaciones, alineaciones y rasantes, plazos y condiciones de edificación). En ámbitos degradados del suelo urbano, cabe prever actuaciones de transformación urbanística que tengan por objeto reformar o renovar la urbanización, siendo admisible que el plan general actúe directamente delimitando unidades de ejecución que identifiquen a los propietarios afectados, o que remita al planeamiento derivado para regular los procesos de urbanización y edificación correspondientes. En relación con los desarrollos admisibles, en el suelo urbanizable delimitado el plan general ha de incluir la delimitación de los sectores (ámbitos territoriales de actuación), fijar los plazos y condiciones de la urbanización, y establecer las intensidades y usos globales, aspectos que habrán de desarrollarse en el correspondiente plan parcial. En referencia al suelo urbanizable no delimitado el plan general debe regular los criterios determinantes de la delimitación de los sectores (magnitudes, usos, dotaciones…), siendo necesario su desarrollo mediante un plan parcial. Por último, para el suelo no urbanizable, el plan general contiene el régimen de protección aplicable en las categorías de especial y general, así como las actuaciones y usos previstos.

Procedimiento. La trascendencia del plan general determina que se haya previsto un procedimiento de elaboración y aprobación del mismo ampliamente abierto a la participación ciudadana y a la presencia de otros intereses públicos. En todo caso, se trata de un procedimiento cuyos diferentes trámites se gestionan por los órganos municipales hasta llegar a la aprobación definitiva, que es competencia de órganos autonómicos.

A fin de garantizar las posibilidades de aplicación de los nuevos planes urbanísticos, antes incluso de su aprobación inicial y en todo caso después de esta, cabe proceder a la *suspensión de licencias*. La suspensión, que debe ser objeto de expresa publicación, se refiere a los contenidos de la antigua ordenación que se pretende reformar y tiene un tope máximo de duración de dos años, estando prohibido reiterar la suspensión para la misma finalidad durante los cinco años siguientes.

La iniciación del procedimiento de formación del plan general corresponde al municipio. La fase de formación tiene un alto contenido técnico, de ahí que en la práctica se lleve a cabo por los servicios municipales o por una empresa contratada. Pero inmediatamente ha de pulsarse la opinión de la población. Así, el primer objetivo es elaborar el denominado *avance de plan general,* que se expone al público con el objeto de que cualquier persona pueda formular sugerencias y alternativas.

A la vista del resultado de la exposición al público y de los estudios técnicos realizados, el ayuntamiento pleno acordará lo procedente, pudiendo decidir sobre los criterios y soluciones generales que hayan de adoptarse en la elaboración del plan. Obsérvese que aquí no se establece propiamente una competencia de aprobación del avance, sino más bien una competencia encaminada a impulsar o rechazar la continuidad del procedimiento de elaboración.

Cuando el municipio cuenta con el avance de plan general, hay que garantizar su correspondencia con la legalidad y, particularmente, con las exigencias de la protección del medio ambiente, que imponen el inicio del procedimiento de evaluación ambiental estratégica. Este conduce a la emisión por el INAGA del llamado *documento de alcance,* donde se precisa la amplitud y grado de especificación de la información ambiental.

Conforme al indicado documento de alcance ambiental habrá de prepararse la documentación que ha de contener el plan general, tanto la exigida en la legislación urbanística (memoria, planos de información y ordenación, mapas de riesgos, catálogos, normas urbanísticas, estudio económico), como la prevista en la legislación ambiental (informe de sostenibilidad ambiental en el que, siguiendo el documento de alcance, se identifican, describen y evalúan los potenciales efectos del plan en el medio ambiente y las alternativas al mismo plan, que han de incluir la llamada alternativa cero, esto es, no aprobar el plan).

La *aprobación inicial* del plan general es competencia del ayuntamiento pleno, produciéndose entonces la iniciación formal del procedimiento de aprobación de dicho plan. Procedimiento que proseguirá mediante la solicitud de informes y consul-

tas, y el sometimiento a información pública. Los informes son los llamados sectoriales, es decir, todos aquellos que procedan por relacionarse con las competencias de
los diversos órganos administrativos. Las consultas serán las establecidas en el documento de alcance, que en todo caso en Aragón han de comprender los informes de las
Administraciones hidrológica, de carreteras y de las demás infraestructuras afectadas,
informes que tienen carácter determinante para el contenido de la memoria ambiental, de manera que esta solo podrá disentir de ellos de forma expresa motivada.

Concluidos el período de información pública y consultas, el municipio re-
cabará del INAGA la *declaración ambiental estratégica,* en la que se valora la
conveniencia o no aprobar el plan, así como, en caso favorable, las condiciones que
deberían establecerse para la adecuada protección del medio ambiente. A través de
la evaluación ambiental no se impone en todo caso al planeamiento urbanístico la
adopción de las soluciones conservacionistas más rigurosas, pero sí la identificación de las alternativas que, en función de los intereses concurrentes, resultan más
adecuadas para el desarrollo sostenible. En la selección de alternativas, el procedimiento de evaluación ambiental desempeña el papel de proporcionar una información fiable y públicamente contrastable, elementos esenciales para asegurar el
control de la discrecionalidad del planificador. Ahora bien, junto a la función que
a tal fin pueden desempeñar los tribunales, resulta esencial que en el mismo procedimiento administrativo se permita al INAGA desarrollar sus fundamentales tareas
en la evaluación ambiental con seriedad e independencia.

En función, pues, del contenido de todos los trámites anteriores, corresponde al
ayuntamiento pleno la *aprobación provisional* del plan general, con la cual termina
el procedimiento municipal.

La *aprobación definitiva* del plan general corresponde al consejo de urbanismo
de la correspondiente provincia. La finalidad de esa competencia autonómica es
coordinar las decisiones urbanísticas de los diversos municipios entre sí y con las
competencias de los restantes poderes públicos. Así, en la legislación aragonesa,
únicamente se admite la denegación de la aprobación definitiva del plan general
por motivos de alcance supralocal o de legalidad. Por otra parte, el ejercicio de la
competencia se limita temporalmente, al establecerse el efecto positivo del silencio
administrativo por el transcurso de 4 meses.

Planeamiento urbanístico derivado

Planes parciales. Los planes parciales desarrollan el planeamiento general
conforme a la característica imagen del planeamiento en cascada. En los planes parciales se regula la urbanización y edificación del suelo pendiente de urbanización

en los *sectores* previamente delimitados en el plan general (para el suelo urbano no consolidado o el suelo urbanizable delimitado) o conforme a los criterios establecidos en el mismo (para el suelo urbanizable no delimitado). Cumplen, en relación con el suelo urbanizable, idénticas funciones que el plan general en suelo urbano, debiendo incluir similares determinaciones, de ahí que quepa configurarlos como piezas temporalmente desgajadas del plan general.

El ámbito propio de los planes parciales es el sector, debiendo comprender uno o varios sectores completos, en cuya delimitación han de emplearse elementos significativos como grandes vías o los límites del suelo no urbanizable, garantizando en todo caso el desarrollo urbano racional en coherencia con el modelo establecido en el plan general.

Entre los conceptos manejados en la legislación urbanística en relación con los planes parciales destacan los siguientes: *a)* la *densidad* y la *edificabilidad*, que se refieren respectivamente al número de viviendas por hectárea y a la superficie edificable expresada en los metros cuadrados de techo que cabe construir por cada metro cuadrado de suelo, parámetros que precisa el plan general, aplicándose en su defecto los límites establecidos legalmente en función del uso característico de cada sector: 75 viviendas por hectárea en sectores residenciales y medio metro cuadrado de techo por cada metro cuadrado de suelo en sectores industriales o terciarios; *b)* los *módulos de reserva* para los servicios urbanísticos del sector, que se denominan dotaciones locales y consisten en el diez por ciento de la superficie del sector (siempre que no supere los seis metros cuadrados por habitante) para zonas verdes y espacios públicos, cinco metros cuadrados por habitante para equipamientos docentes, sociales o deportivos, una plaza de aparcamiento por cada tres habitantes y en determinados casos viviendas sociales en alquiler, todo ello calculado conforme a las equivalencias y reglas legales.

El *procedimiento* de aprobación de los planes parciales es algo diferente y más ligero que el relativo al plan general: *a)* se admite plenamente la iniciativa privada, por lo que cualquier persona puede formular un plan parcial, facilitándose el desenvolvimiento de los sucesivos trámites mediante la previsión de efectos positivos del silencio y la posibilidad de observar los trámites de información pública y audiencia de interesados por la propia iniciativa privada; *b)* la evaluación ambiental solo es necesaria en sectores de superficie superior a 50 hectáreas si el INAGA así lo determina en cada caso; *c)* la aprobación inicial corresponde al alcalde dando cuenta al ayuntamiento pleno; *d)* en el procedimiento se inserta un informe del consejo provincial de urbanismo; y *e)* la aprobación definitiva se atribuye al ayuntamiento pleno.

Planes especiales. Los planes especiales se distinguen por obedecer a finalidades específicas, en lugar de las finalidades genéricas de ordenación propias del plan general en relación con todo el término municipal o de los planes parciales con respecto a los diferentes sectores. Hay planes especiales que desarrollan las directrices de ordenación territorial o el plan general y cuyo procedimiento de aprobación, en consecuencia, es el previsto para los planes parciales. Hay también planes especiales independientes del planeamiento territorial y urbanístico general, aprobados en su ausencia o cuando el mismo no contuviera las previsiones detalladas oportunas, todo lo cual hace que les resulte aplicable el mismo procedimiento de aprobación del plan general. En cualquier caso, rige el límite que impide a los planes especiales sustituir al planeamiento general como instrumento de ordenación integral, por lo que se les impide variar la clasificación del suelo, aunque sí pueden establecerse en ellos limitaciones de uso de los terrenos. Dentro de la gran variedad de planes especiales, cabe destacar los planes especiales de reforma interior, frecuentemente utilizados para las llamadas operaciones integradas que requieren muchos ámbitos degradados de los cascos históricos de nuestras ciudades.

Estudios de detalle. Los estudios de detalle conforman el último escalón del planeamiento urbanístico, pues sirven para completar o adaptar los restantes planes urbanísticos. Por medio de ellos cabe establecer alineaciones y rasantes, ordenar volúmenes o incluir condiciones estéticas y de composición de las edificaciones. Sus límites se encuentran en las prohibiciones de alterar el destino del suelo, el aprovechamiento urbanístico y, en general, los contenidos de los planes que completan. El procedimiento de aprobación es enteramente municipal, correspondiendo la aprobación inicial al alcalde y, tras los trámites de información pública y audiencia de interesados (que cabe realizar por iniciativa privada), la aprobación definitiva al ayuntamiento pleno, previéndose efectos positivos del silencio.

Naturaleza y efectos de los planes urbanísticos

Naturaleza jurídica. El criterio dominante en el Derecho español considera que los planes urbanísticos son *normas jurídicas,* incluidos los estudios de detalle, puesto que se insertan con efectos vinculantes y vocación de permanencia en el ordenamiento jurídico, configurando el contenido de los derechos de propiedad afectados. No obstante, es habitual resaltar el carácter complejo de los planes, pues incluyen variada información para fundamentar su contenido, así como determinaciones relativas a la realización de concretas obras públicas. Según leemos en una sentencia, «la afirmación de la naturaleza normativa de los planes es susceptible de matizaciones en razón del heterogéneo contenido de aquellos», puesto que «el planeamiento engloba la actuación de dos potestades distintas, una de auténtica naturaleza reglamentaria y otra que se traduce en la ejecución de obras públicas de urbanización, sin la cual el plan sería un dibujo muerto».

El carácter complejo de los planes urbanísticos aparece reflejado en la problemática relativa a la *publicidad* de los mismos. Tradicionalmente solo eran objeto de publicación formal en el correspondiente diario oficial los acuerdos de aprobación definitiva de los planes, momento en el que estos entraban en vigor, aunque se establecía también el carácter público de los mismos, autorizándose a cualquier persona a consultarlos e informarse en detalle sobre ellos en el ayuntamiento. Ese régimen de publicidad imperfecto, que parecía contrastar con el principio constitucional de publicidad de las normas establecido en el art. 9.3 de la Constitución, se ha modificado, exigiéndose ya que la publicación comprenda el articulado de las normas de los planes urbanísticos.

En el Derecho administrativo general, una tradicional consecuencia de la combinación de los principios de legalidad y de igualdad se expresa en el principio de inderogabilidad singular de los reglamentos, conforme al cual «las resoluciones administrativas de carácter particular no podrán vulnerar lo establecido en una disposición de carácter general, aunque aquellas procedan de un órgano de igual o superior jerarquía» (art. 37.1 LPAC'15). En relación con los planes urbanísticos, una concreción de tal principio viene siendo la prohibición de las llamadas *reservas de dispensación*. De esta manera, no es admisible que la Administración dispense singularmente de lo establecido en los planes ni tampoco que los planes incorporen cláusulas permitiendo dispensar de la observancia de sus contenidos. Para conseguir el mismo efecto perverso, en algunos municipios se llevan a cabo modificaciones singulares de los planes que parecen constituir un fraude del sistema.

Bajo la óptica del control judicial, entre los documentos de los planes urbanísticos cobra especial importancia la *memoria*, que debe contener la explicación y justificación de los contenidos del plan. Como se afirma en la jurisprudencia, «la memoria integra ante todo la motivación del plan, es decir, la exteriorización de las razones que justifican el modelo territorial elegido y, por consecuencia, las determinaciones del planeamiento». Las deficiencias en la memoria determinarán incluso la anulación del plan si han impedido la adecuada defensa de los interesados.

Los planes urbanísticos pueden ser objeto de *impugnación* por cualquier persona, al reconocerse la acción pública en materia de urbanismo. Como su naturaleza es la de normas reglamentarias, es viable tanto el recurso directo contra el plan como el indirecto contra los actos de aplicación del mismo con fundamento en la ilegalidad del plan, según reconoce la legislación procesal y se aplica con normalidad en la jurisprudencia. No obstante, en el recurso indirecto generalmente solo pueden hacerse valer las infracciones materiales o sustantivas del plan, pues los vicios de forma y procedimiento se excluyen por la jurisprudencia, salvo supuestos de incompetencia manifiesta o falta de publicación del plan.

Los *vicios de procedimiento*, en cambio, dan mucho juego en los recursos directos, hasta el punto de que pueden parecer alarmantes algunas anulaciones judiciales de planes de urbanismo por infracciones consideradas de escasa envergadura como la falta de un informe no vinculante o que no afecta a la totalidad del plan. La calificación de cualquier vicio de los reglamentos, categoría en la que se incluyen los planes, como determinante de la nulidad de pleno derecho (art. 47.2 LPAC'15), está en el origen de esa jurisprudencia, cuyos efectos, insisto, son muy preocupantes. La nulidad de pleno derecho determina la imposibilidad de subsanar los defectos formales, incluso cuando se demuestra que carecen de trascendencia, excluyéndose la conservación de todo elemento del procedimiento seguido. En el caso de anulación de un plan general, por ejemplo, pueden seguirse anulaciones en cascada de planes parciales, proyectos de reparcelación y urbanización y licencias, además de la reviviscencia de un plan antiguo y probablemente obsoleto.

En realidad, la jurisprudencia ha cambiado en esta cuestión, pues durante mucho tiempo se entendió que los vicios de procedimiento, en función de su gravedad y trascendencia, podían ser considerados como simples irregularidades no invalidantes, como vicios de anulabilidad susceptibles de subsanación y solo en los casos más graves como vicios de nulidad de pleno derecho. El cambio hermenéutico se produjo de manera inadvertida al aplicar literalmente la regla citada, que establece la nulidad de pleno derecho de los reglamentos que vulneren las leyes, expresión que parece ha de incluir tanto las infracciones materiales como las formales.

Sin embargo, dicha regla se sitúa en una enumeración de vicios de los reglamentos, contexto que lógicamente excluye que uno de los supuestos equivalga al todo, ya que entonces la lista legal carecería de sentido. Lo que sucede es que la LPAC'15 reproduce una fórmula que se remonta a la legislación preconstitucional, donde estaba claro que las vulneraciones de la ley por los reglamentos se referían a aspectos sustantivos, ya que no existía entonces un procedimiento legal de elaboración de los mismos. Es el arrastre de la regla originaria el que determina los problemas interpretativos que nos ocupan. Así, la vulneración de las leyes y reglamentos de rango superior debiera entenderse como uno más de los supuestos de nulidad de pleno derecho de los reglamentos (y de los planes) que se enumeran en la LPAC'15, donde se recogen los vicios que hemos de suponer lógicamente más graves de los reglamentos, al conllevar la opción por el sistema de lista, como hemos dicho, que algo se deja fuera de la misma.

En todo caso, frente a un entendimiento rígido del principio de legalidad, se impone introducir las modulaciones que derivan de los principios de conservación, seguridad y proporcionalidad, estableciendo puntos de equilibrio, escala de soluciones y, en definitiva, gradualidad de los vicios. El criterio de interpretación finalista nos lleva, en efecto, a conectar con la línea jurisprudencial tradicional, que había establecido claramente la procedencia de aplicar la tesis gradual, identificando en los reglamentos (y en los planes) vicios no invalidantes, de anulabilidad y de nulidad de pleno derecho, configurando una rica variedad de supuestos en función de la trascendencia otorgada a los diferentes vicios que podían concurrir.

Por último, los planteamientos que estamos haciendo valer encuentran plena correspondencia con los estudios de Derecho comparado (Alemania, Francia, Italia), que acreditan la quiebra del dogma de la nulidad de pleno derecho de los reglamentos ilegales. También conectan con la flexibilidad que se advierte en el Derecho constitucional al fijar los efectos de las sentencias que declaran la inconstitucionalidad de las leyes. Finalmente, los argumentos en contra de las premisas y aplicaciones de la jurisprudencia patria actualmente dominante resultan potenciados cuando se repara en el llamativo distanciamiento que la misma nos está imponiendo con respecto a los más plausibles planteamientos europeos en la materia.

Régimen de fuera de ordenación. El denominado régimen de fuera de ordenación se dirige a solucionar el problema de los edificios existentes antes de la aprobación del planeamiento que resultan disconformes con las disposiciones de este. Se trata de compatibilizar la necesaria ejecución del plan con el ineludible respeto a los derechos preexistentes, como se declara en la jurisprudencia que, además, insiste en que al tratarse de una privación patrimonial debe ser objeto de interpretación restrictiva. No es precisa la calificación singular y explícita de la situación de fuera de ordenación de los edificios afectados, a pesar de la expresión legal «serán calificados como fuera de ordenación», puesto que el régimen se aplica por ministerio de la ley sin necesidad de un acto de constatación. Es un régimen legal que no puede ser agravado por el propio planeamiento, aunque sí se admite la atenuación en los planes de sus efectos. De cualquier manera, la disconformidad con el planeamiento ha de ser relevante, de acuerdo con el principio de proporcionalidad, lo que lleva a considerar que una mínima afección de las alineaciones no determina la aplicación del régimen de fuera de ordenación.

Destacaremos finalmente que si bien la disconformidad entre el uso preexistente y el que prevé el nuevo plan para la misma zona es causa que lleva a calificar al edificio afectado como fuera de ordenación, sin embargo, las limitaciones que derivan de este régimen jurídico se refieren solo a obras, sin restricción de los usos que lícitamente se estuvieran llevando a cabo en el inmueble; no es, pues, un régimen de limitación de usos, sino exclusivamente de obras.

Alteraciones de los planes urbanísticos. Del principio general de paralelismo de formas derivaría el que en las alteraciones del planeamiento urbanístico se exigieran los mismos documentos, procedimientos y competencias que han sido necesarios para su aprobación. Sin embargo, en la legislación urbanística aragonesa el criterio experimenta notables modulaciones al preverse hasta cuatro modalidades de alteración del planeamiento: la primera es la *revisión*, que supone la alteración sustancial del plan o de sus elementos esenciales, imponiéndose entonces la estricta observancia del citado principio, con aplicación, pues, de las mismas exigencias establecidas para la aprobación del plan; la segunda es la *modificación aislada,* que afecta a elementos singulares del planeamiento como consecuencia, en muchas ocasiones, de su confrontación con la realidad, considerándose en tales casos lógico que la tramitación experimente sensibles aligeramientos que en la legislación aragonesa llevan a admitir la modificación del plan general por el procedimiento de los planes parciales, aunque dando carácter vinculante al informe del órgano autonómico; la tercera es la *modificación agravada,* que se refiere a elementos particularmente sensibles de los planes urbanísticos, como la clasificación de nuevo suelo urbano, el incremento de la densidad, la edificabilidad o los usos del suelo, o el diferente uso de zonas verdes y espacios libres, supuestos que determinan el establecimiento de diversas cautelas legales tendentes a mantener la calidad urbanística; y finalmente, la cuarta es la *modificación dotacional*, que se refiere a la alteración del destino concreto de equipamientos docentes, sociales o deportivos establecidos en los planes para otorgarles un nuevo destino dentro de esas mismas categorías, modificación del planeamiento que puede llevar a cabo el ayuntamiento por un sencillo procedimiento.

Un importante problema viene planteándose en la práctica urbanística por la aprobación de modificaciones de los planes urbanísticos con la finalidad exclusiva de facilitar concretos aprovechamientos no previstos en los mismos. En la jurisprudencia se ha aplicado la tesis que impone la anulación de esas modificaciones por apreciar en las mismas el vicio de desviación de poder, salvo cuando se demuestre la concurrencia de específicas circunstancias de interés público determinantes de la alteración del planeamiento.

Convenios urbanísticos de planeamiento

En todo caso, aun sin claudicar de los valores esenciales que representa el planeamiento urbanístico, la utilización de la vía del acuerdo entre las Administraciones y los particulares constituye una realidad de la práctica urbanística. Una realidad manifestada con fuerza, aunque durante mucho tiempo estuvo carente, en la mayor parte de los casos, de específicos apoyos normativos. Es ése un dato que conviene tener presente: los convenios urbanísticos constituyeron una práctica ampliamente difundida, que solo en la legislación urbanística de las comunidades autónomas empezó a ser contemplada con la variedad de contenidos que cabía observar en la realidad. Aquí vamos a referirnos específicamente a la problemática general que plantean los convenios relativos al planeamiento urbanístico.

Admisibilidad. El punto de partida para la comprensión de la materia parece que debe ser la libertad contractual que, dentro del respeto a la legalidad, corresponde a las Administraciones públicas (art. 34.1 LCSP).

Ahora bien, pudiera surgir la duda de si cabe considerar lícitos los convenios urbanísticos relativos a la potestad de planeamiento. El problema, referido al ejercicio de cualquier potestad pública, sea la de planeamiento urbanístico u otra, requiere diferenciar dos supuestos: convenios en los que la prestación administrativa esté constituida por la misma potestad o por un comportamiento prohibido en el ejercicio de la potestad y convenios en los que la prestación administrativa sea un comportamiento permitido en el ejercicio de la potestad.

En relación con los primeros, no parece suscitar dudas la ilicitud de una disposición o renuncia por vía contractual de las mismas potestades públicas, cuya naturaleza no susceptible de transacción se encuentra incluso explícitamente afirmada en relación con el planeamiento urbanístico por el art. 4.1 TRLSRU'15. Por eso no es difícil encontrar supuestos jurisprudenciales en los que se anulan compromisos de contenido ilegal asumidos en convenios urbanísticos.

En cambio, el compromiso contractual de un determinado comportamiento permitido a la Administración en el ejercicio de las potestades públicas no puede ser considerado como un objeto ilícito. Concretamente, el compromiso de modificar dentro de los límites legales un plan urbanístico no constituye un comportamiento ilícito, porque es lícito modificar el planeamiento; afirmar que el compromiso contractual de modificar el plan se opone necesariamente al interés público no dejaría de ser una suposición, un juicio de intenciones realizado con olvido de que la causa de los contratos que celebra la Administración debe ser siempre, al igual que en el acto unilateral, el interés público. Eso sí, la jurisprudencia exige que se justifique adecuadamente la concurrencia del interés público determinante del convenio, pero sin que de ninguna manera pueda encontrarse en la misma jurisprudencia una condena general a la viabilidad de los convenios urbanísticos, pues, como se afirma en una sentencia, estos son «instrumentos de acción concertada que en la práctica pueden asegurar una actuación urbanística eficaz, la consecución de objetivos concretos y la ejecución efectiva de actuaciones beneficiosas para el interés general».

Efectos. Cuestión importante es la relativa a los efectos del contrato por el que una Administración se compromete a un determinado comportamiento lícito en el ejercicio de sus potestades. En tal sentido, desde que hacia el año 1990 se plantearon los primeros casos jurisprudenciales sobre convenios urbanísticos de planeamiento, está perfectamente definida la doctrina que niega que la potestad de planeamiento pueda quedar vinculada por dichos convenios. La potestad de planeamiento ha de fundarse siempre en el interés público, sin que en ningún caso resulte admisible una disposición de la misma por vía contractual. Se suscitan entonces los problemas derivados del incumplimiento del convenio por la Administración.

En bastantes supuestos, la no aprobación del planeamiento en el sentido comprometido en el convenio puede derivar de una voluntad ajena al municipio que lo ha suscrito, al corresponder la aprobación definitiva del plan a la Administración autonómica. En tales casos, lo pertinente es considerar sometido el convenio a una condición suspensiva, con la consecuencia de la no generación de efectos. En cambio, cuando el incumplimiento pueda atribuirse al mismo municipio que suscribió el convenio, parece que lo lógico sería exigirle la indemnización de los daños y perjuicios que haya podido causar a la otra parte del convenio.

Lección 10.ª Régimen urbanístico del suelo

Destinos urbanísticos del suelo

Surgimiento y evolución de las técnicas. Desde la LS'56 se generalizaron las técnicas de la clasificación (también denominada entonces calificación) y la zonificación. Las clases de suelo se empleaban para la identificación en el plan general de los diferentes regímenes urbanísticos de todos los terrenos de cada término municipal; así, en el suelo urbano se incluía el espacio ocupado por los entramados existentes, en el suelo de reserva urbana los ámbitos destinados a ser urbanizados y en el suelo rústico el amplio territorio residual en el que no se preveía la urbanización aunque pudieran autorizarse construcciones aisladas.

En la reforma de 1975-1976, aun manteniéndose las anteriores técnicas, se introdujeron nuevos conceptos y denominaciones. En la clasificación se mantuvo el suelo urbano aunque precisando los servicios urbanísticos que debía reunir; además, los ámbitos de desarrollo se identificaron como suelo urbanizable en vez de suelo de reserva urbana; y en relación con el suelo rústico se impuso su denominación como suelo no urbanizable, expresando la función primordial de evitar la aparición de urbanizaciones en el mismo. Por otra parte, entre las clases y zonas de suelo empezaron a interponerse subdivisiones, que definían más exactamente los destinos. En el suelo urbanizable, en efecto, se previó su división en suelo urbanizable programado, que designaba los ámbitos delimitados para su urbanización en cierto tiempo, y suelo urbanizable no programado, donde se incluían terrenos cuya urbanización dependía de su posterior programación. Dentro del suelo no urbanizable se individualizaron los terrenos precisados de una especial protección con la finalidad de distinguirlos de los restantes en esta misma clase de suelo. Finalmente, el término calificación fue empleado para referirse, en relación con el suelo urbano y el urbanizable, a la zonificación.

Las anteriores distinciones se mantuvieron en la fracasada reforma socialista de 1990-1992, aunque introduciéndose profundos cambios en el régimen jurídico de la propiedad correspondiente a cada clase de suelo mediante la llamada desagregación del derecho de propiedad. Así, el contenido urbanístico de la propiedad en el suelo urbanizable se descomponía en una serie de facultades (derecho a urbanizar, al aprovechamiento urbanístico, a edificar y a la edificación), cuya adquisición por el propietario dependía del previo y puntual cumplimiento de los deberes que le correspondían en función del proceso urbanizador. Se intentó también limitar la vinculación entre la clasificación del suelo y las valoraciones urbanísticas mediante el establecimiento de métodos objetivos para el cálculo de estas últimas.

Las reformas urbanísticas liberales de finales del siglo xx se iniciaron con la supresión de la programación en el suelo urbanizable y, por tanto, de las categorías del urbanizable programado y no programado (1997). Posteriormente, siguiendo el criterio postulado por el TDC en 1994, en la LRSV'98 se procuró configurar el suelo no urbanizable conforme a criterios reglados, de manera que el carácter residual se aplicara al suelo urbanizable. Las valoraciones fueron conectadas con las clases de suelo en un intento de acercarse a las pautas del mercado inmobiliario.

Desde la reforma aprobada en 2007, las sucesivas leyes del Estado en esta materia han seguido el novedoso planteamiento de prescindir de la clasificación del suelo. El legislador estatal ha formulado las dos situaciones básicas en las que puede encontrarse el suelo a efectos de su valoración, que son: *a)* el suelo urbanizado, entendiendo por tal el que dispone de los servicios urbanísticos (agua, vertido, electricidad y vialidad) siempre que se encuentre integrado en el tejido urbano; y *b)* el suelo rural, que es todo el suelo restante, con completa independencia de si está clasificado como suelo urbano, urbanizable o no urbanizable.

A pesar de la apuesta estatal en contra de la clasificación del suelo, esta se ha mantenido conforme a las pautas tradicionales en la legislación urbanística de las comunidades autónomas. Entre las novedades de la legislación autonómica cabe incluso destacar la generalizada introducción de categorías dentro de las clases de suelo, como enseguida vamos a ver.

Situaciones básicas del suelo. Las situaciones básicas del suelo identifican la realidad urbanística derivada de la existencia o inexistencia de tejido urbanizado, con el objetivo fundamental de aplicar diferentes criterios de valoración de los terrenos afectados en las operaciones urbanísticas que lo requieran (expropiaciones, reparcelaciones, indemnizaciones, sanciones y otras). En consecuencia, el suelo urbanizado incluye los terrenos que cuentan efectivamente con servicios urbanísticos o que están ocupados por la edificación en los porcentajes que establezcan las CCAA y en cuya valoración se han de tener en cuenta las plusvalías urbanísticas, mientras que el suelo rural designa el resto del territorio rechazándose al valorarlo la incorporación de todo tipo de plusvalías urbanísticas.

Las situaciones están definidas en la legislación básica atendiendo a la realidad física del territorio en cada caso afectado, de manera que «todo el suelo se encuentra, a los efectos de esta ley, en una de las situaciones básicas de suelo rural o de suelo urbanizado» (art. 21.1 TRLSRU'15). No dan lugar a una actividad administrativa encaminada a precisar sus linderos. Son conceptos legales establecidos por el Estado para su empleo uniforme en todo el territorio nacional cuando resulten necesarios en la actividad administrativa.

Clasificación, categorización y zonificación. Las clases, categorías y zonas de suelo constituyen las tipificaciones del suelo propiamente urbanísticas, cuya delimitación corresponde a los planes urbanísticos. La remisión legal al planeamiento para la determinación de las mismas en el territorio no significa, sin embargo, que el municipio goce de discrecionalidad para su establecimiento, pues en todo caso han de respetarse las correspondientes normas reguladoras, que en algún supuesto llegan a configurar los ámbitos de aplicación con criterios reglados, como sucede en el suelo urbano.

Las *clases* de suelo previstas en la legislación urbanística aragonesa determinan los destinos de los terrenos bajo la óptica urbanística, diferenciando entre la ciudad existente *(suelo urbano),* la ciudad futura *(suelo urbanizable)* y el territorio excluido de la urbanización *(suelo no urbanizable).* Conforme al modelo tradicional, corresponde al plan general la clasificación de todo el suelo del término municipal en las tres clases citadas, excluyéndose la posibilidad de contar con suelo urbanizable en los municipios que carezcan de plan general, pues en ellos el suelo que no tenga la condición de urbano tendrá la consideración de suelo no urbanizable.

Las *categorías* se establecen dentro de cada clase de suelo para precisar los deberes y derechos de los propietarios en función de las características concurrentes. Así, el *suelo urbano consolidado* define las partes del entramado urbano dotadas de suficiente calidad en los servicios urbanísticos y susceptibles de la actividad edificatoria en los correspondientes solares. El *suelo urbano no consolidado,* en cambio, requiere de actividad urbanizadora que habrán de financiar los propietarios, bien para recuperar partes degradadas del casco urbano, bien para integrar en el mismo los vacíos generados por causas variadas como los traslados de actividades consumidoras de grandes espacios (ejemplos: instalaciones religiosas, militares o industriales). El *suelo urbanizable delimitado* incluye los terrenos cuya urbanización está definida espacial y temporalmente, de manera que permite determinar los propietarios que van a generar la financiación de las operaciones urbanizadoras en un cierto plazo. El *suelo urbanizable no delimitado,* por el contrario, conforma una bolsa de terrenos pendiente del establecimiento de las coordenadas espaciales y temporales que permitan poner en marcha la urbanización. El *suelo no urbanizable genérico* es el excluido de la urbanización aunque sin impedir algunas construcciones siempre que no lleguen a formar núcleo de población. Por fin, el *suelo no urbanizable especial* se emplea para los espacios requeridos de una intensa protección por sus valores ambientales.

Dentro de las clases y en su caso categorías de suelo se lleva a cabo la *zonificación* urbanística, técnica que consiste en el establecimiento de los usos y actividades característicos de un determinado ámbito espacial precisando su vocación residencial, industrial, terciaria o turística en suelo urbano y urbanizable, o el destino agrícola, ganadero, forestal o de reserva integral en el suelo no urbanizable. La zonificación del suelo urbano y del urbanizable conlleva la creación de áreas homogéneas con sus respectivos usos globales o genéricos, incluyendo a veces también las condiciones de uso, intensidad o densidad. En aplicación o complemento de la zonificación, se produce la *calificación*, técnica que designa la atribución de los usos pormenorizados de cada parcela. La zonificación y la calificación se establecen en el planeamiento, reservándose al plan general la determinación de zonas con un régimen pormenorizado en el suelo urbano consolidado, y la previsión de los usos de los diferentes sectores del suelo urbano no consolidado y del suelo urbanizable delimitado.

Régimen urbanístico de la propiedad del suelo

Función social y contenido esencial del derecho de propiedad. La propiedad fue configurada en la codificación civil como un derecho subjetivo del dueño integrado por facultades genéricas de disposición, goce y exclusión, solo ocasionalmente objeto de limitaciones externas al propio derecho, según queda reflejado en el art. 348 del Código Civil de 1889. Ello no impidió, sin embargo, la paulatina transformación del derecho de propiedad en la legislación administrativa, que fue alumbrando diferentes tipos de propiedad. El art. 33 de la Constitución de 1978 recoge estos planteamientos, al establecer que la función social del derecho de propiedad «delimitará su contenido, de acuerdo con las leyes». En consecuencia, corresponde a las leyes determinar las facultades concretas que integran el derecho de propiedad de los diferentes bienes, de acuerdo con los intereses públicos concurrentes en los mismos.

En el ámbito urbanístico podemos ver perfectamente reflejada la evolución producida en relación con el derecho de propiedad privada. Así, cabe constatar que en el art. 350 del Código Civil el llamado *ius aedificandi* forma parte del derecho de propiedad como un contenido genérico, pues en dicho precepto se establece que «el propietario de un terreno puede hacer en él las obras que le convengan», sujetándose el derecho, por lo que se refiere a los intereses urbanísticos, a los reglamentos de policía, esto es, a limitaciones de seguridad, salubridad e higiene. En cambio, un planteamiento distinto encontramos en la legislación urbanística desde la misma LS'56 al preverse, de una parte, que «las facultades del derecho de propiedad se ejercerán dentro de los límites y con el cumplimiento de los deberes establecidos en esta ley o, en virtud de la misma, por los planes de ordenación» y, de otra parte, que «la ordenación del uso de los terrenos y construcciones no conferirá derecho a los propietarios a exigir indemnización, por implicar meras limitaciones y deberes que definen el contenido normal de la propiedad». Esas fórmulas han continuado en buena medida vigentes en la sucesiva legislación en la materia, donde se afirma que la ordenación territorial y urbanística determinan las facultades y deberes del derecho de propiedad del suelo, sin que tal determinación confiera derecho a exigir indemnización salvo las excepciones previstas en las leyes, caracterizándose el derecho de propiedad como un régimen estatutario que resulta de su vinculación a concretos destinos.

No obstante, en el ámbito del urbanismo, la garantía del contenido esencial incluye la necesidad de atribuir el *ius aedificandi* al derecho de propiedad genéricamente considerado. Al mismo tiempo, la función social del derecho impone precisar: *a)* que no todas las propiedades deben disfrutar de dicho *ius aedificandi,* pues las facultades edificatorias derivan exclusivamente del planeamiento y de la legislación urbanísticas, negándose, por ejemplo, toda edificabilidad con carácter general en el suelo no urbanizable especial; *b)* que la legislación urbanística sujeta la efectiva adquisición del derecho a edificar al cumplimiento de deberes y cargas urbanísticas como la cesión de una parte de la edificabilidad, la cesión de suelo para dotaciones públicas, o financiar e incluso ejecutar la urbanización; y *c)* que existe también el deber de edificar, cuyo incumplimiento puede determinar la privación del correspondiente derecho.

Aprovechamiento urbanístico. El derecho al aprovechamiento urbanístico (o a la edificabilidad) es un bien distinto del suelo mediante el que se materializa el derecho a edificar en suelo urbano o urbanizable (en suelo no urbanizable no hay propiamente derechos edificatorios). Su ejercicio no ha de producirse precisamente en el suelo que lo ha originado, puesto que la ordenación establecida en el planeamiento es necesariamente desigual, tanto por razón de las infraestructuras y dotaciones públicas como debido a la zonificación y la calificación, con su diversidad de usos, intensidades y condiciones de aprovechamiento de los terrenos. De ahí que, cuando han de realizarse procesos de urbanización o reurbanización de los terrenos (lo que sucede en suelo urbanizable y en suelo urbano no consolidado), haya de procederse a la distribución equitativa de los beneficios y las cargas derivados del planeamiento entre todos los propietarios incluidos en el mismo ámbito de actuación.

Para calcular el contenido del derecho al aprovechamiento urbanístico se emplea la distinción entre el aprovechamiento objetivo y el subjetivo. Ambos conceptos expresan la edificabilidad, para lo cual ha de tenerse en cuenta el uso constructivo (residencia, industria, servicios y otros) y el tipo de construcción (manzana abierta o cerrada, edificio exento, vivienda unifamiliar aislada o adosada, etc.), aplicando los factores de ponderación que permiten homogeneizar los diferentes destinos (ejemplo: el metro cuadrado de vivienda aislada equivale a 1, el de oficinas a 0,75 y el de industria a 0,5). Pues bien, tras realizar las operaciones de homogeneización de los diversos usos, el aprovechamiento objetivo es la superficie edificable que se prevé por el planeamiento en un ámbito determinado, mientras que el aprovechamiento subjetivo es la superficie edificable que el propietario puede incorporar legalmente a su patrimonio. El primero establece la edificabilidad de manera desigual, pues, como ya hemos indicado, mientras unas fincas pueden estar destinadas a usos residenciales intensivos, otras van a ser ocupadas por plazas, calles y diversas infraestructuras y dotaciones, mientras que el segundo debe repartir equitativamente la edificabilidad entre los propietarios de determinados ámbitos.

Para llevar a cabo la distribución equitativa del aprovechamiento urbanístico subjetivo, la legislación aragonesa emplea el llamado aprovechamiento medio, unidad de medida que determina el promedio de aprovechamientos objetivos de un ámbito territorial (suelo urbanizable delimitado, sector o unidad de ejecución). Así, el aprovechamiento subjetivo, esto es, la edificabilidad que cada propietario puede materializar, se fija en un porcentaje del aprovechamiento medio correspondiente a su finca, una vez deducido el porcentaje de dicho aprovechamiento reservado legalmente al patrimonio público de suelo, que normalmente es el 10 por ciento de la edificabilidad aunque en determinados supuestos puede llegar al 20 por ciento. Ello lleva a distinguir ámbitos excedentarios, cuyo mayor aprovechamiento objetivo puede emplearse para compensar a los propietarios de ámbitos deficitarios que no llegan a cubrir el aprovechamiento subjetivo que les corresponda. No obstante, en suelo urbano consolidado se hace coincidir directamente el aprovechamiento subjetivo con el objetivo.

Suelo urbano, la ciudad existente

Régimen tradicional. El suelo urbano es la clase de suelo invariablemente contemplada en la legislación urbanística con esa denominación para identificar la ciudad existente, esto es, los entramados de población urbanizados. Sin embargo, uno de los mayores problemas ya crónicos de nuestros pueblos y ciudades ha derivado del tratamiento legislativo uniforme de esa clase de suelo otorgando derechos edificatorios directos a los propietarios. Ese planteamiento desconoce la existencia de situaciones muy diferentes en los entramados urbanos, donde las zonas bien dotadas de servicios se combinan fácilmente con zonas degradadas, vandalizadas, despobladas o simplemente no urbanizadas. El suelo urbano no consolidado o desconsolidado ha sido una realidad particularmente ignorada cuando el juego de los supuestos legales determinantes de la clasificación como suelo urbano ha llevado a la consecuencia de permitir la actuación en polígonos e incluso en manzanas aisladas o en solares, olvidando con facilidad la situación del entramado urbano afectado, que frecuentemente requiere de actuaciones urbanizadoras en ámbitos más amplios.

La legislación estatal ha venido, así, imponiendo la clasificación como suelo urbano, no solo de los terrenos que contaban con los servicios urbanísticos considerados suficientes (acceso rodado, abastecimiento y evacuación de agua, y suministro de energía eléctrica), sino también de los terrenos consolidados por la edificación en porcentajes que han variado desde el 20 ó del 50 por ciento en la LS'56 hasta porcentajes del 50 ó del 75 por ciento en el TRLS'76.

En contraste con los planteamientos del legislador estatal, ha de resaltarse el papel de una jurisprudencia atenta a las múltiples variantes que presentan las pretensiones de los propietarios. Su punto de partida ha estado en apreciar el carácter reglado de los supuestos legales determinantes de la condición de suelo urbano. Si tal planteamiento podía haber llevado a la proliferación por vía judicial de la inclusión de terrenos en suelo urbano, ha de observarse que no es así, que la doctrina es aplicable tanto para incluir en suelo urbano un terreno como para excluirlo del mismo.

En la jurisprudencia se observa una tendencia a dar preponderancia al supuesto legal del suelo urbano dotado de los servicios urbanísticos esenciales frente al suelo urbano determinado por la consolidación de la edificación. Los servicios urbanísticos tienen que estar en el terreno de manera efectiva o precisando simples obras de conexión, pero sin que sea suficiente la proximidad a los mismos, por lo que no se puede clasificar como urbano un terreno cuando tales servicios han de ser modificados o ampliados. Los mismos servicios no solo deben servir a la edificación presente sino también a la prevista para el futuro. En todo caso, no basta con la presencia de servicios suficientes, sino que el terreno tiene que estar integrado en la malla urbana.

Suelo urbano consolidado y solares. El suelo urbano consolidado se configura como el suelo urbano que el plan general no considera necesitado de procesos urbanizadores ni rehabilitadores. En el mismo se admite directamente el derecho del propietario a edificar siempre que los terrenos puedan ser calificados como solares (por estar urbanizados, tener alineaciones y rasantes, y no requerir cesión de viales). De esta manera, el concepto de solar pasa a ser determinante de los efectos característicos del suelo urbano consolidado. No se puede decir que ambos conceptos coincidan, pues el suelo consolidado puede carecer de algunos elementos de la urbanización que, en cambio, se exigen a los solares. Además, los solares pueden existir o producirse en todo el suelo urbano sin necesidad de que esté incluido en la categoría de consolidado (categoría que no existe en los municipios sin planeamiento); incluso ha de tenerse en cuenta que los terrenos del suelo urbano no consolidado y del suelo urbanizable, una vez urbanizados de acuerdo con el planeamiento, habrán de ser considerados como parte del suelo urbano consolidado. Aun así, cabe afirmar que la conversión en solar constituye el destino natural del suelo urbano consolidado.

Ahora bien, conviene tener en cuenta que los anteriores requisitos determinantes de la condición de solar y del derecho a edificar no se exigen como elementos necesariamente existentes en la realidad física, ya que se puede autorizar la edificación con previa o simultánea realización de las obras de urbanización pendientes que sean precisas para su conversión en solar.

Suelo urbano no consolidado. La categoría del suelo urbano no consolidado se ha impuesto en la legislación urbanística de las CCAA en respuesta a las necesidades de urbanización o reurbanización que presentan amplios ámbitos de nuestras ciudades. Tanto en la realidad como en su régimen jurídico, está más cerca del suelo urbanizable que del urbano consolidado, ya que en el suelo urbano no consolidado se exige la urbanización de los terrenos, o la renovación o reforma integral de la misma, como obligación que corresponde a los propietarios afectados, que han de distribuir equitativamente entre sí los beneficios y cargas derivados del planeamiento.

Suelo urbanizable, la ciudad futura

Límites al crecimiento. En el suelo urbanizable se producen los crecimientos del entramado urbano conforme a las previsiones del plan general. Tradicionalmente en la legislación urbanística la clasificación de suelo urbanizable se consideraba de carácter discrecional con el único límite de respetar necesariamente los supuestos reglados determinantes de las otras dos clases de suelo, que comprenden todo el suelo urbano como acabamos de ver y una parte significativa del suelo no urbanizable como veremos en el siguiente epígrafe. Sin embargo, como ya hemos visto, la derogada LRSV'98, conforme a la filosofía urbanística liberal, cambió esos planteamientos al establecer que el suelo urbanizable era el de carácter residual, de manera que había de comprender todo el suelo que no debiera ser clasificado como urbano ni como no urbanizable. Tal límite positivo para el planificador ya ha desaparecido de la legislación urbanística, que, muy al contrario, ahora establece importantes límites negativos para la clasificación del suelo urbanizable.

En efecto, la capacidad del plan general de clasificar suelo urbanizable resulta limitada por la exigencia legal de coherencia con el modelo de evolución urbana y ocupación del territorio establecido en el propio plan. En Aragón, el modelo de evolución urbana y ocupación del territorio se refiere a un determinado horizonte temporal y al modelo de ciudad compacta, que implica el respeto a las siguientes reglas: *a)* la generación de nuevos núcleos de población está prohibida, salvo que venga prevista en instrumentos de ordenación territorial, y además, cuando proceda, habrá de justificarse en concretas razones de interés público; y *b)* en todo caso, los desarrollos de los núcleos de población existentes están sujetos a límites, ya que, de un lado, se prohíbe alterar de manera significativa la capacidad o superficie de dichos núcleos, y de otro, la ejecución de los mismos ha de ser previsible en el horizonte temporal del plan, extremos ambos que han de analizarse y justificarse en la correspondiente memoria. Por tanto, las previsiones del plan general relativas al suelo urbanizable, que es donde se producen los nuevos núcleos de población o los desarrollos de los existentes, han de respetar esos requisitos tendentes a favorecer el modelo legal de ciudad compacta.

En definitiva, el legislador urbanístico aragonés, excluyendo decididamente el carácter residual del suelo urbanizable, ha optado por limitar la tradicional discrecionalidad reconocida al plan general en esa materia, exigiendo que todo crecimiento del entramado urbano, es decir, la clasificación como suelo urbanizable, sea justificado adecuadamente. De esta manera, se trata de impedir que la discrecionalidad pueda ser empleada por el planificador, como se comprueba frecuentemente en la práctica, para clasificar mucho suelo urbanizable y promover el desarrollo constante e insostenible de la urbanización.

Suelo urbanizable delimitado o no delimitado. La legislación aragonesa permite al plan general diferenciar las categorías del suelo urbanizable delimitado y no delimitado de manera semejante a como se hace en otras CCAA, aunque las denominaciones pueden variar (sectorizado y no sectorizado, e inmediato y diferido o residual). Con estas categorías se atiende al criterio esencial de si el planeamiento ha establecido o no el ámbito territorial en el que pueda producirse la urbanización de los terrenos (los sectores), pues antes de la delimitación no están identificados los propietarios que deben financiar la urbanización.

El suelo urbanizable delimitado precisa para ser urbanizado de una ordenación detallada, que puede contenerse directamente en el mismo plan general o más habitualmente en un plan parcial, habiendo de desarrollarse a partir de entonces las actuaciones de transformación. El suelo urbanizable no delimitado se excluye de la urbanización y se sujeta al régimen del suelo no urbanizable genérico mientras no se proceda a la delimitación de sectores por los correspondientes planes parciales.

Suelo no urbanizable, el excluido de la urbanización

Como ya hemos indicado, el suelo no urbanizable fue así llamado en la reforma urbanística de 1975-1976, frente a la anterior denominación de suelo rústico, con la finalidad de reflejar el objetivo prioritario de la legislación urbanística, que aquí es la exclusión de la típica actividad urbanizadora. En la legislación urbanística aragonesa se advierte tal planteamiento, en relación con esta clase de suelo, al prohibirse tanto las parcelaciones que den lugar a núcleos de población como cualquier división en contra del régimen de las unidades mínimas de cultivo.

Sin embargo, junto al anterior elemento común, en el suelo no urbanizable confluyen dos supuestos de características y efectos muy diferentes: uno es el suelo no urbanizable especial, que está constituido por terrenos en los que se aprecian particulares valores merecedores de protección y donde en principio debe descartarse toda utilidad urbanística vinculada a la edificación; otro es el suelo no urbanizable genérico, que se quiere mantener libre o destinado a las utilidades agrarias, pero sin excluir algunos usos edificatorios siempre que no llegue a formarse un núcleo de población.

Suelo no urbanizable especial. En el suelo no urbanizable especial, el plan general ha de incluir los siguientes supuestos:

a) Los terrenos excluidos de su transformación urbanística por la legislación demanial, ambiental y del patrimonio cultural. Se trata aquí de la asunción por la legislación urbanística de las variadas exigencias territoriales establecidas en la restante legislación administrativa. Se incluyen desde bienes de dominio público y propiedades colindantes con los mismos (aguas, costas, carreteras) hasta espacios objeto de específicas declaraciones protectoras, como las zonas húmedas de especial interés, los parques nacionales o naturales y demás espacios naturales protegidos, así como las diversas figuras de bienes de interés cultural o similares.

b) Los territorios que presentan riesgos para la seguridad de las personas y los bienes, especialmente los que tienen problemas de tipo geológico, morfológico, de inundación o de producción de otros accidentes graves. La apreciación de estos riesgos puede derivar de instrumentos ordenadores vinculados a sectores administrativos como los de protección civil, hidrología forestal o protección del medio ambiente, cuyas previsiones han de asumirse por las autoridades urbanísticas, pero también cabe que el plan general realice una propia valoración de estos riesgos.

c) El suelo protegido por la ordenación territorial y urbanística, particularmente cuando la tutela deriva de valores ecológicos, agrícolas, ganaderos, forestales y paisajísticos. De esta manera, se reconoce una amplia potestad para que los instrumentos de ordenación del territorio regulados en las respectivas legislaciones y el plan general prevean mecanismos de protección del suelo aun en ausencia de declaraciones sectoriales.

El régimen del suelo no urbanizable especial es estricto, prohibiéndose en la legislación básica toda transformación ajena a los intereses públicos protegidos. De conformidad con ello, la legislación aragonesa excluye, en esta categoría de suelo no urbanizable, toda utilización urbanística salvo las construcciones, instalaciones o usos que pudieran haberse previsto en los instrumentos que ordenan los correspondientes sistemas de protección, exigiendo incluso que esos supuestos exceptuados de la prohibición general sean autorizados conforme al procedimiento aplicable en el suelo no urbanizable genérico, además de cualesquiera otras autorizaciones, licencias o controles ambientales o de otro orden que pudieren resultar preceptivos.

Suelo no urbanizable genérico. El suelo no urbanizable genérico está formado por los terrenos que el plan general no considere conveniente urbanizar y transformar en urbanos de acuerdo con el modelo de evolución urbana y ocupación territorial, modelo que, como sabemos, impone justificar legalmente los desarrollos urbanísticos. En consecuencia, la opción prioritaria pasa a ser el suelo no urbanizable genérico, que se configura legalmente como la clase y categoría residual.

En este suelo viene permitiéndose tradicionalmente cierta utilización urbanística de los terrenos dentro de la estricta prohibición de formar núcleos de población. La legislación básica únicamente admite actos y usos específicos que sean de interés público o social por su contribución a la ordenación y el desarrollo rurales o porque hayan de emplazarse en el medio rural, prohibiéndose en todo caso las parcelaciones urbanísticas. En la misma legislación básica se imponen diversos deberes a los propietarios que lleven a cabo las construcciones autorizadas en el suelo no urbanizable. Sin embargo, algunos de esos deberes, en realidad, no son más que una remisión a lo dispuesto en otros sectores legislativos (como los relativos a la conservación y restauración del suelo) o dependen de una ulterior actividad pública que aún no ha tenido lugar (como las prestaciones patrimoniales por los usos urbanísticos, que la legislación aragonesa permite establecer a los municipios). En consecuencia, nos queda el deber del propietario de costear, ejecutar y ceder las obras de conexión a las redes municipales de los servicios urbanísticos que sean precisos en la construcción autorizada.

En todo caso, los anteriores supuestos han sido desarrollados con algún grado de detalle en la legislación urbanística aragonesa, que distingue dos grupos de construcciones e instalaciones permitidas en el suelo no urbanizable genérico en función de que precisen autorización especial o licencia de obras:

    a) Los tres supuestos de autorización especial en la legislación aragonesa son los siguientes: primero, las construcciones de utilidad pública o interés social que hayan de emplazarse en el medio rural o que contribuyan de manera efectiva a la ordenación o el desarrollo rurales; segundo, las viviendas unifamiliares aisladas en municipios sin plan general; y tercero, las obras de rehabilitación de núcleos o edificios abandonados. La autorización especial pertinente en estos casos se configura conforme a las siguientes características: 1.ª) es un acto de competencia municipal pero sujeto a informe preceptivo (no vinculante) del consejo provincial de urbanismo; 2.ª) su objeto es valorar el interés público (o social) de la construcción, la necesidad de su emplazamiento en el medio rural y la viabilidad territorial de la misma, garantizando especialmente que no determinará la generación de tejido urbano; y 3.ª) es independiente de la licencia de obras, que habrá de solicitarse tras el eventual otorgamiento de la autorización.

b) Los supuestos sujetos únicamente a licencia municipal de obras en suelo no urbanizable genérico comprenden las siguientes modalidades de construcciones e instalaciones: primero, las destinadas a explotaciones agrarias; segundo, las vinculadas a la ejecución, entretenimiento y servicios de las obras públicas, donde se incluyen, a modo de ejemplo, gasolineras y establecimientos de hostelería de carretera; y por último, en determinadas condiciones, las viviendas unifamiliares cuando concurran las siguientes condiciones: 1.ª) que las autorice expresamente el plan general; 2.ª) la vivienda ha de ubicarse en lugares en los que no exista posibilidad de formación de un núcleo de población; y 3.ª) salvo que el plan general resulte más severo, entre otras condiciones se exige una sola vivienda por parcela, $10\,000$ m^2 de superficie mínima de parcela y 300 m^2 de superficie máxima construida.

Zonas de borde. Viene siendo habitual en la legislación urbanística de las CCAA prever la posibilidad de realizar construcciones que permitan una suerte de crecimiento vegetativo de los cascos urbanos en los pequeños municipios sin planeamiento. Dado que en estos casos la clasificación del suelo prescinde del suelo urbanizable, la opción más difundida en la legislación autonómica comparada consiste en establecer dentro del suelo no urbanizable regímenes especiales identificados como suelo de núcleo rural, suelo rústico de asentamiento tradicional, suelo de hábitat rural diseminado o denominaciones similares. En Aragón, la figura que cubre estas funciones es la zona periférica o de borde, que ya fue regulada en las Normas Subsidiarias Provinciales de 1991 y actualmente se regula en el art. 289 TRLUA'14.

La zona de borde es la parte del suelo no urbanizable contigua al suelo urbano con excepción de los terrenos integrados en el suelo no urbanizable especial. No se establece ahora, por tanto, un área fija de la zona de borde, mientras que en la LUA'99 la zona periférica estaba limitada por una línea de 150 metros en torno al suelo urbano. No obstante, la prolongación de las redes de los servicios urbanísticos del municipio no puede ser superior a 300 metros, previsión que, si no determina una medida fija de la zona de borde pues esta dependerá de las dimensiones de las parcelas afectadas, permite, al menos, establecer en cada caso un ámbito de desarrollo.

El objeto de la zona de borde es potenciar el poblamiento tradicional de los núcleos mediante viviendas unifamiliares aisladas, que se sujetan al régimen general de las construcciones en suelo no urbanizable genérico con las excepciones establecidas para las zonas de borde. Por tanto, habrán de ser autorizadas conforme a lo previsto para las construcciones en suelo no urbanizable genérico, es decir, al tratarse de viviendas unifamiliares, por la licencia municipal. No obstante, como regla especial, en estos casos el procedimiento relativo a la licencia está condicionado por la exigencia de previo informe favorable del consejo provincial de urbanismo.

Lección 11.ª Gestión urbanística

Gestión urbanística es la denominación habitual del conjunto de elementos previstos para ejecutar el planeamiento urbanístico. Comprende la realización de las obras de urbanización o rehabilitación, la obtención de terrenos para infraestructuras y dotaciones públicas, la participación del municipio en las plusvalías urbanísticas y la lucha contra la especulación.

Actuaciones integradas de urbanización

El objeto primordial de la gestión urbanística es la urbanización en ejecución del planeamiento, mediante las denominadas actuaciones de transformación urbanística. En la legislación urbanística aragonesa se establece una primera distinción entre actuaciones aisladas e integradas, ordenando con carácter general el empleo de las primeras en el suelo urbano consolidado, y de las segundas en el suelo urbano no consolidado y en el suelo urbanizable.

Las actuaciones aisladas deben llevarse a cabo por los propietarios y en algún caso por el municipio a fin de realizar las obras de urbanización complementarias que permiten formar los solares o ejecutar los sistemas generales, esto es, las infraestructuras que prestan servicio a toda la población.

En las actuaciones integradas se nos plantean las siguientes cuestiones: primera, elegir la forma de gestión, esto es, la manera en la que se van a organizar las actuaciones; segunda, delimitar los ámbitos en los que se va a actuar; tercera, precisar las obras que se van a realizar en el proyecto de urbanización así como las cargas correspondientes; cuarta, recomponer las titularidades jurídicas sobre los terrenos mediante la reparcelación; quinta, obtener los terrenos para las dotaciones públicas; sexta, determinar el régimen de conservación de la urbanización resultante. A continuación examinaremos los correspondientes procedimientos.

Un elemento común a los diversos instrumentos de gestión urbanística deriva de la previsión de un *procedimiento tipo* para la aprobación de los mismos, que es el establecido en relación con los proyectos de urbanización, procedimiento al que se remiten las normas sobre delimitación de unidades de ejecución, y aprobación de proyectos de reparcelación y compensación; la excepción es la relativa al procedimiento de selección del urbanizador que, al requerir la licitación pública, ha de sujetarse a otros trámites. El procedimiento tipo contempla la redacción de los documentos por los servicios municipales o por el promotor, la aprobación inicial por el alcalde (con silencio positivo por el transcurso de un mes), los trámites esenciales de información pública y audiencia de interesados durante veinte días, y la aprobación definitiva por el alcalde (con silencio positivo tras dos meses).

Formas de gestión. Las formas de gestión de las actuaciones integradas responden a dos grandes criterios. Conforme al primero, es el municipio el que actúa por gestión directa, bien como propietario de todos los terrenos de la unidad de ejecución adquiridos por expropiación forzosa, bien por cuenta de los propietarios en el llamado sistema de cooperación, supuesto en el que el municipio ejecuta las obras de urbanización mientras que los propietarios aportan el suelo de cesión obligatoria y pagan las cuotas de urbanización. De acuerdo con el segundo criterio, son los particulares quienes llevan a cabo la gestión indirecta de la urbanización, bien en su condición de propietarios que desarrollan el programa de compensación, bien como empresarios urbanizadores que, tras resultar adjudicatarios en pública licitación, ejecutan el programa de urbanización.

Estamos aquí ante una particular aplicación en el ámbito urbanístico de la variedad de formas de gestión de las competencias locales. En tal sentido cabe afirmar que ha de reconocerse a los municipios una amplia discrecionalidad para elegir la forma en que haya de gestionarse el planeamiento urbanístico, sin imponerles una determinada modalidad.

Unidades de ejecución. Las unidades de ejecución constituyen los ámbitos para desarrollar la gestión urbanística, habiendo de delimitarse de manera que permitan, en todo caso, el cumplimiento conjunto de los deberes de equidistribución, urbanización y cesión en la totalidad de su superficie. En el suelo urbano no consolidado se permiten las unidades de ejecución discontinuas, lo que permite gestionar unitariamente varios ámbitos degradados.

Proyecto de urbanización. Pieza clave de la gestión urbanística es el proyecto de urbanización, ya que el planeamiento, aun persiguiendo la transformación física del territorio, no diseña las obras materiales que deban ejecutarse. El proyecto de urbanización es el instrumento técnico que mediante la proyección de las obras concreta las previsiones del plan.

El proyecto de urbanización no forma parte del planeamiento; entra en juego cuando este se ha desarrollado hasta el escalón preciso para habilitar la ejecución urbanística. Es necesario, pues, contar previamente con el plan que corresponda a las distintas clases del suelo: en suelo urbano no consolidado puede ser el plan general directamente o, en desarrollo del mismo, un plan parcial o un plan especial de reforma interior (PERI), y en suelo urbanizable, el plan general directamente o, en los demás casos, un plan parcial.

A partir de ahí, el objeto del instrumento es, como indica su nombre, proyectar las obras de urbanización: pavimentación de calzadas, aparcamientos, aceras, redes de distribución de agua, alcantarillado, energía eléctrica, alumbrado público, jardinería y otras. Obras que no se proyectan aisladamente, pues, como se dice tras enumerarlas en el art. 70 RPU, «deberán resolver el enlace de los servicios urbanísticos con los generales de la ciudad y acreditar que tienen capacidad suficiente para atenderlos». Los costes de tales obras, así como los de las indemnizaciones procedentes, los planes y la retribución del urbanizador en su caso, se atribuyen como cargas de urbanización a los propietarios que participen en las correspondientes actuaciones integradas.

Proyecto de reparcelación. El proyecto de reparcelación es el procedimiento que permite regularizar la configuración de las fincas resultantes del planeamiento, situar los derechos de aprovechamiento, incluidos los correspondientes al municipio, en parcelas aptas para la edificación, y, salvo en el sistema de expropiación, distribuir equitativamente entre los propietarios los beneficios y las cargas que derivan del planeamiento urbanístico. Abreviadamente, la reparcelación es la agrupación de fincas de una unidad de ejecución para su nueva división ajustada al planeamiento.

Funciona mediante la atribución a los propietarios de derechos proporcionales a la superficie de sus fincas, a cuyo fin son aplicables las reglas de valoración del suelo establecidas en la legislación urbanística. Como resultado de la reparcelación el municipio adquiere la propiedad de los terrenos de cesión obligatoria y los propietarios comúnmente se subrogan en la titularidad de las nuevas parcelas (fincas de resultado), materializando así sus derechos al aprovechamiento urbanístico, aunque en algunos casos los derechos reparcelables pueden traducirse en la pertinente indemnización (reparcelación económica). Cuando haya actuado como promotor de la actuación de transformación urbanística un empresario urbanizador, este también puede ser retribuido, siempre con cargo a los propietarios, mediante la adjudicación de parcelas. Las parcelas quedan en todo caso afectadas a las cargas de urbanización correspondientes, debiendo advertirse, en relación con el porcentaje del aprovechamiento urbanístico de cesión obligatoria al municipio, que la legislación estatal, siguiendo aquí pautas de la autonómica, ha optado por eliminar la participación de la Administración en las correspondientes cargas de urbanización.

Obtención de terrenos dotacionales. La obtención de terrenos dotacionales para ubicar las infraestructuras o equipamientos urbanísticos es una cuestión que se plantea en todo tipo de procedimientos de gestión urbanística, tanto si se trata de actuaciones aisladas como de las integradas. A tal fin, el planeamiento urbanístico ha de diferenciar entre los sistemas generales, que prestan servicio a toda o gran parte de la población del municipio y que incluso pueden tener carácter supralocal o autonómico, y las dotaciones locales, que están al servicio de áreas inferiores o sirven para conectar con los sistemas generales. Los terrenos correspondientes se obtienen normalmente por el municipio mediante cesión obligatoria y gratuita en el desarrollo de las actuaciones integradas, pero si ello fuera inviable cabe obtener el suelo para sistemas generales por ocupación directa o expropiación forzosa, modalidades que en todo caso son las aplicables en el suelo urbano consolidado.

A través del procedimiento de la ocupación directa, se permite a la Administración obtener el suelo necesario para realizar infraestructuras o equipamientos públicos mediante el reconocimiento al propietario del derecho a integrarse en una unidad de ejecución excedentaria, es decir, allí donde el aprovechamiento objetivo sea superior al subjetivo de los propietarios de la unidad. Los propietarios afectados tienen derecho a ser indemnizados por el tiempo que media entre la ocupación de sus terrenos y la aprobación de la reparcelación de la unidad en la que fueron integrados, con el límite máximo de cuatro años, pasado el cual, el propietario puede exigir la apertura del expediente expropiatorio a fin de obtener el justiprecio correspondiente a su propiedad.

Conservación de la urbanización. Con carácter general, desde el momento de la recepción de las obras de urbanización corresponde a los municipios su conservación y el mantenimiento de las dotaciones e instalaciones de los servicios públicos salvo cuando el planeamiento urbanístico establezca el deber de conservación de la urbanización por los propietarios. De esta manera se pretende ajustar el dinamismo de la iniciativa urbanizadora privada a las limitaciones de la capacidad organizativa, técnica y financiera de muchos municipios.

Sistemas de gestión

Sistema de expropiación. Es sin duda el más antiguo. La Administración obtiene, mediante el pago de su justiprecio, todos los terrenos de la unidad de ejecución y ejecuta ella misma las obras de urbanización; a veces, incluso realiza también la edificación.

Entre las especialidades de la expropiación en materia de urbanismo, aparte de las relativas a las valoraciones y a la reversión, que se expondrán enseguida, se encuentran las dos siguientes: *a)* el sistema de tasación conjunta, que permite calcular en un solo procedimiento el justiprecio de todas las fincas expropiadas en una misma unidad de ejecución, fijando un común cuadro de precios que después se aplica a cada finca expropiada, y *b)* la posibilidad de satisfacer el justiprecio mediante la adjudicación de terrenos de valor equivalente, mecanismo que permite agilizar la gestión urbanística, si bien, para evitar abusos por parte de la Administración, se subordina al acuerdo con el expropiado.

Sistema de cooperación. Es otra modalidad de gestión directa de la urbanización por la Administración. Aquí los propietarios aportan el suelo de cesión obligatoria y pagan las cuotas de urbanización. Los propietarios que representen una cuarta parte de la superficie afectada pueden constituir una asociación administrativa de cooperación que colabore con la Administración. Pero la ejecución del proyecto de urbanización corresponde a la Administración.

Sistema de compensación. El sistema de compensación ha llegado a ser probablemente el más típico de la gestión urbanística, al menos hasta la introducción del sistema de urbanizador. En el mismo, se mantiene a los propietarios del suelo, distribuyendo equitativamente entre ellos el aprovechamiento urbanístico que les corresponda, atribuyéndoles la doble carga de ceder los terrenos dotacionales y de costear la urbanización conforme a las previsiones del planeamiento.

El sistema se configura como un fenómeno de autoadministración, ya que los propietarios deben organizarse mediante la junta de compensación, entidad de naturaleza privada que ejerce ciertas potestades administrativas, pudiendo beneficiarse de la expropiación forzosa y de la vía de apremio aplicadas por el ayuntamiento. Un porcentaje de propietarios que suponga el 50 por 100 de la superficie afectada, ha de tomar la iniciativa de elaborar los proyectos de estatutos de la junta (que regulan la entidad privada, normalmente una asociación) y de bases de actuación (que establecen las operaciones a realizar), cuya aprobación en ambos casos se atribuye al municipio. Los propietarios que no se incorporen voluntariamente a la junta podrán ser expropiados en beneficio de la misma, al igual que sucede en el caso de que dichos propietarios incumplan sus obligaciones.

La junta ejecuta el proyecto de urbanización, pudiendo financiar las obras mediante diversas modalidades: *a)* cuotas de urbanización proporcionales a los derechos de los propietarios; *b)* enajenación de terrenos reservados a tal fin; *c)* incorporación de una empresa urbanizadora a la junta a cambio de derechos de aprovechamiento, o *d)* créditos con garantía hipotecaria sobre las fincas, dado que la junta actúa como fiduciaria con pleno poder sobre las mismas. Conforme al principio de solidaridad de beneficios y cargas entre los propietarios, la junta es la única responsable frente a la Administración de la aplicación del sistema.

Sistema de urbanizador. El empleo exclusivo del sistema de concesionario o agente urbanizador constituyó la gran novedad que introdujo la legislación valenciana de 1994 (y se mantiene en la vigente legislación urbanística de Valencia). Desde esa experiencia el mecanismo ha sido exportado a la legislación urbanística de las restantes comunidades autónomas y del Estado a partir de la LS de 2007.

El sistema, en su planteamiento original, exige seguir un procedimiento complejo para la selección de la persona a la que se adjudica el programa de urbanización. Se inicia con la presentación de una propuesta de programación denominada alternativa técnica, que pueden presentar tanto los particulares, sean o no propietarios de los terrenos, como las Administraciones públicas e incluso el propio municipio. La alternativa técnica propone ámbito de actuación, bases técnicas y económicas, obras de urbanización, calendario de desarrollo y otros extremos. Corresponde al alcalde decidir discrecionalmente desestimarla o acordar su tramitación en competencia.

El procedimiento de tramitación en competencia comprende dos fases: la primera tiene por objeto seleccionar la opción urbanizadora técnicamente más conveniente, de manera que cualquier persona puede presentar alternativas técnicas, atribuyéndose de nuevo al alcalde la decisión conforme a los criterios legales de idoneidad; en la segunda fase, el mismo alcalde, de conformidad con las bases generales y particulares, selecciona al adjudicatario del programa de urbanización entre quienes hayan presentado proposiciones jurídico-económicas, que incluyen cargas de urbanización, terrenos disponibles por el licitador, relaciones entre el urbanizador y los propietarios, compromisos adicionales del urbanizador y otros extremos.

El urbanizador habrá de ejecutar el planeamiento conforme al programa de urbanización integrado por la alternativa técnica y la proposición jurídico-económica, formalizando sus compromisos en un contrato administrativo. Le corresponde redactar los proyectos de urbanización y reparcelación, llevar a cabo las obras de urbanización y realizar las cesiones de terrenos al municipio. Ejecutará la urbanización a costa de los propietarios afectados, bien a través de cuotas de urbanización, bien mediante la cesión de terrenos edificables, pudiendo exigir a la Administración la ejecución forzosa de las cuotas de urbanización o reclamar la cesión fiduciaria de terrenos. Entre las cargas de urbanización, que todos los propietarios deben retribuir en común al urbanizador, se incluyen el coste de las obras, proyectos e indemnizaciones, las aportaciones al patrimonio municipal del suelo y el beneficio empresarial del propio urbanizador.

Frente al urbanizador, la Administración dispone de las facultades propias del titular de un servicio público concedido: potestad sancionadora para los incumplimientos, potestad rescisoria con la correspondiente indemnización por razones sobrevenidas de interés público, potestad de modificación con arreglo a ciertos límites y potestad resolutoria para el caso de incumplimiento.

Lucha contra la especulación inmobiliaria

El intento de contener los precios del suelo y de la vivienda constituye una tradicional aspiración de la legislación urbanística reflejada en el art. 47 de la Constitución al relacionar la efectividad del derecho a la vivienda con una regulación del suelo «para impedir la especulación». Aquí vamos a referirnos a las técnicas particularmente diseñadas con ese objetivo, aunque advirtiendo de que, en realidad, se trata de un objetivo que ha de ser asumido en todas las instituciones urbanísticas.

Planteamientos generales. Con carácter general, conviene prevenirse frente a los periódicos intentos de alumbrar fórmulas milagrosas que contengan la especulación. Así, en la gran crisis técnica de la legislación urbanística iniciada en torno a 1990, se consideró que el problema del alza de los precios del suelo y la vivienda había de solucionarse incrementando la oferta. Desde ese diagnóstico común, se siguieron dos grandes líneas de actuación formuladas ambas en el año 1994: una fue la liberalización del suelo propiciada por el Tribunal de Defensa de la Competencia en un conocido informe, la otra consistió en incidir sobre la efectiva transformación del suelo mediante el sistema de urbanizador establecido en la legislación valenciana. Ambas fórmulas fracasaron estrepitosamente en su intento original de contener los precios del mercado inmobiliario, lo que llevó a buscar una nueva línea de solución en las reservas de suelo para viviendas protegidas, que se generalizaron en la legislación autonómica a partir del año 2000.

En relación con esas fórmulas, conviene tener muy claro que en ninguna experiencia capitalista el aumento de la oferta de suelo urbanizable de propiedad privada ha servido para contener los precios de la vivienda. Tanto en los grandes ensanches decimonónicos como en las actuales urbanizaciones dispersas se demuestra que los precios del suelo y de la vivienda suben precisamente conforme sube la oferta del mercado inmobiliario. Esto es un hecho que puede sonar a herejía económica, pero que, sin embargo, además de su indiscutible realidad, quizá encuentre su explicacion en la enorme capacidad de resistencia del propietario de suelo, consciente de que la materialización de sus plusvalías puede ser a largo plazo. Los precios del mercado inmobiliario no bajan ni se contienen con carácter inmediato porque se clasifique más suelo urbanizable, ni siquiera porque se urbanice efectivamente ese suelo. El efecto del mercado en el sector inmobiliario se produce, en forma súbita, cuando los precios han subido tanto que la burbuja formada ha de explotar, provocándose desastrosos efectos en el sistema financiero general. Al peligro económico se añaden en todo caso los efectos perversos del crecimiento constante de la urbanización a costa del consumo desbordado del recurso natural suelo y también del vaciamiento de zonas urbanas cada vez más degradadas, pues la creación de nuevos barrios residenciales suele ir, en efecto, acompañada de la generación de baldíos urbanos, amplios espacios que han perdido o van perdiendo los elementos determinantes de la cualidad de ciudad.

Por otra parte, un desarrollo excesivo del mercado intervenido de viviendas protegidas supone un acceso injusto y ficticio al derecho de propiedad de la vivienda: injusto porque los aspirantes a la vivienda económica siguen superando las cifras de viviendas protegidas que cabe ofrecer, de manera que la objetividad se traduce en el sorteo de las adjudicaciones ofreciendo, pues, a los beneficiados todo, y al resto de solicitantes nada; ficticio porque los conjuntos crecientes de limitaciones de uso y disposición de las viviendas protegidas apartan en realidad a las familias beneficiadas del acceso futuro al mercado de vivienda, con peligro de que los grandes conjuntos de viviendas protegidas terminen convertidos en guetos.

No hay soluciones fáciles para controlar la subida del precio de la vivienda. Las diversas medidas previstas contra la especulación requieren de una aplicación fiel a sus objetivos y constante a lo largo del tiempo.

Patrimonios públicos de suelo. Los patrimonios públicos de suelo proporcionan uno de los instrumentos más tradicionales de lucha contra la especulación inmobiliaria. Constituyen patrimonios separados en los que se incluyen todos los bienes patrimoniales de la respectiva Administración que resulten clasificados como suelo urbano o urbanizable, especialmente los obtenidos en las cesiones de terrenos (o su importe en metálico), en las expropiaciones urbanísticas, y en el ejercicio de los derechos de tanteo y retracto a los que enseguida nos referiremos.

El destino de los bienes y recursos de estos patrimonios es cuestión que no cabe considerar adecuadamente resuelta en nuestra legislación. El destino preferente es la construcción de viviendas protegidas, pero se admiten también otros usos de interés social, concepto en el que se incluyen cualesquiera obras de urbanización y dotaciones públicas. Se configura, así, un régimen ambivalente, pues si el destino para viviendas protegidas permitiría configurar los patrimonios públicos del suelo como medios de lucha contra la especulación, en cambio, el empleo en obras públicas los transforma en un medio de financiación al margen de la disciplina presupuestaria. En la práctica municipal, en muchas ocasiones termina dominando la vinculación de este patrimonio a las obras de urbanización, de manera que se empieza diseñando una gran obra pública y luego se busca la manera de financiarla con el patrimonio municipal del suelo.

Conviene precisar que los usos de los terrenos de los patrimonios públicos de suelo serán naturalmente los previstos en el planeamiento urbanístico, de manera que en su caso serán los ingresos generados por las correspondientes enajenaciones los que permitirán asegurar los citados destinos de los patrimonios públicos de suelo. En la legislación urbanística de las CCAA se regulan los procedimientos a seguir en las enajenaciones de terrenos o aprovechamientos de estos patrimonios.

Áreas de tanteo y retracto. Finalmente nos referiremos a la delimitación de áreas de tanteo y retracto, procedimiento que permite a los municipios y a la Administración de la Comunidad Autónoma adquirir terrenos y edificaciones con la finalidad de facilitar el cumplimiento de los objetivos del planeamiento. Estas áreas pueden preverse en cualquier clase de suelo, bien por los planes urbanísticos bien conforme al procedimiento tipo de los proyectos de urbanización. Las delimitaciones están vigentes durante un plazo máximo de 10 años y determinan la sujeción de las transmisiones onerosas de bienes inmuebles al ejercicio de los derechos de tanteo y retracto en los términos previstos legalmente. Los derechos pueden ejercerse por la Administración correspondiente, ya para integrarlos en su patrimonio público de suelo, ya a favor de consorcios o empresas públicas.

Expropiación y responsabilidad en urbanismo

Expropiaciones urbanísticas. Pertenece al Estado la competencia legislativa para regular la expropiación forzosa, lo que explica que cuando se aplica la expropiación como forma de gestión urbanística haya de acudirse al régimen general en la materia (LEF'54), sin perjuicio de algunas especialidades previstas en relación con el urbanismo en el TRLSRU'15. No obstante, la legislación autonómica puede precisar los supuestos de utilización de la expropiación y otras cuestiones de organización y procedimiento.

En relación con las competencias autonómicas en materia de expropiación, desde la STC 251/2006 se admite que pueden comprender la regulación y composición de los jurados territoriales que establecen los justiprecios expropiatorios, al tratarse de cuestiones organizativas. La posibilidad se manifiesta en la autorización legal para constituir el Jurado Aragonés de Expropiación, que, si llega a constituirse algún día, será competente para fijar los justiprecios en las expropiaciones que lleven a cabo la Administración de la Comunidad Autónoma y las entidades locales aragonesas. Mientras tanto, siguen actuando los tradicionales jurados provinciales constituidos con arreglo a la LEF'54.

La expropiación como modalidad de gestión directa de la ejecución del planeamiento ha de emplearse por unidades de ejecución completas, comprendiendo todos los bienes y derechos incluidos en las mismas. Cabe también aplicar la expropiación para obtener terrenos dotacionales, constituir o ampliar patrimonios públicos del suelo y por incumplimiento de la función social de la propiedad, incumplimiento que deriva de la inobservancia de los deberes urbanísticos de los propietarios, especialmente de los plazos relacionados con el proceso de urbanización o con el deber de edificar.

El sistema de valoraciones del suelo del vigente TRLSRU'15 es de aplicación general, al igual que el establecido anteriormente en el TRLS'92, la LRSV'98 y el TRLS'08, de manera que los métodos de cálculo del valor del suelo son iguales para todo tipo de expropiaciones (urbanísticas o no) y se emplean también en otros ámbitos de la actividad urbanística, como los procedimientos de equidistribución o las indemnizaciones procedentes en caso de responsabilidad patrimonial de la Administración urbanística.

En la valoración del suelo correspondiente a cualquier expropiación, urbanística o no, se prescinde de la clasificación del suelo, que es sustituida por las dos situaciones básicas en las que puede encontrarse el mismo. Así, el *suelo rural* habrá de valorarse en todo caso (tanto si es suelo urbanizable como si se trata de suelo no urbanizable) por el método de capitalización de la renta anual real o potencial, que generalmente equivaldrá al rendimiento del que sea susceptible la explotación agraria del suelo. Los factores objetivos de localización del suelo, que determinan un notable aumento de su valor en los ámbitos periurbanos, inicialmente eran tenidos en cuenta para permitir el alza de la valoración del suelo rural hasta el doble de la cantidad obtenida por el método de capitalización de rentas. Sin embargo, ese límite cuantitativo fue declarado inconstitucional al considerarse que no alcanzaba el valor de la justa equivalencia ni respetaba el principio de igualdad en las cargas públicas (STC 141/2014).

En relación con el *suelo urbanizado* se establece el valor de repercusión del suelo conforme al método residual, y para la parte edificada se permite optar por el método de comparación con los valores en venta de fincas análogas o por el método residual (el de un valor superior). El método residual se utiliza por las ponencias de valores catastrales, cuyas valoraciones se aplican en las expropiaciones, aunque, en defecto o caso de obsolescencia de las mismas, el método puede aplicarse por vía pericial. Dicho método residual parte del valor en venta del producto inmobiliario final, del que se deducen el importe de la construcción, los costes de producción y los beneficios de promoción para terminar hallando el «valor básico de repercusión del suelo» en la parcela, que se aplica al aprovechamiento correspondiente al suelo (o al edificio existente, si su aprovechamiento es superior al del plan, en las operaciones de reforma interior).

En relación con las especialidades de las expropiaciones urbanísticas, conviene también hacer una referencia a la aplicación de la *reversión* que, como es sabido, constituye un complemento esencial del instituto expropiatorio. Conforme a la legislación general expropiatoria, la no ejecución de la obra o no establecimiento del servicio que motivó la expropiación, la existencia de alguna parte sobrante de los bienes expropiados o la desaparición de la afectación, determinan el derecho del expropiado (o sus causahabientes) a recuperar la totalidad o la parte sobrante de lo expropiado mediante el abono a su titular de la indemnización correspondiente. Desde la LRRU'90, los sucesivos legisladores urbanísticos han intervenido en esta materia para precisar el alcance de la reversión en relación con las alteraciones por parte del planeamiento urbanístico de los usos determinantes de la expropiación.

Las especialidades parecían necesarias a fin de no condicionar la plenitud de la potestad de planeamiento; de ahí que se excluyera la reversión cuando los nuevos usos fueran también dotacionales públicos aunque no exactamente para las mismas dotaciones que habían determinado la expropiación, o cuando estas se hubieran mantenido durante un período de ocho años. Sin embargo, debe tenerse en cuenta que excepciones similares han sido ya contempladas en la legislación expropiatoria general desde la modificación en 1999 de la LEF, por lo que pudiera resultar inconveniente el mantenimiento de un régimen jurídico parcialmente diferente para las reversiones en materia de urbanismo.

Responsabilidad patrimonial de la Administración urbanística. El régimen vigente de responsabilidad patrimonial de la Administración en materia de urbanismo se contiene fundamentalmente en la legislación básica. Siguiendo los planteamientos tradicionales en la materia, no se niega el derecho a indemnización, operándose, en cambio, sobre los conceptos de lo que se entiende por lesión o por bienes y derechos susceptibles de ser lesionados.

En cualquier caso, es preciso tener en cuenta el principio de responsabilidad de los poderes públicos, que figura nada menos que entre los principios recogidos en el título preliminar de la Constitución (art. 9.3, además del art. 106.2). Debe entenderse que el régimen de la responsabilidad patrimonial de la Administración en materia de urbanismo no queda agotado por las previsiones en la materia de la legislación urbanística, siendo siempre posible acudir a ese régimen general, como viene admitiéndose en la jurisprudencia.

Responsabilidad por alteración de instrumentos de planeamiento o urbanización. En materia de planeamiento el punto de partida debe ser el reconocimiento de un amplio *ius variandi* a la Administración, de manera que esta puede alterar los planes urbanísticos en función de las necesidades públicas, con arreglo a los límites de competencia, procedimiento y contenido establecidos en el ordenamiento jurídico. Cuestión diferente es que algunos supuestos de alteración del planeamiento puedan generar la responsabilidad patrimonial de la Administración urbanística.

Conforme a la tradicional regulación de la legislación urbanística en la materia, se admite la responsabilidad por alteración del planeamiento o de los instrumentos que regulen la ejecución de la urbanización cuando aquella se produzca antes de transcurrir los plazos previstos para su desarrollo o, transcurridos éstos, si la ejecución no se hubiere llevado a efecto por causas imputables a la Administración, así como, en todo caso, cuando la alteración determine la modificación o extinción de licencias u otros títulos habilitantes de obras y actividades.

Al aplicar esos supuestos legales (que ya figuraban en la legislación urbanística precedente), la jurisprudencia ha precisado de manera reiterada que el criterio determinante del deber de indemnización por alteración del planeamiento urbanístico ha de ser la existencia real de derechos patrimonializados, adquiridos, consolidados, no bastando con las meras expectativas o los intereses legítimos. Los derechos adquiridos, en el sentido de derechos indemnizables, solo existen como consecuencia de la realización de los deberes o las cargas que incumben al propietario.

El problema estriba en determinar el momento en que deben estimarse consolidados los derechos urbanísticos. En relación con los derechos al pleno aprovechamiento urbanístico, la jurisprudencia ha venido considerando que solo hay derechos adquiridos cuando se ha llegado a la fase de ejecución del planeamiento mediante las obras de urbanización.

Responsabilidad por vinculación singular. La responsabilidad patrimonial de la Administración urbanística por la imposición de vinculaciones y limitaciones singulares está prevista en dos casos: *a)* cuando excedan de los deberes legalmente establecidos respecto de construcciones y edificaciones, y *b)* cuando se produzca una restricción del aprovechamiento urbanístico que no sea susceptible de distribución equitativa. De esta manera, la superación del deber legal de conservación, por una parte, y la imposibilidad de equidistribución, por otra, se configuran como las causas determinantes de la indemnización de las restricciones del aprovechamiento urbanístico.

Responsabilidad en relación con las licencias. Se recogen también en la legislación urbanística como supuestos indemnizatorios los casos que cabe considerar más corrientes: anulación de una licencia u otro título administrativo habilitante de obras y actividades, demora injustificada en su otorgamiento o su denegación improcedente. La indemnización dependerá aquí de la concurrencia de los requisitos generales en materia de responsabilidad patrimonial de la Administración.

Responsabilidad por gastos inútiles. Finalmente, conviene indicar que en diversos preceptos se establece el derecho a indemnización de determinados gastos que de buena fe hayan podido realizar los particulares sin ninguna utilidad por efecto de la actuación administrativa.

Lección 12.ª Edificación y disciplina urbanística

Vamos a exponer, en la última, lección, el régimen de los diversos títulos urbanísticos: declaraciones responsables, comunicaciones y licencias, con particular detenimiento en estas. A continuación, referiremos los procedimientos de protección de la legalidad urbanística y el derecho sancionatorio en la materia.

Comunicaciones y declaraciones

Libertad de establecimiento. Como ya hemos visto al tratar de las autorizaciones ambientales, las tradicionales licencias municipales están afectadas por la libertad de establecimiento impuesta por la Directiva Bolkestein de 2006. Resultado de ello, en el ámbito urbanístico, es la aparición de nuevas modalidades de intervención administrativa.

Declaración responsable. Es el documento en el que cualquier persona manifiesta bajo su responsabilidad al alcalde: *a)* que cumple los requisitos legales para realizar un acto de transformación, construcción, edificación o uso del suelo y el subsuelo sujeto a declaración responsable; *b)* que dispone de documentación acreditativa de cumplir esos requisitos; y *c)* que se compromete a mantener el cumplimiento de tales requisitos durante el período de tiempo inherente a la realización del acto objeto de la declaración. Surte efectos desde el día de su presentación en el registro municipal.

En la legislación urbanística aragonesa se emplea en los siguientes supuestos: *a)* obras de nueva planta de escasa entidad constructiva y sencillez técnica que no tengan carácter residencial ni público y sean de una sola planta; *b)* obras de ampliación, modificación, reforma, rehabilitación o demolición de edificios existentes que no alteren la configuración arquitectónica ni tengan por objeto el cambio de los usos característicos del edificio; *c)* renovación de instalaciones; *d)* primera ocupación de las edificaciones; y *e)* talas que no afecten a espacios de alto valor paisajístico.

Comunicación. Es el documento en el que cualquier persona pone en conocimiento de alcalde que reúne los requisitos para realizar un acto de transformación, construcción, edificación o uso del suelo y el subsuelo no sujeto ni a licencia ni a declaración responsable. Tiene alcance residual, comprendiendo los supuestos no sujetos ni a licencia ni a declaración responsable.

Su contenido comprende: *a)* identificación y ubicación del objeto; *b)* declaración de que concurren los requisitos aplicables; y *c)* especificación de los requisitos relativos a seguridad de personas y bienes. Al igual que la declaración responsable, surte efectos desde el día de su presentación en el registro municipal.

Control municipal. El ayuntamiento dispone de potestades para exigir: *a)* la subsanación de deficiencias cuando advierta errores u omisiones en la declaración, comunicación o documentación adjuntada, con suspensión de los plazos aplicables en su caso; *b)* la práctica de la inspección en cualquier momento para verificar que se dispone de la licencia, declaración o comunicación que en cada caso proceda y que se actúa de conformidad con la misma; *c)* la realización de actuaciones en defensa de legalidad, incluyendo desde la suspensión de obras sin el título pertinente o contra el mismo, a la impugnación de licencias ilegales en función de los vicios; *d)* en caso de inexactitud, falsedad u omisión, puede declarar el cese en el ejercicio del derecho, la restitución de las cosas a su estado anterior e incluso decretar la imposibilidad del administrado de instar el mismo procedimiento con idéntico objeto por un plazo no inferior a 1 año; y *e)* en algunas CCAA se prevé un plazo de veto para que Administración pueda oponerse al inicio de la actuación pretendida, tras comprobar que la misma no se adapta a la normativa aplicable.

Elementos de las licencias urbanísticas

Elementos subjetivos. La facultad de resolver las licencias corresponde al alcalde. Debido a tal previsión de la legislación urbanística, no hay lugar a la aplicación de la regla del régimen local que permite a la legislación sectorial atribuir el otorgamiento de licencias al pleno o a la junta de gobierno local. No obstante, el alcalde puede delegar el ejercicio de su competencia.

Desde el punto de vista de quien pide la licencia, ha de advertirse que las licencias urbanísticas no tienen en cuenta las condiciones especiales del solicitante, pues consideran objetivamente la actividad haciendo abstracción de su titular, de modo que la capacidad y representación se rigen por las normas del procedimiento administrativo común. Igualmente, la participación de otras personas en el procedimiento de otorgamiento de las licencias se ajusta al régimen general, habiendo, así, de darse audiencia con notificación personal a los titulares de derechos subjetivos, mientras que los titulares de intereses tienen la carga de comparecer en el procedimiento salvo que resulten identificados en el mismo.

Tampoco es necesario acreditar la propiedad del suelo ni de la edificación, dado que las licencias no alteran las situaciones jurídico-privadas y se otorgan salvo el derecho de propiedad y sin perjuicio de terceros. No obstante, las particulares circunstancias de algunos supuestos de hecho llevan al legislador a alterar la regla anterior, permitiendo denegar la licencia si se pretende llevar a cabo una ocupación ilegal del dominio público. Finalmente, las licencias son libremente transmisibles, aunque la efectividad de la transmisión se subordina a su comunicación al municipio.

Elementos objetivos. La legislación urbanística identifica tradicionalmente el objeto de las licencias urbanísticas como los actos de edificación y uso del suelo, añadiéndose modernamente la referencia al subsuelo. El objetivo ha venido siendo no dejar fuera de la sujeción a licencia ninguna actividad realizada en el territorio. Sin embargo, en la actualidad, la lista legal de supuestos sujetos a licencia se ha reducido notablemente como consecuencia de la libertad de establecimiento impuesta en la Directiva Bolkestein.

El Estado y las comunidades autónomas también precisan de licencia urbanística municipal para las obras públicas de su competencia. No obstante, por razones de urgencia o excepcional interés público pueden beneficiarse de un procedimiento de excepción de la licencia, cuya resolución última corresponde al Consejo de Ministros o al Gobierno de la Comunidad Autónoma. Esa regulación legal, que procede del art. 180 TRLS'76, es una solución plenamente coherente con el ordenamiento urbanístico. Sin embargo, ha de completarse con una discutible jurisprudencia que viene considerando innecesaria la licencia urbanística (sin seguir, pues, el procedimiento de excepción de licencia) para la realización de grandes obras por el Estado o las comunidades autónomas, planteamiento que ha sido decididamente adoptado por el legislador sectorial.

En efecto, desde la Ley de Carreteras de 1988, diversas leyes han excluido de la necesidad de licencia municipal para diferentes obras públicas: carreteras, puertos, aeropuertos, obras hidráulicas. Finalmente, la Ley 13/2003 excepcionó de licencia municipal todas las obras públicas de interés general: los proyectos de esas obras se remitirán a los ayuntamientos para que informen sobre los mismos, aunque con absoluta prevalencia de la decisión estatal. Ya ni siquiera es necesario para imponer tal prevalencia que el enfrentamiento de soluciones se formalice ante el Consejo de Ministros.

Elementos causales. Las licencias son actos administrativos reglados. Se exigen para comprobar el ajuste de los actos de edificación o uso del suelo al ordenamiento jurídico. El alcalde no goza, pues, de libertad para decidir si otorga o no una licencia, debiendo acomodarse a la normativa aplicable. En tal sentido, no se puede condicionar su otorgamiento por cláusulas de contenido discrecional, pero sí se admite la introducción de condiciones en aplicación de la legalidad.

Las licencias urbanísticas no son constitutivas del derecho que ejerce el particular, limitándose a declarar o comprobar el lícito ejercicio de un derecho preexistente. Por ello, en caso de no resolución de las solicitudes de licencia había venido estableciéndose el efecto positivo del silencio administrativo. No obstante, conforme a la regla tradicional, en ningún caso podrán entenderse adquiridas por silencio administrativo facultades o derechos que contravengan la ordenación territorial o urbanística. Por añadidura, en los principales supuestos actualmente rige el carácter negativo del silencio.

Para resolver las solicitudes de licencias los municipios han de tener en cuenta el específico ordenamiento urbanístico, integrado por la legislación y el planeamiento, como nos consta, pero no otros sectores del ordenamiento jurídico cuya aplicación resulta ajena a la competencia municipal. En cuanto al régimen aplicable por razón del tiempo, la jurisprudencia, tras algunas dudas iniciales, sostiene la aplicación del régimen vigente en el momento en el que la Administración resuelve sobre la solicitud de licencia, siempre y cuando sea dentro del plazo aplicable para producir su resolución.

Elementos formales. Las solicitudes de licencias deben ir acompañadas de un proyecto técnico suscrito por profesional habilitado. La cuestión del técnico competente para suscribir los diferentes proyectos se regula en la compleja normativa profesional, aunque ha de tenerse siempre presente el reconocimiento constitucional de la libertad de profesión u oficio (art. 36 Constitución), que impide establecer restricciones que no estén fundadas en otros derechos reconocidos en el texto fundamental. Por añadidura, conforme al principio de libertad de prestación de servicios, el técnico podrá ser nacional de cualquier Estado miembro de la Unión Europea, facilitándose a tal fin su colegiación y ejercicio profesional.

En cuanto al contenido del proyecto, ha de entenderse que para la solicitud basta con el proyecto básico que define los caracteres generales de la obra, sin perjuicio de que en la licencia pueda requerirse la presentación del proyecto definitivo de ejecución con el mayor grado de detalle, dejando mientras tanto en suspenso los efectos de la misma. El régimen jurídico completo de la edificación se contiene en la Ley de Ordenación de la Edificación de 1999, en cuyo desarrollo se ha aprobado el Código Técnico de la Edificación de 2006, donde se fijan con todo detalle las prestaciones que han de proporcionar las edificaciones, cuyo cumplimiento puede ser acreditado mediante los documentos básicos regulados en el propio CTE'06 o por otros medios. No obstante, conviene tener en cuenta que la licencia habrá de limitarse a comprobar la existencia de los elementos documentales exigidos sin entrar a valorar su contenido, función que corresponde asumir al técnico responsable de la obra.

El régimen del tradicional visado profesional de los proyectos técnicos ha experimentado modificaciones, de nuevo, como consecuencia de la libertad de prestación de servicios. Así, los supuestos de obligatoriedad del visado se han limitado a los que establezca el Gobierno del Estado por su relación con la integridad y seguridad de las personas y por ser el medio de control más proporcionado, fijándose

como objeto del visado emitido por el correspondiente colegio profesional comprobar la identidad y habilitación profesional del autor del trabajo, y la corrección e
integridad formal de la documentación presentada. En relación con nuestra materia
ello supone: *a)* la continuidad del visado obligatorio únicamente para los proyectos
de ejecución y demolición de edificaciones, así como los certificados finales de
obra (Decreto 1000/2010); y *b)* la supresión del contenido urbanístico del visado,
esto es, de su función relativa a la comprobación por el colegio profesional de que
el proyecto técnico se ajustaba a la legislación y el planeamiento urbanístico.

Concurrencia de autorizaciones administrativas. Las licencias se rigen por el
principio de especialidad, por lo que solo habilitan para los concretos objetos de
competencia municipal. Junto a ellas la legislación ha ido atribuyendo variadas
autorizaciones, concesiones, permisos y otras intervenciones a la Administración
del Estado primero y a la Administración de la Comunidad Autónoma actualmente. El resultado es la fragmentación del conocimiento y control de las actividades
afectadas, con el riesgo adicional de que la actuación administrativa dispersa pueda
originar apariencias de legalidad al confundirse la parte con el todo.

Frente a tal situación, en el Derecho de la Unión Europea, se establecen las
siguientes soluciones: *a)* las resoluciones integradas, que siguen el modelo de la autorización ambiental integrada, donde diversas autorizaciones pasan a ser informes
preceptivos en el procedimiento principal; o *b)* la ventanilla única, expresión que,
tras haberse empleado en la experiencia española para designar la ayuda administrativa en el cumplimiento de los trámites exigibles para el desarrollo de las actividades económicas, está destinada a identificar un completo sistema electrónico que
proporcione la información necesaria para el ejercicio de la actividad, permitiendo
la realización de los trámites precisos y el conocimiento del estado de los procedimientos correspondientes.

Protección de la legalidad urbanística

Acción pública. Un primer instrumento apto para asegurar la observancia de
la legalidad urbanística viene dado por el tradicional reconocimiento en el Derecho
urbanístico español de la acción pública. Ello permite a cualquier persona, sin ningún requisito legitimador, exigir en vía administrativa o contencioso-administrativa
la observancia de la legislación y el planeamiento urbanístico.

Pero en relación con el control jurisdiccional de la actuación administrativa
ilegal, conviene destacar el problema que sigue planteándose con alguna frecuencia, y es la imposibilidad de ejecutar una sentencia firme que anula una actuación

urbanística ilegal porque la propia Administración ha modificado el planeamiento urbanístico precisamente con la finalidad de eludir la ejecución del fallo condenatorio. Tradicionalmente la jurisprudencia ha venido considerando que la imposibilidad legal de ejecutar una sentencia podía derivar del ejercicio del *ius variandi* de la Administración en relación con el planeamiento urbanístico; en tales supuestos había que proceder a sustituir la ejecución de la sentencia por una indemnización, cuyo alcance resultaba frecuentemente controvertido, especialmente si se había ejercido la acción pública y no podía alegarse la lesión de intereses patrimoniales. Sin embargo, en la misma jurisprudencia, se considera que el tribunal sentenciador puede imponer las consecuencias de la anulación de la licencia, pese a que formalmente resultare amparada por una nueva ordenación, si estima esta ilegal por haberse producido con el designio de eludir la ejecución de una sentencia. Se exige incluso a la Administración, cuando la modificación del planeamiento urbanístico incide sobre actuaciones ya declaradas ilegales por sentencia firme, demostrar que la modificación no tiene la finalidad de convertir lo ilegal en legal, sino la de atender racionalmente al interés público urbanístico, con la consecuencia de anularse la modificación del planeamiento cuando solo tiene por objeto legalizar lo realizado ilegalmente.

Obras ilegales. Al margen de lo anterior, nuestro Derecho urbanístico contempla específicamente unas medidas de protección de la legalidad urbanística. Las medidas en cuestión pueden ser clasificadas en función de si la actividad ilegal tiene carácter meramente material, es decir, se trata de obras ilegales, o se encuentra amparada por un acto administrativo.

Mientras las obras ilegales (sin licencia u orden de ejecución o en contra de lo establecido en las mismas) estén en curso de ejecución, la legislación urbanística concede al alcalde la facultad de disponer la paralización inmediata. A continuación, se iniciará un procedimiento administrativo tendente a verificar si las obras son o no legalizables, procediéndose en caso negativo a su demolición total o parcial, según proceda. Lo anterior debe entenderse sin perjuicio de la incoación del expediente sancionador procedente, aun en el caso de obras legalizables, pues realizar obras sin licencia está siempre sancionado administrativamente.

Cuando las obras ilegales se encuentran ya finalizadas no procede la suspensión de las mismas, por lo que directamente en la legislación urbanística se faculta al alcalde para abrir expediente de verificación de su legalidad con las consecuencias anteriormente indicadas. El límite temporal para la reacción administrativa se identifica con el de prescripción de la correspondiente infracción.

En los supuestos de obras ilegales, cuando el administrado no ejecuta las actuaciones de reposición u otras ordenadas por la Administración, esta puede emplear su privilegio de ejecución forzosa realizando la ejecución subsidiaria a costa del obligado.

Como es habitual en la regulación de estos casos, se reconocen potestades de intervención a otras autoridades distintas de las municipales. En Aragón, el director general de Urbanismo (o subsidiariamente el órgano comarcal competente) puede subrogarse en las competencias municipales, previo requerimiento al alcalde para su ejercicio sin éxito. Se prevén también potestades directas de actuación del citado director general cuando las obras afectadas precisan de la autorización especial relativa al suelo no urbanizable o al urbanizable no delimitado, así como para adoptar la medida provisional de paralización de las obras ilegales.

Licencias ilegales. En presencia de licencias, órdenes de ejecución u otros actos municipales ilegales, el objetivo de las medidas de protección de la legalidad es destruir el título administrativo que ampara a las obras ilegales. A tal fin cabe distinguir entre potestades de suspensión y de revisión.

La suspensión de los efectos de licencias u otros actos administrativos ilegales, como medida independiente, es adecuada cuando las obras están en curso de realización. La competencia para esta directa suspensión del acto local corresponde al alcalde, quien debe dar traslado al correspondiente juzgado de lo Contencioso-Administrativo a fin de que sea este quien anule o confirme el acto administrativo, conforme al procedimiento regulado en el art. 127 LJ'98.

La revisión es, en cambio, la medida pertinente cuando las obras ya están terminadas, aunque cabe también adoptar este procedimiento con obras en curso de realización, adoptando la medida cautelar (no independiente) de suspensión de la ejecución del acto sujeto a revisión. En todo caso se aplicará el régimen general de revisión de actos administrativos.

En la legislación urbanística preconstitucional se permitía a las autoridades estatales suspender o revocar en vía administrativa las licencias y otros actos municipales en materia de urbanismo que consideraran ilegales, sin perjuicio de ulteriores controles judiciales. El sistema entró en contraste con el que fue establecido de manera general para el control de los actos locales en los arts. 65 a 67 LBRL'85, donde, salvo el caso excepcional del art. 67, las Administraciones del Estado o de las comunidades autónomas no pueden producir por sí mismas la suspensión ni la revocación de actos de las corporaciones locales, pues el control de legalidad se reconduce a una impugnación jurisdiccional que, en su caso, posibilita en forma privilegiada la suspensión del acto local recurrido por el tribunal competente (y no por la Administración superior).

Ante ese problema, en un primer momento, la jurisprudencia del TS, entre 1983 y 1988, optó por considerar plenamente vigentes las potestades administrativas de control de los actos locales en materia urbanística. Sin embargo, el TC, al resolver recursos de inconstitucionalidad contra leyes autonómicas que habían regulado las mismas potestades, consideró que la legislación básica había suprimido toda posibilidad de suspensión administrativa de actos locales. Inmediatamente, esa jurisprudencia constitucional se asumió en la STS de 25 enero 1989, considerando derogada la forma de control de legalidad de los actos locales (suspensión administrativa y posterior impugnación jurisdiccional) permitida en la legislación urbanística estatal. En definitiva, las autoridades autonómicas que quieran oponerse a actos urbanísticos locales que estimen ilegales habrán de seguir siempre alguno de los procedimientos generales establecidos en los citados preceptos de la legislación básica del régimen local.

Infracciones y sanciones urbanísticas

Derecho penal. La incriminación de algunas conductas relacionadas con el urbanismo fue una de las novedades del Código Penal de 1995, que ha sido objeto de importantes precisiones tras la reforma general de 2010. En cuanto al bien jurídico protegido, literalmente el Código se refiere a «los delitos sobre la ordenación del territorio», que conforman un capítulo dentro del mismo título que los delitos sobre el patrimonio histórico y el medio ambiente. Sin embargo, se identifica fácilmente que es más bien la legalidad de la actividad urbanística y no la ordenación del territorio el bien jurídico protegido en esos preceptos. Se trata de delitos relacionados con la legalidad de la actividad urbanística, particularmente en lo referido al uso del suelo y la edificación.

En el *delito de obras no autorizables* se castiga «a los promotores, constructores o técnicos directores que lleven a cabo obras de urbanización, construcción o edificación no autorizables en suelos destinados a viales, zonas verdes, bienes de dominio público o lugares que tengan legal o administrativamente reconocido su valor paisajístico, ecológico, artístico, histórico o cultural, o por los mismos motivos hayan sido considerados de especial protección» (art. 319.1 CP). Se trata de un tipo repleto de conceptos requeridos de la adecuada interpretación, a fin de determinar los sujetos, las actividades y los lugares implicados.

Sujetos del delito únicamente pueden ser «los promotores, constructores o técnicos directores», agentes de la edificación que actualmente se encuentran definidos en la LOE'99. Conforme a la misma, promotor es quien decide, impulsa, programa y financia obras de edificación, constructor quien las ejecuta y director quien dirige su desarrollo, sea director de la obra o de su ejecución material. No es preciso que la actividad se ejerza profesionalmente, puesto que cabe ser promotor de la edificación «para sí», de modo que los particulares que promueven las obras de edificación pueden ser reos del delito, sean o no propietarios, e incluso si realizan autoconstrucciones. En cambio, no parecen poder ser castigados otros agentes de la edificación enumerados en la citada ley, como el proyectista, las entidades y laboratorios de control de la calidad de la edificación, los suministradores de productos de construcción, los propietarios no promotores y los usuarios por cualquier título de la edificación.

La actividad reprochada penalmente es exclusivamente una actividad de «obras de urbanización, construcción o edificación», expresión que, sin duda, es más amplia que la empleada en la redacción de 1995 («construcción»). No obstante, deja fuera todas las actuaciones urbanísticas que no se materialicen en obras, salvo que puedan considerarse supuestos de cooperación necesaria o de complicidad para llevar a cabo las obras.

Por añadidura, las obras deben ser «no autorizables», expresión que plantea algunos problemas importantes: *a)* el primero es el de si el precepto se refiere a las licencias y autorizaciones propiamente urbanísticas o comprende también las autorizaciones que puedan ser necesarias para el uso de bienes de dominio público y en general por exigencias de la restante legislación administrativa; *b)* el segundo problema deriva de la posible implicación de actos administrativos en el tipo penal, dado que las obras «no autorizables» pudieran contar con autorización (ilegal), tanto expresa como presunta por silencio administrativo, supuestos en los que no parece concurrir el elemento doloso; y *c)* el tercer problema es el relativo al posible contraste entre las calificaciones penales, administrativas y contencioso-administrativas de unas obras como no autorizables.

Por último, el delito que examinamos requiere que las obras no autorizables se realicen en ciertos lugares, cuya determinación precisará siempre el empleo de conceptos urbanísticos.

En el *delito de obras no autorizables en suelo no urbanizable* se castiga «a los promotores, constructores o técnicos directores que lleven a cabo obras de urbanización, construcción o edificación no autorizables en el suelo no urbanizable» (art. 319.2 CP). Los sujetos responsables y las actividades reprochadas coinciden con lo ya explicado sobre el anterior tipo delictivo, estribando la única diferencia en el lugar donde se llevan a cabo las «obras no autorizables», que aquí es todo el «suelo no urbanizable», tanto el genérico como el especial.

En el *delito de prevaricación urbanística* se castiga a «la autoridad o funcionario público que, a sabiendas de su injusticia, haya informado favorablemente instrumentos de planeamiento, proyectos de urbanización, parcelación, reparcelación, construcción o edificación o la concesión de licencias contrarias a las normas de ordenación territorial o urbanística vigentes, o que con motivo de inspecciones haya silenciado la infracción de dichas normas o que haya omitido la realización de inspecciones de carácter obligatorio» (art. 320.1 CP) y también «a la autoridad o funcionario público que por sí mismo o como miembro de un organismo colegiado haya resuelto o votado a favor de la aprobación de los instrumentos de planeamiento, los proyectos de urbanización, parcelación, reparcelación, construcción o edificación o la concesión de las licencias a que se refiere el apartado anterior, a sabiendas de su injusticia» (art. 320.2 CP).

Derecho administrativo sancionador. La inspección urbanística constituye el punto de partida de todo sistema de disciplina urbanística que pretenda ser eficaz. En Aragón, las funciones inspectoras se atribuyen a los municipios, la Administración de la Comunidad Autónoma y las comarcas, que habrán de ejercerlas mediante funcionarios públicos u otro personal al servicio de la Administración cuya relación contractual comporte similares garantías de imparcialidad y cualificación. Sin embargo, no siempre las corporaciones locales cuentan con los medios adecuados para el desenvolvimiento de las tareas de inspección.

La tipificación de las diferentes infracciones urbanísticas se desenvuelve en torno a dos grandes conceptos: *a)* las parcelaciones ilegales, calificación genérica en la que se agrupan las parcelaciones realizadas en contra del planeamiento urbanístico o antes de su aprobación, así como las que se lleven a cabo en suelo no urbanizable o sin previa licencia; y *b)* las infracciones en materia de suelo y edificación, que comprenden las actividades contrarias al uso legal del suelo, las edificaciones excesivas, la realización de obras en edificios fuera de ordenación y otros inmuebles excluidos de la edificación, los derribos y construcciones contrarios a los valores culturales, la infracción de ordenanzas y la ejecución de obras sin licencia o en contra de sus condiciones. En la legislación aragonesa se ha procurado precisar la descripción de las infracciones, clasificándolas en las categorías de leves, graves y muy graves en función de la intensidad de la perturbación y también de los daños ocasionados en los espacios públicos.

Es esencial que, con independencia de las multas pertinentes, se impongan a los responsables de las infracciones urbanísticas las obligaciones de *restaurar* el orden urbanístico alterado, *reponer* los bienes afectados a su estado anterior e *indemnizar* los daños y perjuicios causados.

Parcelaciones ilegales. Las parcelaciones urbanísticas ilegales constituyen una gran lacra frente a la que caben medidas preventivas, represivas y subsanadoras.

    a) Medidas preventivas. La reacción jurídica ante este fenómeno complejo ha obedecido a diversas orientaciones, la primera de las cuales puede considerarse de naturaleza preventiva. En efecto, las parcelaciones urbanísticas solo se permiten en suelo urbano o urbanizable, previa la aprobación del planeamiento urbanístico correspondiente y con sujeción a licencia municipal, estableciéndose además una serie de supuestos de indivisibilidad de las parcelas. Los problemas se generan por el auge, con fines urbanísticos enmascarados, de parcelaciones rústicas, justificadas como procesos normales de división o segregación de fincas rústicas. Por ello se ha ampliado el concepto de parcelación urbanística, haciendo comprender en el mismo la división simultánea o sucesiva de terrenos en dos o más lotes cuando pueda dar lugar a la constitución de un núcleo de población. Pero la indeterminación del concepto manifestó sus debilidades ante el espectacular aumento de las parcelaciones urbanísticas ilegales, lo que explica que apareciera, junto a la licencia municipal de parcelación urbanística, «la declaración municipal de su innecesariedad», que trata de evitar el carácter urbanístico de las parcelaciones rústicas.

b) *Medidas represivas.* Una segunda vía de reacción frente a las urbanizaciones ilegales es la represiva, esto es, el empleo de los medios de restablecimiento de la legalidad urbanística que ya conocemos: suspensión de obras en curso de realización, requerimiento de legalización, sanción y demolición en su caso. El problema aquí viene dado en la práctica por la prescripción de la infracción urbanística correspondiente, que determina la consolidación de las urbanizaciones ilegales. Particularmente interesante puede resultar en algún caso la previsión de la expropiación forzosa de los terrenos afectados a fin de eliminar la parcelación ilegal, excluyendo del justiprecio las plusvalías ilegales, esto es, valorando el suelo rural afectado (que será la hipótesis habitual) pero no la urbanización ni la edificación ilegales.

c) *Medidas regularizadoras.* Un tercer criterio frente a las urbanizaciones ilegales es el de tipo subsanador, que puede presentarse en varias modalidades de actuación administrativa. La más conocida es la regularización de las urbanizaciones ilegales situadas en suelo urbano o urbanizable y la reclasificación del suelo no urbanizable para, una vez clasificado como urbanizable, proceder a la regularización. En ocasiones, estas operaciones requerirán la alteración del planeamiento general o su elaboración y aprobación si no existía, así como, en su caso, del planeamiento parcial, pudiendo facilitarse el desenvolvimiento completo de las mismas mediante un convenio urbanístico. Son actuaciones que generalmente resultan costosas para el erario público y que solo pueden utilizarse en determinadas urbanizaciones ilegales.

Bibliografía

Obras generales

Medio ambiente

ESTEVE PARDO, J. (2022), *Derecho del medio ambiente*, 5.ª ed., Madrid, Pons.

FERNÁNDEZ DE GATTA, D. (2023)*, Sistema jurídico administrativo de protección del medio ambiente,* 11.ª ed., Salamanca, Ratio Legis

Observatorio de Políticas Ambientales (2006-2023), 1 volumen anual, Aranzadi (2006-2015), CIEDA-CIEMAT (2016-2022), BOE (2023).

LOZANO CUTANDA, B. y otros (2014), *Tratado de Derecho ambiental*, Madrid, Centro de Estudios Financieros.

LOZANO CUTANDA, B. y J. C. ALLI TURRILLAS (2022), *Administración y legislación ambiental. Manual y materiales complementarios*, 12.ª ed., Madrid, Dykinson.

ORTEGA ÁLVAREZ, L. y C. ALONSO GARCÍA, dirs. (2013), *Tratado de Derecho ambiental*, Valencia, Tirant.

TORRES LÓPEZ , M. A. y E. ARANA GARCÍA, dirs. (2018), *Derecho ambiental*, 3.ª ed., Madrid, Tecnos.

VALENCIA MARTÍN, G. (2017), *Jurisprudencia constitucional y medio ambiente*, Cizur Menor (Navarra), Aranzadi.

Medio ambiente urbano

BAÑO LEÓN, J. M. (2009), *Derecho urbanístico común*, Madrid, Iustel.

GARCÍA DE ENTERRÍA, E. y L. PAREJO ALFONSO (1981), *Lecciones de Derecho urbanístico,* 2.ª ed., Madrid, Civitas.

GIFREU, J., BASSOLS, M. y A. MENÉNDEZ, dirs. (2016), *El derecho de la ciudad y del territorio*, Madrid, INAP.

FERNÁNDEZ RODRÍGUEZ, T. R. (2023), *Manual de Derecho urbanístico,* 27.ª ed., Madrid, Civitas.

LÓPEZ RAMÓN, F. (2013), *Introducción al Derecho urbanístico*, 4.ª edición, Madrid, Marcial Pons.

MARTÍN REBOLLO, L. y R. O. BUSTILLO BOLADO (dirs.) (2009), *Fundamentos de Derecho urbanístico,* 2 tomos, 2.ª ed., Cizur Menor (Navarra), Aranzadi.

Monografías y artículos

1. Evolución de políticas ambientales

ÁLVAREZ GONZÁLEZ, E. M. (2022), «La Asamblea Ciudadana para el Clima: ¿un modelo a seguir en las asambleas ciudadanas regionales y locales?», *Actualidad Jurídica Ambiental*, 122.

CONFERENCE ON THE FUTURE OF EUROPE (2022), *Report on the final outcome*.

CONSEIL D'ÉTAT (2013), *La démocratie environnementale,* La Documentation Française.

CONVENTION CITOYENNE POUR LE CLIMAT (2021), *Les propositions de la Convention citoyenne pour le climat.*

DUVIC-PAOLI, L. A. (2022), «Re-imagining the Making of Climate Law and Policy in Citizens' Assemblies», *Transnational Environmental Law*.

FISCHER-LESCANO, A. (2020), «Nature as a Legal Person: Proxy Constellations in Law», *Law & Literature*, 32:2.

HOOPS, B. (2022), «What if the Black Forest Owned Itself? A Constitutional Property Law Prespective on Rights of Nature», *Transnational Environmental Law*.

KAUFFMAN, C. M. & P. L. MARTIN (2023), «How Ecuador's Courts Are Giving Form and Force to Rights of Nature Norms», *Transnational Environmental Law*.

KINGSTON, S. *et al.* (2023), «Empowering Through Law: Environmental NGOs as Regulatory Intermediaries in EU Nature Governance», *Transnational Environmental Law*.

LÓPEZ RAMÓN, F. (2021), «Cambio climático y participación a la francesa», *Revista Aragonesa de Administración Pública*, 57.

LÓPEZ RAMÓN, F. (2023), *La nueva gobernanza climática*, Prensas de la Universidad de Zaragoza.

LOZANO CUTANDA, B. (2007), «Eclosión y crisis del Derecho ambiental», *RAP* 174.

MAZEAU, A. & M. NONJON (2018), *Le marché de la démocratie participative*, Vulaines-sur-Seine, Croquant.

STONE, Ch. D. (1972), «Should Trees Have Standing? Toward Legal Rights for Natural Objects», *Southern California Law Review*, 45, 450-501.

UNEP y Columbia Law School (2022), *Global Climate Litigation Report: 2020 Status Review*, Nairobi.

VALENCIA, G. (2021), «Cambio climático y garantía intertemporal de la libertad», G. VALENCIA y J. ROSA (dirs.), *Derecho y energías renovables*, Thomson Reuters-Aranzadi.

2. Ordenamiento ambiental

CASADO CASADO, L. (2009), «El derecho de acceso a la información ambiental a través de la jurisprudencia», *RAP* 178.

CIERCO SEIRA, C. (2004), «El principio de precaución: reflexiones sobre su contenido y alcance en los Derechos comunitario y español», *RAP* 163.

GARCÍA URETA, A. (2013), «Acceso a la justicia y costes procesales. Comentario a la STJUE de 11 abril 2013», *REDA* 160.

JORDANO FRAGA, J. (1995), *La protección del derecho a un medio ambiente adecuado,* Barcelona, Bosch.

JORDANO FRAGA, J. (2007), «La Administración en el Estado Ambiental de Derecho», *RAP*, 173.

JORDANO FRAGA, J. (2012), «El futuro del Derecho ambiental», *RArDAmb* 23.

LÓPEZ RAMÓN, F. (1994), «El Derecho ambiental como Derecho de la función pública de protección de los recursos naturales», *RDAmb* 13, 37-57.

LÓPEZ RAMÓN, F. (1997), «Caracteres del Derecho comunitario europeo ambiental», *RAP* 142.

LÓPEZ RAMÓN, F. (1997), «Derechos fundamentales, subjetivos y colectivos al medio ambiente», *REDA* 95.

MONTORO CHINER, M. J. (2000), «El Estado ambiental de Derecho. Bases constitucionales», *El Derecho administrativo en el umbral del siglo XXI. Homenaje al profesor Martín Mateo*, Valencia, Tirant lo Blanch, t. III.

NOGUEIRA LÓPEZ, A. (2013), «La transposición de Directivas ambientales en el Estado autonómico», en X. ARZOZ SANTISTEBAN (dir.), *Transposición de Directivas y autogobierno. El desarrollo normativo del Derecho de la Unión Europea en el Estado autonómico,* Barcelona, Institut d'Estudis Autonòmics.

PIGRAU SOLÉ, A., dir. (2008), *Acceso a la información pública y acceso a la justicia en materia de medio ambiente,* Barcelona, Atelier.

3. Sostenibilidad empresarial

ÁLVAREZ GARCÍA, V. (2000), «La protección del medio ambiente mediante las técnicas de la normalización industrial y de la certificación», *REDA* 105.

CUBERO, A. y P. MASBERNAT, dirs. (2019), *Protección del medio ambiente. Fiscalidad y otras medidas del derecho al desarrollo,* Cizur Menor, Aranzadi.

FUENTES I GASÓ, J. R. (2012), «Aspectos controvertidos sobre el ejercicio de funciones de control e inspección en materia de protección del medio ambiente por parte de las entidades colaboradoras», *REDA* 154.

GARCÍA-ÁLVAREZ, G., ed. (2018), *Mecanismos económicos y de mercado para la protección ambiental*, Monografías RArAP, XIX.

GÓMEZ-FERRER, R. (2018), *La desvinculación como técnica de regulación*, Madrid, Civitas.

LÓPEZ RAMÓN, F. (2003), «Evaluación de impacto ambiental de proyectos del Estado», *RAP* 160.

LÓPEZ RAMÓN, F. (2015), «Teoría de la catástrofe y emigrantes ecológicos», en *RArDAmb*, 30.

LOZANO CUTANDA, B. (2010), «El futuro de la "flor europea": la nueva etiqueta ecológica de la UE», *RCatDAamb* 1.

MORA RUIZ, M. (2007), *La gestión ambiental compartida: función pública y mercado,* Valladolid. Lex Nova.

NIETO MORENO, J. E. (2008), «La importancia de la fase de iniciación de la evaluación ambiental de planes y programas: alfa y a veces omega de la consideración de sus efectos sobre el medio», *RArDAmb* 13.

NOGUEIRA LÓPEZ, A. (2000), *Ecoauditorías, intervención pública ambiental y autocontrol empresarial,* Madrid, Pons.

PERNAS GARCÍA, J. J. (2004), *Estudio jurídico sobre la prevención de la contaminación industrial: la autorización ambiental integrada,* Barcelona, Atelier.

PIGRAU, A. y L. CASADO, dirs. (2010), *Derecho ambiental y transformaciones de la actividad de las Administraciones públicas*, Barcelona, Atelier.

RAZQUIN LIZARRAGA, J. A. (2000), *La evaluación de impacto ambiental,* Cizur Menor, Aranzadi.

SANTAMARÍA ARINAS, R. J. (2012), «Novedades, incentivos y problemas jurídicos del sistema europeo de gestión y auditoría medioambiental (EMAS III)», *RArDAmb* 23.

SANZ LARRUGA, F. J., M. GARCÍA PÉREZ y J. J. PERNAS GARCÍA, dirs. (2013), *Libre mercado y protección ambiental: intervención y orientación ambiental de las actividades económicas,* Madrid, INAP.

VALENCIA MARTÍN, C. (2018), *Autorización ambiental integrada y licencias municipales,* Cizur Menor (Navarra), Aranzadi.

4. Responsabilidad ambiental

ALBIEZ DOHRMANN, K. J. (1990), «La protección del medio ambiente o el derecho a contaminar», *ADC* XLIII-4.

BELTRÁN CASTELLANOS, J. M. (2018), *Instrumentos para la efectividad del régimen de la responsabilidad medioambiental,* Cizur Menor (Navarra), Aranzadi.

CONDE ANTEQUERA, J. (2004), *El deber jurídico de restauración ambiental,* Granada, Comares.

ESTEVE PARDO, J. (2008), *Ley de Responsabilidad Medioambiental: comentarios sistemáticos,* Madrid, Pons.

GARCÍA AMEZ, J. (2015), *Responsabilidad por daños al medio ambiente,* Madrid, Aranzadi.

LOZANO CUTANDA, B., dir. (2008), *Comentarios a la Ley de Responsabilidad Medioambiental,* Madrid, Civitas.

PARRA LUCÁN, M. A. (2013), «Derecho civil del medio ambiente», *OPAM.*

SANZ RUBIALES, I. (2012), «La exigencia administrativa de responsabilidad por daños al medio ambiente», *RArDAmb* 23.

VALENCIA MARTÍN, G. (2010), «La responsabilidad medioambiental», *RGDA* 25.

5. Contaminaciones

ALENZA GARCÍA, J. F. (2011), «El nuevo régimen legal del almacenamiento geológico del dióxido de carbono», *RAP* 185.

ALENZA GARCÍA, J. F. (2012), «Los principios de la política de residuos», *RArDAmb* 23.

ALENZA GARCÍA, J. F., dir. (2013), *El derecho contra el ruido,* Madrid, Civitas-Thomson.

CARO-PATÓN, I. y V. ESCARTÍN ESCUDÉ (2012), «Aguas y medio ambiente», *OPAM.*

CARO-PATÓN CARMONA, I. y C. MENÉNDEZ MARTÍNEZ (2004), «Concepto, determinación e implantación de los caudales ecológicos. El problema de su afección a derechos concesionales preexistentes», *REDA* 124.

CASADO CASADO, L. (2005), *La regulación de los vertidos en aguas continentales en el Derecho comunitario: hacia un enfoque ambiental y global en la protección de las aguas,* Barcelona, Cedecs.

GARCÍA ÁLVAREZ, G. (2011), «La evolución del régimen jurídico del ruido», *RAP* 186.

HORGUÉ BAENA, C. (2006), «Los objetivos medioambientales en el Derecho de las aguas», *RArDAmb* 10.

LÓPEZ RAMÓN, F. (2019), «Rachel Carson en el país de las fumigaciones», *RArDAmb* 43.

LOZANO CUTANDA, B., dir. (2004), *Comentario a la Ley del Ruido,* Madrid, Civitas.

SANTAMARÍA ARINAS, R. J. (2000), *Administración local y servicio público esencial de gestión de residuos,* Barcelona, Cedecs.

SANTAMARÍA ARINAS, R. J. (2007), *Régimen jurídico de la producción y gestión de residuos,* Cizur Menor, Aranzadi.

SANTAMARÍA ARINAS, R. J. (2013), «Monopolio, autosuficiencia y proximidad en servicios públicos autonómicos de gestión de residuos», *REDA* 159.

SANZ RUBIALES, I., coord. (2010), *El mercado europeo de derechos de emisión,* Valladolid, Lex Nova.

SANZ RUBIALES, I. y S. ANÍBARRO PÉREZ, coords. (2014), *Cambio climático y Unión Europea: presente y futuro del mercado europeo de emisiones,* Valencia, Tirant lo Blanch.

SARASÍBAR IRIARTE, M. (2006), *Régimen jurídico del cambio climático,* Valladolid, Lex Nova.

SARASÍBAR IRIARTE, M. (2012), «La regulación jurídica de los mecanismos de flexibilidad basados en proyectos como medio para combatir el cambio climático», *RArDAmb* 23.

VARGA PASTOR, A. DE LA (2012), *El nuevo régimen jurídico de los suelos contaminados,* Madrid, La Ley.

6. Biodiversidad

ALLI TURRILLAS, J. C. (2016), *La protección de la biodiversidad,* Madrid, Dykinson.

GARCÍA-ÁLVAREZ, G., ed. (2016), *Instrumentos territoriales y protección de la biodiversidad: una perspectiva jurídica,* Monografías RArAP, XVI.

GARCÍA URETA, A. (2010), «La caza de zorro ante el Tribunal Europeo de Derecho Humanos», *RVAP* 86.

LÓPEZ DE OSA, P. (2014), «El fundamento ético de la protección jurídica de la fauna», *RArDAmb* 27.

LÓPEZ RAMÓN, F. (2009), *Política ecológica y pluralismo territorial,* Madrid, Pons.

LÓPEZ RAMÓN, F. (2019), *Conservar el patrimonio natural,* Madrid, Ed. Reus.

LÓPEZ RAMÓN, F. (2021), «El lobo: percepción social y régimen jurídico», *RArDAmb* 50.

ORTIZ GARCIA, M. (2014), «La primavera gris. Sobre el declive de las abejas», *RVAP,* 99-100.

SERRANO PAREDES, O. (2012), «Red Natura 2000: régimen de intervención administrativa y derechos de los particulares», *RArDAmb,* 23.

SORO MATEO, B. (2018), *Derecho de los pesticidas,* Valencia, Tirant lo Blanch.

7. Evolución del urbanismo

AMENDOLA, G. (2000), *La ciudad postmoderna. Magia y miedo de la metrópolis contemporánea,* traducción española de la edición italiana de 1997, Madrid, Celeste.

BASSOLS COMA, M. (1973), *Génesis y evolución del Derecho urbanístico español (1812-1956),* Madrid, Montecorvo.

BONET CORREA, A. dir. (1996-1999), *Historia del Urbanismo en España,* Madrid, Cátedra, 3 tomos.

BREWER-CARÍAS, A. R. (2008), *La ciudad ordenada,* Caracas, Criteria.

CAMPOS ECHEVERRÍA, J. L. (2008), *La burbuja inmobiliaria española,* Madrid, Marcial Pons.

CASTELLS, M. (1999-2000), *La era de la información,* traducción española de la edición estadounidense de 1996-1998, 2.ª ed., 3 vols., Madrid, Alianza.

CHUECA GOITIA, F. (2004), *Breve historia del urbanismo,* Madrid, Alianza, 2004.

CIUDAD Y TERRITORIO (1996), *Siglo y medio de urbanismo en España,* núm. 107-108 monográfico.

COMISIÓN EUROPEA (1998), *Ciudades europeas sostenibles,* Informe del Grupo de Expertos sobre Medio Ambiente Urbano, Luxemburgo, Oficina de Publicaciones de las Comunidades Europeas.

GRAVAGNUOLO, B. (1998), *Historia del urbanismo en Europa, 1750-1960,* traducción española de la edición italiana de 1991, Madrid, Akal.

GUTIÉRREZ, R. (1997), *Arquitectura y urbanismo en Iberoamérica,* Madrid, Cátedra.

HALL, P. (1996), *Ciudades del mañana. Historia del urbanismo en el siglo XX,* traducción española de la 2.ª ed. inglesa, Barcelona, Serbal.

INSTITUTO DE ESTUDIOS DE ADMINISTRACIÓN LOCAL (1987), *Resumen histórico del urbanismo en España,* 3.ª ed., Madrid.

LÓPEZ RAMÓN, F. (1999), «Crisis y renovación del urbanismo español en la última década del siglo XX», *Revista Española de Derecho Administrativo,* núm. 104.

LÓPEZ RAMÓN, F. (2004), «Fundamentos y tendencias del urbanismo supranacional europeo», *Revista Aranzadi de Urbanismo y Edificación,* 9.

LÓPEZ RAMÓN, F. (2017), «Jane Jacobs y la diversidad urbana», *RArDAmb,* 37.

MARTÍN MATEO, R. (2007), *La gallina de los huevos de cemento,* Madrid, Thomson-Civitas.

MORENO MOLINA, A. M. (2008), *Urbanismo y medio ambiente: las claves jurídicas del planeamiento urbanístico sostenible,* Valencia, Tirant lo Blanch.

PAREJO ALFONSO, L. (1979), *La ordenación urbanística. El período 1956-1975,* Madrid, Montecorvo.

SICA, P. *Historia del urbanismo* (1981-1982), 4 tomos, Madrid, Instituto de Estudios de Administración Local.

TERÁN, F. DE (1982), *Planeamiento urbano en la España contemporánea (1900-1980),* 2.ª ed., Madrid, Alianza.

8. Ordenamiento urbanístico

ARANA, E. (1997), *Las sociedades municipales de gestión urbanística,* Madrid, Marcial Pons.

BARNÉS, J. (2002), *Distribución de competencias en materia de urbanismo,* Barcelona, Bosch.

BARRERO RODRÍGUEZ, M. C. (1993), *Las áreas metropolitanas,* Madrid, Civitas, 1993.

CARCELLER, A. (1989), «La Gerencia Municipal de Urbanismo como organismo autónomo local», en *Libro Homenaje al profesor Villar Palasí,* Madrid, Civitas.

CUCHILLO, M. y F. MORATA (1991), *Organización y funcionamiento de las áreas metropolitanas. Un análisis comparado,* Madrid, INAP.

ESCARTÍN ESCUDÉ, V. (2009), *El periurbanismo estatal. La ordenación urbanística del dominio público del Estado*, Madrid, Marcial Pons.

ESTEVE PARDO, J. (1991), *Organización supramunicipal y sistema de articulación entre Administración autonómica y orden local,* Madrid, Civitas.

FERNÁNDEZ CARBALLAL, A. (2001), *El régimen jurídico del urbanismo en España. Una perspectiva competencial,* Madrid, INAP.

GARCÍA ÁLVAREZ, G., ed. (2007), *El nuevo régimen del suelo*, Zaragoza, Monografías RArAP núm. IX.

GARCÍA FERNÁNDEZ, S. M. (2007), *Procedimientos urbanísticos y procedimiento administrativo común,* Madrid, Montecorvo.

GONZÁLEZ-VARAS, S. (2009), *Urbanismo y Ordenación del Territorio,* 5.ª ed., Pamplona, Aranzadi, 2009.

IBARRA ROBLES, L. (1982), *Las áreas metropolitanas en el modelo autonómico,* Oñati, Instituto Vasco de Administración Pública, 1982.

LÓPEZ PELLICER, J. A. (1984), *El consorcio urbanístico,* Madrid, Abella.

LÓPEZ RAMÓN, F. (1994), «Urbanismo municipal y ordenación del territorio», *Revista Española de Derecho Administrativo,* núm. 82.

LÓPEZ RAMÓN, F. (1999), «Crisis y renovación del urbanismo español en la última década del siglo XX», *REDA,* 104.

LÓPEZ RAMÓN, F., coord. (2010), *Construyendo el derecho a la vivienda*, Madrid, Pons.

RAMÍREZ SÁNCHEZ, J. M. (2021), *Urbanismo para una nueva ciudad. El principio de desarrollo urbano sostenible,* Cizur Menor (Navarra), Aranzadi.

TEJEDOR BIELSA, J. (2010), «Reflexiones sobre el estado de lo urbanístico. Entre la anomalía y la excepción», RAP, 181.

TOSCANO GIL, F. (2010), *El fenómeno metropolitano y sus soluciones jurídicas,* Madrid, Iustel.

9. Planeamiento

BIELZA, V. (2008), *Introducción a la ordenación del territorio. Un enfoque geográfico,* Universidad de Zaragoza.

BUSTILLO, R. O. y J. R. CUERNO (2001) *Los convenios urbanísticos entre las Administraciones Locales y los particulares,* 3.ª ed., Pamplona, Aranzadi.

DELGADO BARRIO, J. (1993), *El control de la discrecionalidad del planeamiento urbanístico,* Madrid, Civitas.

DESDENTADO, E. (1997), *Discrecionalidad administrativa y planeamiento urbanístico,* Pamplona, Aranzadi.

Fernández Torres, J. R. (2009), *La evaluación ambiental estratégica de planes y programas urbanísticos*, Pamplona, Aranzadi.

Fernando Pablo, M. (1987), *Suspensión del otorgamiento de licencias urbanísticas,* Madrid, Montecorvo.

Huergo Loras, A. (1998), *Los convenios urbanísticos,* Madrid, Civitas.

López Pérez, F. (2010), «Una visión crítica del régimen de fuera de ordenación», *RArAP*, 36.

López Ramón, F. (1995), *Estudios jurídicos sobre ordenación del territorio,* Pamplona, Aranzadi.

López Ramón, F. (2021), «La invalidez de reglamentos y planes entre la interpretación y la reforma», *RAP*, 214

Muñoz Machado, S. y M. López Benítez (2009), *El planeamiento urbanístico,* 2.ª ed., Madrid, Iustel.

Pardo, M. (2005), *La potestad de planeamiento urbanístico bajo el Estado social, autonómico y democrático de Derecho,* Madrid, Pons.

Pérez Andrés, A. A. (1998), *La ordenación del territorio en el Estado de las autonomías,* Madrid, Marcial Pons.

Ponce Solé, J. (1996), *Discrecionalidad urbanística y autonomía municipal,* Madrid, Civitas.

Sendín, M. A. (2008), *Régimen jurídico de los convenios urbanísticos,* Granada, Comares.

Suay Rincón, J. (2020), *Urbanismo y Justicia*, Valencia, Tirant lo Blanch.

Trayter, J. M. (1996), *El control del planeamiento urbanístico,* Madrid, Civitas.

Vicente, R. de (1994), *Las alteraciones del planeamiento urbanístico,* Madrid, La Ley.

Villar Ezcurra (1979), «En torno a la naturaleza jurídica de los planes de urbanismo», *RDU,* 64.

10. Régimen del suelo

Agudo, J. (2010), «La *intercambiabilidad* del suelo urbanizable y no urbanizable», *RArAP*, 36.

Cano Murcia, A. (2006), *El régimen jurídico del suelo no urbanizable o rústico,* Pamplona, Aranzadi.

Cantó, M. T. (2007), *La vivienda familiar en el suelo no urbanizable,* Madrid, Iustel.

Corral, M. C. (2003), *La protección registral del suelo rústico,* Madrid, Colegio de Registradores.

Guerrero Manso, C. de (2011), *La ciudad existente, delimitación del suelo urbano y en situación de urbanizado*, Valencia, Iustel.

Guerrero Manso, C. de (2012), *La zonificación de la ciudad*, Cizur Menor, Aranzadi.

Menéndez Rexach, A. (2007), «La incidencia de la tipología suelo urbanizado-suelo rústico de la Ley 8/2007 sobre la clasificación del suelo establecida por las leyes autonómicas», *RDU,* 237.

Pareja, C. (1990), *Régimen del suelo no urbanizable,* Madrid, Pons.

PONCE SOLÉ, J. (2002), *Poder local y guetos urbanos. Las relaciones entre el Derecho urbanístico, la segregación espacial y la sostenibilidad social,* Madrid, INAP.

PRATS, V. (2009), «Regulación jurídico-urbanística del uso de vivienda familiar en suelo rústico», en *RDU,* 249.

RAZQUIN LIZARRAGA, M. (2007), *El régimen del suelo urbano y del nuevo suelo urbanizado,* Pamplona, Aranzadi.

11. Gestión urbanística

ABEL FABRE, J. (2003), *El sistema de compensación urbanística. Una visión a través de la doctrina, la jurisprudencia y la experiencia,* 3.ª ed., Barcelona, Bosch.

CATALÁ, J. V. (2007), *La selección del urbanizador,* Valencia, Tirant.

CHOLBI, F. A. (2004), *Los principales instrumentos de financiación procedentes del urbanismo (aspectos jurídicos y económicos),* Madrid, El Consultor.

CRIADO, A. J. (2005), *El agente urbanizador en el Derecho urbanístico español,* Madrid, Ed. Reus.

FERNÁNDEZ TORRES, J. R. (2008), *Estudio integral de las expropiaciones urbanísticas,* 2.ª ed., Pamplona, Aranzadi.

GARCÍA GÓMEZ DE MERCADO, F. (2008), *El justiprecio de la expropiación forzosa. Estudio de su valoración y pago, con especial consideración de las expropiaciones urbanísticas,* 7.ª ed., Granada, Comares.

GÓMEZ MANRESA, M. F. (2006), *El particular en la gestión urbanística,* Valencia, Tirant.

GONZÁLEZ SALINAS, J. (1987), *Sistema de compensación y terceros adquirentes de suelo,* Madrid, Montecorvo.

IVARS, J. A. y G. VILLARINO (2003), *La responsabilidad por actos de naturaleza urbanística,* Madrid, INAP.

JIMÉNEZ DE CISNEROS, F. J. y J. AGUDO (2006), *Las técnicas de obtención de terrenos destinados a grandes infraestructuras: expropiación* versus *equidistribución,* Madrid, Montecorvo.

LÓPEZ RAMÓN, F. (2020), *Las vinculaciones singulares urbanísticas*, Barcelona, Atelier.

LORA-TAMAYO, M. (2002), *Urbanismo de obra pública y derecho a urbanizar,* Madrid, Pons.

MACERA, B. F. y M. Y. FERNÁNDEZ GARCÍA (2005), *La responsabilidad de la Administración en el Derecho Urbanístico,* Madrid, Pons.

MARTÍN BLANCO, J. S. (1985), *La compensación urbanística. Principio y sistema,* Madrid, Instituto de Estudios de Administración Local.

PAREJO, L. y F. BLANC (1997), *Derecho urbanístico valenciano,* Valencia, Tirant.

PERALES, F. (2006), *La ejecución del planeamiento,* Madrid, Iustel.

TARDÍO, J. A. (2007), *La gestión urbanística en el Derecho de la Unión Europea, del Estado Español y de la Comunidad Valenciana,* Pamplona, Aranzadi.

VICENTE, V. (2003), *El procedimiento concurrencial como nuevo modelo de desarrollo de la actividad de gestión urbanística,* Pamplona, Aranzadi.

12. Edificación y disciplina urbanística

Aspas Aspas, J. M. (2009), *Obras públicas y licencias municipales*, Barcelona, Atelier.

Arredondo, J. M. (1996), *Demolición de edificaciones ilegales y protección de la legalidad urbanística*, Granada, Comares.

Bassols Coma, M. (1994), *Las obras públicas y el urbanismo*, Madrid, MOPTMA.

Carceller, A. (2004), *Derecho urbanístico sancionador*, Barcelona, Atelier.

Castillo, F. A. (2006), *Régimen jurídico de las actuaciones urbanísticas sin título jurídico autorizante*, Pamplona, Aranzadi.

Gutiérrez-Alviz, P. y P.A. Romero (1993), *Las parcelaciones en el Derecho español*, Granada, Comares.

Parejo, L. (2006), *La disciplina urbanística*, Madrid, Iustel.

Pemán Gavín, I. (2001), «La demolición en la disciplina urbanística: una mirada retrospectiva», *RDU*, 187.

Peñarrubia Izu, J. M. (1999), *La intervención administrativa en las divisiones y parcelaciones de fincas*, Madrid, Montecorvo.

Rego, M. D. (2005), *La acción popular en el Derecho administrativo y en especial, en el urbanístico*, Sevilla, IAAP.

Sanz Rubiales, I. (2006), «Silencio administrativo y prohibición de adquirir licencias contrarias al ordenamiento urbanístico», *RAP*, 171.

Tejedor Bielsa, J. C. (1996), «El control del parcelismo ilegal: regularización urbanística o normalización del uso residencial del suelo no urbanizable. El caso aragonés», *RArAP*, 8.

Índice

PARTE PRIMERA

PARTE SEGUNDA